PARIS

Ralf Nestmeyer

Text und Recherche: Ralf Nestmeyer
Lektorat: Sabine Senftleben
Redaktion und Layout: Dirk Thomsen
Fotos: Ralf Nestmeyer
S. 29 u. 101 Copyright © Succession Picasso/
VG Bild-Kunst, Bonn 2004
Karten: Hana Gundel, Susanne Handtmann, Gábor Sztrecska
Covergestaltung: Karl Serwotka
Coverfotos: oben: Souvenirs aus Paris,
unten: Sacré-Cœur (Ralf Nestmeyer)

Über den Autor: Ralf Nestmeyer, Jahrgang 1964, ist Historiker und Reisejournalist. Er lebt in Nürnberg und ist Autor mehrerer Reiseführer; zudem hat er im Insel Verlag ein Buch über "Französische Dichter und ihre Häuser" sowie den Text zu einem Bildband über Paris geschrieben. Im Michael Müller Verlag sind von ihm auch Reiseführer über die Provence und Côte d'Azur, Südfrankreich, Haute-Provence, Languedoc-Roussillon, Südengland, Cornwall, London, Nürnberg sowie über Franken erschienen. Weitere Informationen zum Autor: www.nestmeyer.de.

Vielen Dank für Briefe und Tipps: Horst Bayreuther, Johannes Beck, Jürgen Bernhard, Sandra Berger, Anne Beyer, Mayken Brünings, Ellen Buendgens, Martin Burger, Dr. Cristopher Curran, Bardo Fassbender, Ina Feist, Klaus Goerke, Silke Glück, Joachim Heilmann, Monica Hesels, Irmgard Hestler, Helmut Hof, Tonja Jünger, Hanni Keller, Roland Kleber, Yorck Kollert, Stefan Link, Rüdiger Mensack, W. Muelder, Dieter Ortmann, Ariane Ouaden, Manfred Pietsch, Tobias J. Rapp, Hans Ritzel, Margareta Schratzenstaller, Henriette Schuppener, Anja Sinkowicz, Barbara Timme, Bernhard Völker, Jutta Wasserrab und Andrea Welslau.

ISBN 978-3-89953-299-9

5. vollständig überarbeitete Auflage 2007

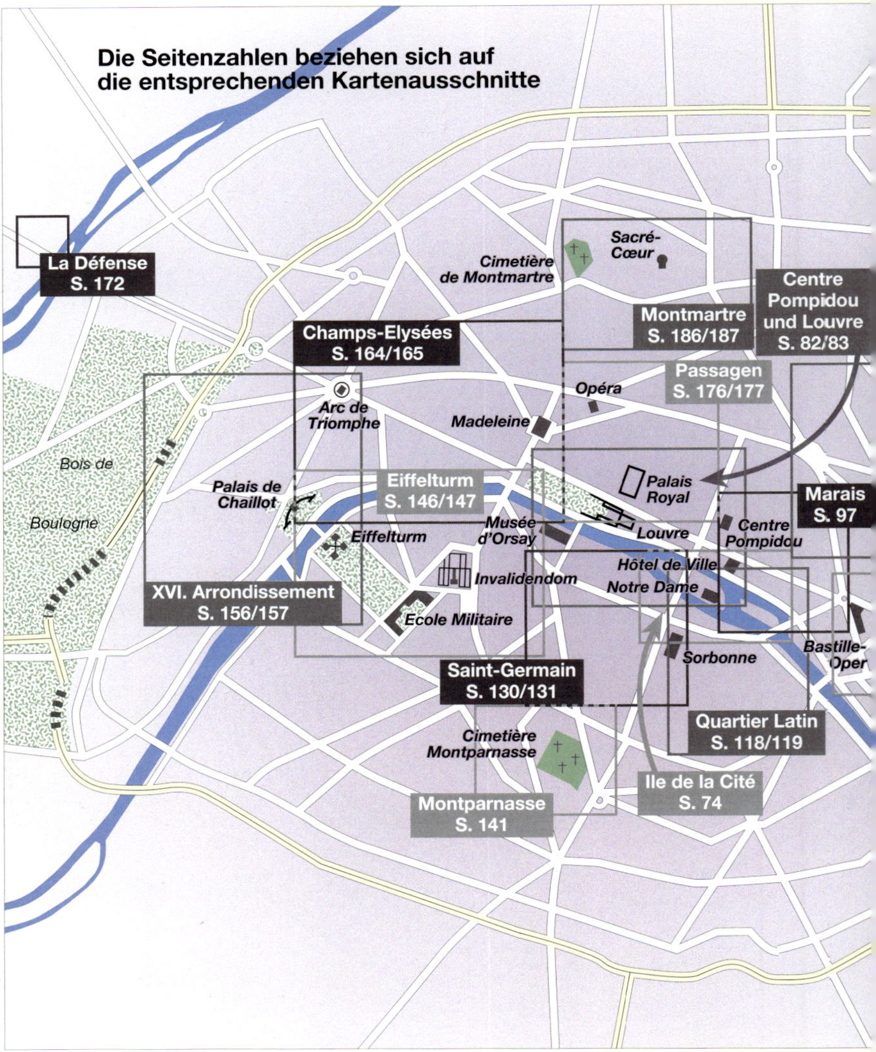
Die Seitenzahlen beziehen sich auf
die entsprechenden Kartenausschnitte
La Défense
S. 172
Champs-Elysées
S. 164/165
Montmartre
S. 186/187
Centre
Pompidou
und Louvre
S. 82/83
Passagen
S. 176/177
Eiffelturm
S. 146/147
Marais
S. 97
XVI. Arrondissement
S. 156/157
Saint-Germain
S. 130/131
Quartier Latin
S. 118/119
Ile de la Cité
S. 74
Montparnasse
S. 141
Sacré-
Cœur
Cimetière
de Montmartre
Opéra
Arc de
Triomphe
Madeleine
Palais
Royal
Bois de
Boulogne
Palais de
Chaillot
Eiffelturm
Musée
d'Orsay
Louvre
Centre
Pompidou
Hôtel de Ville
Notre Dame
Invalidendom
Ecole Militaire
Sorbonne
Bastille-
Oper
Cimetière
Montparnasse

Parc de la Villette
S. 197
Cité des Sciences
et de l'Industrie
Belleville-
Père Lachaise
S. 200/201
Le Père Lachaise
S. 203
Cimetière du
Père Lachaise
Bastille
S. 109

INHALT

Stadtrundgänge

Ausflüge

Alles im Kasten

Was haben Sie entdeckt?

Haben Sie ein empfehlenswertes Restaurant gefunden, ein nettes Bistro, ein gemütliches Hotel? Wenn Sie Tipps, Anregungen oder Verbesserungsvorschläge zum Buch haben, lassen Sie es uns bitte wissen. Schreiben Sie an:

Ralf Nestmeyer
Stichwort „Paris"
c/o Michael Müller Verlag
Gerberei 19
91054 Erlangen
E-Mail: r.nestmeyer@michael-mueller-verlag.de

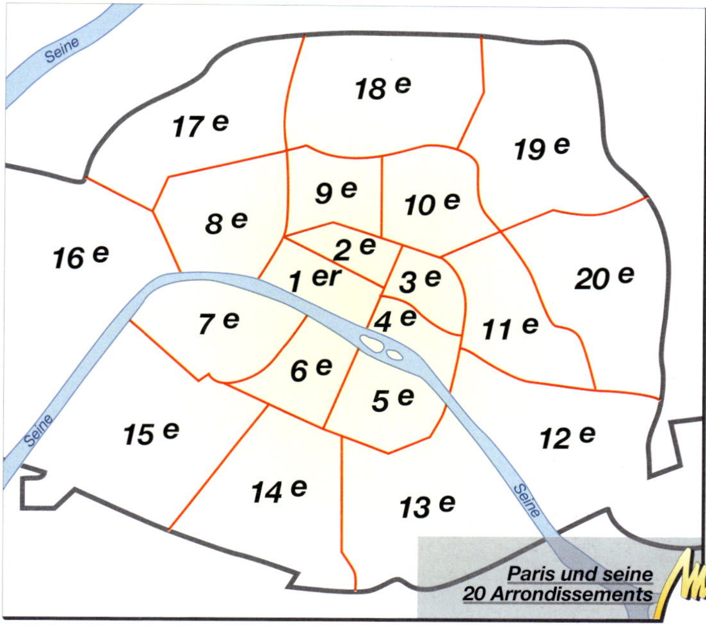

Zeichenerklärung für die Karten und Pläne

- Flughafen
- Fährlinie
- Gewässer
- bebaute Fläche
- Park/Grünanlage
- Rundgang mit Start und Ende
- Information
- Parkplatz
- Metro
- Post
- Sehenswürdigkeit
- Museum

„Die Straßen singen"

Paris ist die erklärte Lieblingsmetropole der Müßiggänger und Flaneure. Unzählige Künstler und Literaten haben sich von der Schönen an der Seine in ihren Bann ziehen lassen. Von seinen Eindrücken überwältigt, rief Henry Miller aus: „Die Straßen singen, die Steine sprechen. Die Häuser triefen von Geschichte, Ruhm und Romantik." Die Stadt an der Seine betört die Sinne über alle Maßen, „ein Fest fürs Leben", fand Ernest Hemingway. Jenseits des klassischen Sightseeing-Programms mit Eiffelturm, Louvre und Versailles hat die französische Metropole viel zu bieten. Keine andere europäische Stadt zeigt sich beispielsweise gegenüber zeitgenössischen Architekturströmungen so aufgeschlossen wie Paris: Das futuristische Büroviertel La Défense mit der Grande Arche, der Parc de la Villette oder die neue Nationalbibliothek bilden einen spannungsreichen Gegensatz zum jüdischen Marais und zum studentischen Quartier Latin. Glücklicherweise gibt es nicht nur ein Paris. In diesem Sinne kann man dem Schriftsteller Julien Green beipflichten: „Als ich ein Kind war, fragte ich mich oft, wie es möglich sei, dass der einfache Name Paris so viele verschiedene Dinge bezeichnet."

Paris ...

... für Kunstliebhaber

Wer sich für Kunst interessiert, kann an der Seine in einen wahren Begeisterungstaumel verfallen. Mehr als 150 Museen und 350 Kunstgalerien gibt es in Paris. Doch nicht genug der Superlative: Keine andere europäische Stadt hat in den letzten Jahrzehnten so viel Geld in den Bau und die Erweiterung ihrer Museen investiert! Die absoluten Höhepunkte sind natürlich der Louvre, das Musée d'Orsay und das Centre Pompidou, doch gibt es daneben noch eine Vielzahl kleinerer, attraktiver Museen, so das Musée Rodin, das Musée Zadkine und das Musée Maillol. Wer will, kann sich bei seinem Parisaufenthalt nur einer speziellen Kunstepoche, beispielsweise dem Impressionismus, widmen und Tage in den einschlägigen Museen verbringen. Da in Paris mehrmals jährlich hochkarätige Sonderausstellungen stattfinden, ist es ratsam, sich über das aktuelle Ausstellungsprogramm zu informieren.

... für Nachtschwärmer

Das Pariser Nachtleben genießt einen ausgezeichneten Ruf, der sich glücklicherweise nicht auf das Moulin-Rouge und das Lido beschränkt. Die Möglichkeiten, sich in Paris die Nächte um die Ohren zu schlagen, sind äußerst vielfältig. Es gibt kaum einen Trend, der seine Spuren nicht hinterlassen hat. Wer *branché* sein will, nimmt auch gerne die für deutsche Verhältnisse horrenden Eintrittspreise in Kauf. Eine gute Kondition ist zudem vonnöten, da sich die Szenekneipen und Diskotheken vor Mitternacht noch gähnend leer präsentieren. Zu den schon fast traditionellen In-Vierteln gehören das Marais und die Bastille, in den letzten Jahren wurde auch das 11. Arrondissement rund um die Rue Oberkampf neu entdeckt. Man kann es allerdings auch mit August Strindberg halten: Der antwortete auf die Frage, warum er so wenig ausgehe, ihm genüge schon das Gefühl, in Paris zu sein.

... für Naturfreunde

Paris ist eine grüne Metropole. Mehr als 3000 Hektar Grünfläche sind über die Stadt verteilt, den größten Teil nehmen die ausgedehnten Waldparks Bois de Boulogne und Bois de Vincennes ein.

Palais Royal

Daneben gibt es noch weitere 400 öffentliche Parks, Gartenanlagen und Promenaden, darunter „Klassiker" wie der Jardin des Tuileries und der Jardin du Luxembourg, aber auch moderne Gärten wie der futuristische Parc André Citroën oder der Jardin Atlantique auf einer Terrasse über dem Bahnhof Montparnasse. Wer mit offenen Augen durch Paris streift, kann so manche „grüne Entdeckung" machen, eine Promenade auf dem Viaduc des Arts, einer begrünten, aufgelassenen Bahntrasse östlich der Bastille-Oper, unternehmen oder sich auf der kleinen idyllischen Square Chaise Récamiere in Saint-Germain erholen.

... für Shoppinglustige

Egal, ob Paul Poiret, Coco Chanel, Karl Lagerfeld, Jean-Paul Gaultier oder John Galliano – die Pariser Modedesigner waren und sind noch immer tonangebend. „Mode gibt es nur aus Paris", wusste schon die Schriftstellerin Colette zu berichten. Es soll ja Leute geben, die nur nach Paris fahren, um in der Stadt der Mode eine Tasche von Chanel oder ein Kostüm von Dior zu erstehen. Doch nicht nur die klingenden Namen der Haute Couture machen Paris zu einem Einkaufsparadies, allein die Aussicht auf einen Bummel durch die gläsernen Ladenpassagen des 19. Jahrhunderts oder über den berühmtesten und farbenprächtigsten Flohmarkt der Stadt, den Marché aux Puces in Saint-Ouen am nördlichen Stadtrand, sind Grund genug. Wer lieber traditionell einkauft, findet in den vier großen Kaufhäusern der Metropole – Au Bon Marché, Printemps, Galeries Lafayette und La Samaritaine – fast alles, was das Konsumentenherz begehrt.

... für Flaneure

Fraglos ist Paris die Stadt der Flaneure und Müßiggänger. Nirgendwo sonst auf der Welt ist es schöner, sich ziellos durch die Straßen treiben zu lassen, bis man schließlich in einen rauschhaften Zustand verfällt. Walter Benjamin hat die eigenartige Stimmung, die einen Flaneur ereilt, in seinem Passagen-Werk beschrieben: „Das Gehen gewinnt mit jedem Schritt wachsende Gewalt; immer geringer werden die Verführungen der Bistros, der Läden, der lächelnden Frauen, immer unwiderstehlicher der Magnetismus der nächsten Straßenecke, eines fernen Platzes im Nebel, des Rückens einer vor ihm schreitenden Frau. Dann kommt der Hunger. Er aber will nichts wissen von den hundert Möglichkeiten, ihn zu stillen; sondern wie ein Tier streicht er durch unbekannte Viertel auf der Suche nach Nahrung, nach einer Frau, bis er in tiefster Erschöpfung auf seinem Zimmer, das ihn befremdet, zusammensinkt. Diesen Typus erschuf Paris."

... für Gourmets

In der Stadt, in der das Restaurant erfunden wurde, hängt erwartungsgemäß der Himmel der Gourmets voller (Michelin-)Sterne. Die gastronomische Vielfalt ist schier grenzenlos. Jede französische Region ist mit ihren Spezialitäten vertreten: Deftige Hausmannskost aus dem Burgund wird genauso angeboten wie Sauerkraut aus dem Elsass und leichte mediterrane Fischküche aus der Provence. Wer es lieber etwas exotischer liebt, hat die Wahl zwischen arabischem Couscous, spanischen Tapas oder thailändischen Currys. Selbst ein Ausflug in die tibetische oder armenische Küche lässt sich in Paris problemlos verwirklichen.

Das Beste auf einen Blick

... für Verliebte

Nicht erst seit dem berühmten Film von Léos Carax ist der Pont-Neuf eine der ersten Adressen für verliebte Paare. Romantischer gibt sich allerdings der benachbarte Square du Vert-Galant, eine kleine Grünanlage, deren Name auf den als Schürzenjäger berüchtigten König Heinrich IV. zurückzuführen ist.

Geradezu klassisch ist es, Händchen haltend am Ufer der Seine entlangzuschlendern. Und wer bereits ehrenvoll ergraut ist, sollte seiner Angebeteten vielleicht auf der würdevoll-romantischen Place des Vosges seine Gefühle gestehen.

... für Familien mit Kindern

Zwar stehen Disneyland und Parc Astérix unangefochten auf den ersten beiden Plätzen der kindlichen Beliebtheitsskala, doch bietet Paris ein großes Spektrum an Attraktionen, die speziell auf Kinder zugeschnitten sind. Wie wäre es beispielsweise mit einem Besuch des Marionettentheaters im Jardin du Luxembourg oder einem Abstecher zu den Wachsfiguren im Musée Grévin? Jugendliche Technikfreaks kommen in der Cité des Sciences et de l'Industrie oder im Palais de la Découverte voll auf ihre Kosten, kleine Picassos können sich im Atelier pour Enfants des Centre Pompidou ausleben. Tierfreunde sollten das Centre de la Mer et des Eaux oder das Musée National d'Histoire Naturelle besuchen, und wer es eher traditionell liebt, kann auch einfach durch den Zoo im Bois de Vincennes spazieren.

Klima und Reisezeit

Paris ist zwar sicherlich zu allen Jahreszeiten eine Reise wert, aus klimatischen Gründen kommen die meisten Besucher jedoch am liebsten zwischen Ende März und Oktober an die Seine. Die Tagestemperaturen erreichen dann mindestens angenehme 15 Grad Celsius, und die Cafés haben ihre Stühle auf die Straße gestellt.

Als Hauptreisezeiten gelten die Oster- und Pfingstfeiertage. Im Juli und August, wenn die Temperaturen ausgedehnte Sonnenbäder an den Seinekais erlauben, kommt das typische Pariser Leben weitgehend zum Stillstand, zahlreiche Restaurants und Geschäfte haben geschlossen, und auch die Schauspieler an den Theatern schicken sich an, die Ferien an der Küste zu genießen. Während trübe Regentage zum Pariser Alltag gehören, sind die Pariser Straßen nur extrem selten mit Schnee bedeckt. Besonders im Frühjahr fasziniert das milde Licht, weshalb die Stadt auch „La ville lumière“ genannt wird.

Tipp: Wer sich selbst ein Bild vom aktuellen Pariser Wetter machen will, muss auf die Website des Senders TF 1 klicken (www-compat.tf1.fr/livecam). Eine Kamera sendet rund um die Uhr einen aktuellen Online-Blick auf die Hauptstadt und informiert über die Wettervorhersage.

Klimadaten von Paris

	Höchst-temperatur Ø	Tiefst-temperatur Ø	Sonnenstunden pro Tag	Regentage
Januar	6,0 °C	0,8 °C	2,0	17
Februar	7,4 °C	1,3 °C	2,9	14
März	12,2 °C	3,6 °C	4,9	12
April	15,8 °C	6,3 °C	6,6	13
Mai	19,8 °C	9,6 °C	7,3	12
Juni	22,8 °C	12,6 °C	7,2	12
Juli	24,7 °C	14,6 °C	7,4	12
August	24,2 °C	14,4 °C	6,7	13
September	21,2 °C	11,9 °C	6,2	13
Oktober	15,7 °C	7,3 °C	4,1	13
November	10,1 °C	4,6 °C	2,1	15
Dezember	6,6 °C	2,0 °C	1,5	16

Wirtschaft und Politik

Obwohl Paris nur 2,2 Prozent des französischen Staatsgebietes bedeckt, lebt fast jeder fünfte Franzose im Großraum Paris; 22,5 Prozent der Arbeitsplätze, 28 Prozent des Reichtums und 60 Prozent der Forschung konzentrieren sich auf die französische Hauptstadt.

Es gibt mit Sicherheit kein anderes europäisches Land, dessen Leben so sehr auf die Hauptstadt ausgerichtet ist. Victor Hugo brachte es auf den Punkt: „Alles, was anderswo ist, ist in Paris!“ Und richtig, seit alters her strömen die Menschen aus allen Teilen des Landes nach Paris. „On monte à Paris“, man steigt nach Paris hinauf, sagen die Provinzler ehrfurchtsvoll. Knapp 11 Millionen Menschen leben im Großraum Paris, davon knapp zwei Millionen innerhalb des Boulevard Périphérique; der weitaus größte Teil der Pariser Bevölkerung wohnt in den Vorstädten, der *Banlieue*. Der Statistik zufolge beträgt der Ausländeranteil 17 Prozent, das 13. Arrondissement gilt als Europas größte Chinatown, im nordöstlich der Stadt gelegenen Département Seine-Saint-Denis ist ein Viertel der Einwohner nicht in Europa geboren. Zum multikulturellen Flair der Stadt passend, hat die UNESCO, die Organisation der Vereinten Nationen für Erziehung, Wissenschaft und Kultur, seit 1946 ihren Sitz in Paris.

Jeder fünfte Franzose arbeitet im Pariser Großraum, vorzugsweise im Dienstleistungssektor; größere Industrie- und Handwerksbetriebe sind schon vor Jahren in die Außenbezirke abgewandert. Im Stadtgebiet findet man nur noch eine größere Konzentration der Konfektionsindustrie im 2. Arrondissement sowie zahlreiche Möbelwerkstätten im Faubourg Saint-Antoine. Neben den zahlreichen Bank-, Versicherungs- und

Futuristisches Büroviertel – La Défense

anderen Verwaltungsangestellten sollte man die rund 200.000 Personen nicht vergessen, die auch heute noch als Hausangestellte vorzugsweise in den noblen Stadtteilen im Westen – im Volksmund kurz „NAP“ (Neuilly, Auteuil und Passy) genannt – beschäftigt sind. Als Einkaufsmetropole für Luxuswaren, Mode und Parfüm genießt Paris einen ausgezeichneten Ruf. Zudem hat sich der **Tourismus** seit Jahrzehnten als bedeutender Wirtschaftsfaktor etabliert. Mit jährlich rund 26 Millionen Besuchern, davon 650.000 Deutsche, steht Paris europaweit hinter London an zweiter Stelle; ein großer Teil von ihnen kommt auch, um an einem der mehr als 1000 Kongresse teilzunehmen.

Im Zuge der Revolution wurde Frankreich 1790 in zahlreiche kleine Verwaltungseinheiten, die so genannten **Départements**, eingeteilt, denen allerdings erst durch das Reformgesetz von 1982/83 mehr selbstverwaltende Entscheidungsmöglichkeiten zugestanden wurden. Neben den alten Zuständigkeiten, wie beispielsweise der für die Départementsstraßen und Sozialwohnungen, erhielten die Départements durch die Reform auch die Verantwortung für den größten Teil des Sozial-, Gesundheits- und Transportwesens, den Schulbereich sowie für Kultur und Sport. Neben den 100 Départements (4 davon in Übersee) gibt es seit 1960 noch 26 so genannte Regionen (4 davon ebenfalls in Übersee), an deren Spitze der gewählte Präsident des Generalrats steht. Die wesentlichen Aufgabengebiete der Regionen betreffen die Wirtschaft, die Berufsausbildung und das weiterführende Schulwesen. Die Region **Ile de France** ist verwaltungstechnisch in acht Départements unterteilt: Die Départements Hauts-de-Seine (92), Seine-St.-Denis (93) und Val-de-Marne (94) bilden einen Ring um die Ville de Paris (75), der wiederum von vier weiteren, noch sehr ländlich geprägten Départements umschlossen wird: Yvelines (78), Val d’Oise (95), Essonne (91) und Seine-et-Marne (77). Jedes französische Département besitzt eine eigene, in alphabetischer Reihenfolge vergebene Nummer; sie ist auch Bestandteil des Autokennzeichens und bildet die ersten beiden Ziffern der jeweiligen Postleitzahl.

Das Département Ville de Paris setzt sich aus 20 Stadtbezirken, den **Arrondissements**, zusammen, die wiederum jeweils in vier Viertel (*Quartiers*) unterteilt sind. Die Nummerierung der Arrondissements folgt einer Spirale, die sich am Louvre beginnend im Uhrzeigersinn zweimal um das historische

Paris ist die wichtigste kulturelle Drehscheibe Schwarzafrikas

Multikulturelles Paris

Paris ist auch eine Stadt der Exilanten aus aller Herren Ländern. Im Laufe der letzten eineinhalb Jahrhunderte fanden zahllose Deutsche, Italiener, Griechen, Armenier, Russen und Algerier an der Seine eine Zuflucht. Gegenwärtig ist Paris nicht nur die wichtigste kulturelle Drehscheibe Schwarzafrikas, manche Stadtviertel wie das Quartier Belleville sind wahre kosmopolitische Schmelztiegel mit der Atmosphäre eines orientalischen Basars. Man sieht Frauen in bunten Wickelkleidern, Männer sitzen in kabylischen Kaffeehäusern, Gläubige eilen in die Moscheen und zur Koranschule, während auf den Märkten nebenan Hartweizengrieß für Couscous verkauft wird. Eine Straßenecke weiter werben so genannte Marabouts, denen übernatürliche Kräfte zugeschrieben werden, um Kundschaft. Christen, Juden und Muslime leben weitestgehend einträchtig miteinander, doch das bunte Leben zwischen den Falafel-Ständen, Couscous-Buden und Chawarma-Restaurants täuscht darüber hinweg, dass die meisten Immigranten in den Armenvierteln des Pariser Nordosten ein klägliches Dasein fristen; ein großer Teil der Wohnungen besitzt weder eine Dusche noch eine Badewanne. Zwar sind in Belleville, Ménilmontant und Barbès-Rochechouart Sanierungsprojekte geplant und teilweise schon durchgeführt worden, doch werden so oftmals nur die Ärmsten in die monotonen Schlafstädte der Banlieue abgedrängt. Viele, die hier in diesem gigantischen Moloch leben, kennen nur die Schattenseiten der Metropole, deren Koordinaten Armut, Gewalt und Kriminalität heißen. Perspektiven sowie Geld für Bildung und soziale Projekte fehlen und so verwundert es nicht, dass sich die Unzufriedenheit in Gewaltexzessen äußert, wie bei den Unruhen im Herbst 2005, als wochenlang die Autos in den Vorstädten brannten.

Zentrum windet und im Nordosten der Stadt, wo auch der Friedhof Père Lachaise liegt, endet. Zwanzig magische Zahlen, die über Trends, Sozialstatus sowie Lebensqualität entscheiden und sich auch in der Postleitzahl (75005 für das 5. Arrondissement) wiederfinden.

Erstmals in der Geschichte durften die Pariser 1977 einen **Bürgermeister** wählen. Aus Furcht vor Unruhen und Aufständen wurde die französische Hauptstadt bis dahin von einem Präfekten regiert, der vom Staatspräsidenten per Dekret ernannt wurde; der Polizeiapparat unterstand wiederum einem Polizeipräfekten. Die erste Wahl gewann der Gaullist und spätere Staatspräsident Jacques Chirac. Jedem Arrondissement steht zudem ein eigener Bürgermeister vor. Nach dem Ende der Amtszeit des skandalumwitterten Jean Tiberi – er wurde sogar von seiner Partei, der gaullistischen RPR, ausgeschlossen – ging der Sozialist Bertrand Delanoë aus den Bürgermeisterschaftswahlen vom März 2001 als Sieger hervor. Bleibt noch ein Novum zu vermerken: Delanoë war der erste bekennende Schwule, der einer europäischen Großstadt vorstand.

Kultur

Glücklicherweise beschränkt sich das Pariser Nacht- und Kulturleben nicht nur auf die Kabaretts à la Lido und Moulin-Rouge. Rund 150 Theater, darunter zahlreiche Avantgarde-Theater und Kleinkunstbühnen sowie mehr als 100 Kinos mit 350 Leinwänden, gibt es in der französischen Hauptstadt. Und die Nachfrage ist groß: Allein die Opéra Garnier und die Opéra de la Bastille werden jährlich von 700.000 Zuschauern besucht.

Alle Pariser Theater, Kinos und Konzertsäle vorzustellen würde den Rahmen dieses Buches bei weitem sprengen, so dass hier nur ein kursorischer Überblick gegeben werden kann. Unerlässlich ist es daher, einen Blick in die jeden Mittwoch erscheinenden Wochenprogramme *Pariscope* (0,40 € mit acht Seiten Tipps in englischer Sprache) und *L'Officiel des Spectacles* (0,35 €) zu werfen. Über die aktuellen Szenetrends informiert zudem das monatlich erscheinende Magazin *Zurban* (1 €).

Oper, Theater, Tanz und Kleinkunst

Bouffes du Nord, das von seinem Intendanten Peter Brook maßgeblich geprägte Theater ist bekannt für anspruchsvolle Inszenierungen moderner und avantgardistischer Stücke. 37 bis, boulevard de la Chapelle, 75010, ✆ 0146073450. Ⓜ La Chapelle (Linie 2). www.bouffesdunord.com.

Cité de la Musique, zeitgenössische Musikarena (Jazz, Chanson, Worldmusic, etc.) im Parc de la Villette. 221, avenue Jean Jaurès, 75019, ✆ 0144844484. Ⓜ Porte de Pantin (Linie 5). www.cite-musique.fr.

Comédie Française, hochkarätige, klassische Theaterkunst von Molière über Goethe bis Ionesco. Place Colette, 75001, ✆ 0144 581515. Ⓜ Palais-Royal(Linie 1 und 7). www.comedie-francaise.fr.

Opéra Comique, Place Boïeldieu, 75002, ✆ 0825000058. Ⓜ Richelieu-Drouot (Linie 8 und 9).

Opéra de la Bastille, „Volksoper" mit großer Kulisse und topmoderner Bühnentechnik. Tolle Akustik. Plätze ab 8 €. 11 bis, avenue Daumesnil, 75012, ✆ 0892899090 (0,34 € pro Minute). Ⓜ Bastille (Linie 1,8 und 5). www.opera-de-paris.fr.

Opéra Garnier, in dem neobarocken Opernpalast finden heute hauptsächlich Ballettaufführungen statt. Es gibt auch einige Stehplätze für 5 €. Place de l'Opéra, 75009, ✆ 0892899090 (0,34 € pro Minute). Ⓜ Opéra (Linie 3,7 und 8). www.opera-de-paris.fr.

Salle Pleyel, anspruchsvolle Klassikkonzerte. 252, rue du Faubourg Saint-Honoré, 75008, ✆ 0145615300. Ⓜ Ternes (Linie 2). www.cite-musique.fr.

Tipp: Wer bestimmte Theater- oder Konzertveranstaltungen besuchen möchte, kann unter folgender Adresse bereits vorab Karten bestellen: Paris-Spectacle Kartenservice, ✆ 06252/74618, www.paris-spectacle.de.

Aktuelle Tipps zum Pariser Nightlife bietet auch folgende Homepage: **www.timeout.com/paris**. Theaterkarten zum halben Preis erhält man am Tag der Vorstellung (soweit vorhanden) am Kiosque Place de la Madeleine und am Kiosque Parvis Gare Montparnasse (Di–Sa 12.30–20 Uhr, So bis 16.30 Uhr).

Kinos

Den Grundstein für Paris als Stadt der Cineasten legten die Brüder Lumière, die am 28. Dezember 1895 in der Seinemetropole den ersten Kinofilm der Welt öffentlich vorführten. Zumeist wird angegeben, ob die Filme in Originalversion (VO) oder in der französischen Synchronisation (VS) gezeigt werden. Die Kinopreise liegen etwa 50 Prozent über dem deutschen Preisniveau.

Cinémathèque Française, die Cinémathèque Française zeigt seit Mitte 2005 im American Center Filmklassiker in der Originalfassung. www.cinematheque.fr. Ⓜ Bercy (Linie 6 und 14).

Le Cinéma des Cinéastes, Raritäten u. Klassiker für Filmliebhaber. 7, avenue de Clichy, 75017, ✆ 0153424020. Ⓜ Place de Clichy (Linie 2 und 13).

Cité-Ciné Bercy, ultramoderner Kinokomplex unweit der Nationalbibliothek. Mit 18 Sälen für 4500 Zuschauer ist es das größte Multiplex-Kino Europas. 2, cour St-Emilion, 75012, ✆ 0153447979. Ⓜ St-Emilion (Linie 14).

Dôme Imax, Hemisphärenkino mit einer 1144 Quadratmeter großen Leinwand in La Défense. 1, place du Dôme, ✆ 0146924550. Ⓜ Grande Arche de La Défense (Linie 1).

Le Grand Rex, eindrucksvoller Filmpalast mit 2750 Sitzplätzen. 1, boulevard Poissonnière, 75002, ✆ 0142368393. Ⓜ Bonne-Nouvelle (Linie 8 und 9). www.legrandrex.com.

Max Linder, in einem wunderschönen Ambiente werden Filme in Originalfassung gezeigt. Über die Panoramaleinwand flimmert zumeist anspruchsvolle Kinokost. 24, boulevard Poissonnière, 75009, ✆ 0148240047. Ⓜ Grand Boulevards (Linie 8 und 9). www.maxlinder.com.

La Pagode, asiatischer Kinotempel. 57 bis, rue de Babylone, 75007, ✆ 0145554848. Ⓜ Saint-François-Xavier (Linie 13).

Forum des Images, ein Besuch der Vidéothèque im Forum des Halles gehört zum Pflichtprogramm für Cineasten. Das 2006 renovierte Archiv beherbergt mehr als 6000 Filme über Paris. Neben dem regulären Programm sind auch individuelle Vorführungen möglich. Montag geschlossen. 21, grand Galerie, 75001, ✆ 0144766200. Ⓜ Les Halles (Linie 1 und 4). www. forumdesimages.net.

Kulturfabrik – Centre Pompidou

Veranstaltungskalender

Jedes Jahr finden zahllose Sport- und Kulturereignisse in der französischen Hauptstadt statt. Sehr informativ ist der kostenlose und monatlich erscheinende Veranstaltungskalender *Paris Sélection* des Office de Tourisme; er beschreibt auf rund 50 Seiten aktuelle Ausstellungen, Konzerte und Stadtteilfeste. Im Folgenden eine kurze Zusammenfassung der wichtigsten wiederkehrenden Ereignisse des Jahres.

Februar

Chinesisches Neujahrsfest: Farbenprächtige Umzüge in der Pariser Chinatown (13. Arrondissement) mit riesigen Pappschlangen, Feuerschluckern, Musik und Tanz.

März

Salon de l'agriculture: Die Pariser Landwirtschaftsmesse ist für viele Pariser oft der letzte Kontakt zu ihrem Heimatdépartement.

April

Marathon de Paris: Nicht so berühmt wie der Boston Marathon, aber mit knapp 30.000 Teilnehmern dennoch sehenswert.

Mai

Classique au Vert und *A Fleur de Jazz*: Klassik- und Jazzkonzerte im Parc Floral (Anfang Mai).

French Tennis Open: Die im Stadion Roland Garros stattfindenden internationalen französischen Meisterschaften sind eines der renommiertesten Tennisturniere (Ende Mai/Anfang Juni).

Juni

Fête de la Musique: Am 21. Juni liegt Musik in der Luft. Egal, ob in öffentlichen Parks, in der Métro oder auf der Place de la Bastille – in der ganzen Stadt werden kostenlose Konzerte gegeben.

Garçons de Café: Am dritten Sonntag im Juni findet das 8,1 Kilometer lange Wettrennen der Kellner und Kellnerinnen statt. Start und Ziel ist das Hôtel de Ville (Rathaus).

Christopher-Street-Day: Farbenprächtige Parade der Pariser Schwulen und Lesben, die sich von der Place de la République zur Bastille bewegt.

Juli

Jazz Festival La Villette: Mit knapp 50.000 Zuschauern, acht Bühnen und 50 Konzerten gehört das Anfang Juli im Parc de la Villette stattfindende Festival zu den großen Musikereignissen Frankreichs.

Nationalfeiertag: Am 14. Juli steht Paris kopf. Mit ausgelassener Stimmung, Tanzveranstaltungen auf den Straßen und einem prachtvollen Feuerwerk gedenken die Franzosen dem Sturm auf die Bastille.

Tour de France: In der dritten Juliwoche werden die Radsportprofis von begeisterten Fans beim Zieleinlauf auf den Champs-Elysées gefeiert.

Festival de Cinéma en plein air: Kostenloses Freiluftkino im Parc de la Villette. Von Mitte Juli bis Mitte August.

September

Journées du Patrimoine: An einem Wochenende im September kann man zahlreiche Sehenswürdigkeiten und historische Gebäude besichtigen, die normalerweise für die Öffentlichkeit nicht zugänglich sind, darunter auch den Elysée-Palast.

Festival d'automne: Bis in den November hinein finden unter diesem Motto zahlreiche Veranstaltungen (Theater, Literatur, Musik) statt. www.festival-automne. com.

Oktober

Prix de l'Arc de Triomphe: Renommiertes Galopprennen im Hippodrome von Longchamp. Die Pariser Prominenz gibt sich ein Stelldichein.

Salon de l'Automobile: Ein Besuch des berühmten Pariser Autosalons gehört für Autoliebhaber zum Pflichtprogramm. Alle zwei Jahre (2008, 2010, etc.).

FIAC: Internationale Messe für moderne Kunst im Carrousel du Louvre.

November

Mois de la Photo: Alle zwei Jahre (2008, 2010, etc.) finden in der Heimat von Doisneau und Cartier-Bresson zahlreiche anspruchsvolle Photoausstellungen statt.

Das Pariser Rathaus – Hôtel de Ville

Stadtgeschichte

Die Stadtgeschichte von Paris ist in vielerlei Hinsicht auch die Geschichte Frankreichs, zu sehr sind die Geschicke der Stadt mit denen der „Grande Nation" verbunden. Egal, ob in der Bartholomäusnacht oder während der Revolution: Das Schicksal Frankreichs wurde in Paris besiegelt.

Die antike Lutetia

Von den Anfängen der Pariser Geschichte ist nur wenig bekannt, archäologischen Funden zufolge haben sich aber bereits vor rund 7000 Jahren steinzeitliche Sammler und Jäger in der Höhe von Bercy am Ufer der Seine niedergelassen. Die eigentliche Geschichte von Paris beginnt mit dem gallischen Stamm der „Parisii", der sich um 250 vor unserer Zeitrechnung im Pariser Becken ansiedelte. Wahrscheinlich errichteten die Gallier ihre „Lutuhezi„ genannte Hauptstadt aus strategischen Gründen inmitten der Seine, auf der leicht zu verteidigenden Ile de la Cité. Als die römischen Legionen unter der Führung von Julius Caesar Gallien eroberten, kam es im Jahre 52 v. u. Z. an der Seine zu einer heftigen Schlacht, in der Caesars Unterfeldherr Labienus die von Vercingetorix angeführten Parisii besiegte. Die siegreichen **Römer** gründeten auf der Ile de la Cité und auf dem linken Seineufer eine Stadt nach römischem Vorbild mit Forum, Amphitheater und Thermen, die später noch durch eine Mauer befestigt wurde Eine Vorstellung vom römischen Lutetia vermitteln noch die Grundmauern der römischen Thermen sowie die Reste der Arènes de Lutèce im Quartier Latin. Im dritten Jahrhundert unserer Zeitrechnung breitete sich das Christentum verstärkt im römischen Nordfrankreich aus. Der erste Bischof von Paris, Saint-Denis, soll im Jahre 287 auf einem

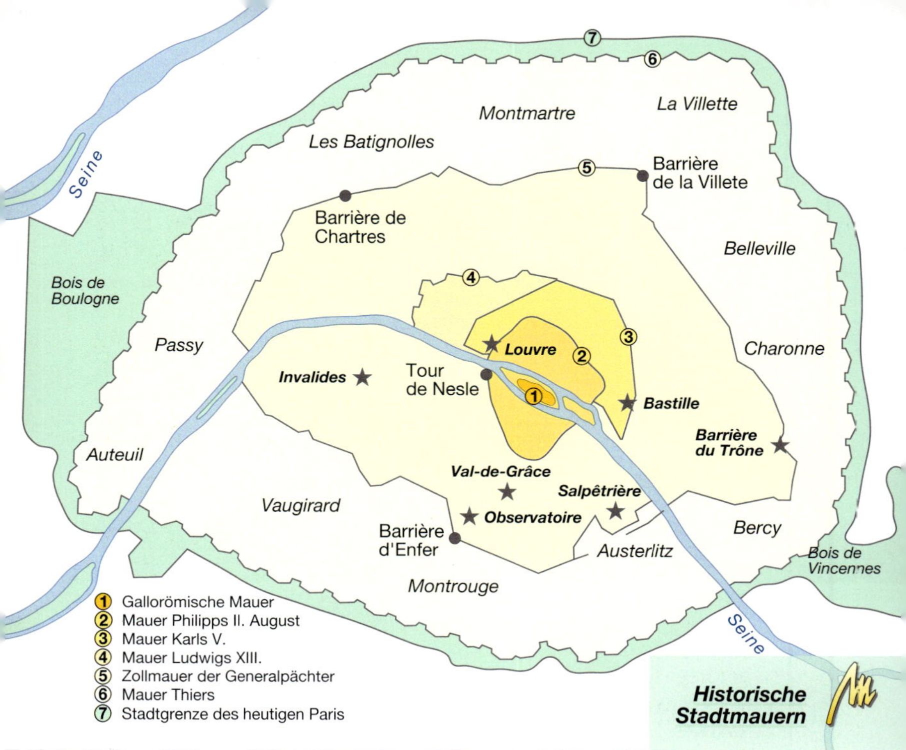

Hügel, der fortan den Namen *Mons Martyrium* (Montmartre) trug, enthauptet und in Saint-Denis, der späteren Nekropole der französischen Könige, begraben worden sein.

Als Attila im Zeitalter der Völkerwanderung 451 mit seinen Hunnen an Paris vorbeizog, nahte das Ende der römischen Herrschaft. Bezeichnenderweise waren es auch nicht die Römer, sondern die vereinten Franken, Burgunder und Westgoten, die Attila in der Schlacht auf den Katalaunischen Feldern besiegten. Wenige Jahrzehnte später eroberten die **Franken**, ein germanischer Stamm vom Niederrhein, Paris unter Führung ihres Königs Chlodwig. Der aus dem Geschlecht der Merowinger stammende Chlodwig trat zum Christentum über, machte Paris zur Hauptstadt seines Reiches und läutete eine neue Blütezeit ein. Luxuswaren wie edle Gewürze, feine Textilien, Schmuck, Edelsteine und Papyrus wurden in Südfrankreich umgeschlagen und gelangten auf den bewährten Römerstraßen entlang der Rhône bis nach Paris.

Mittelalter

Nachdem Karl der Große (768–814) seine Residenz nach Aachen verlegt hatte, verlor Paris an Bedeutung. Wiederholt fuhren die Normannen mit ihren leichten, schnell beweglichen Booten seineaufwärts, wobei sie die ufernahen Städte und Dörfer wie beispielsweise Rouen plünderten und verwüsteten. Eine Eroberung der Ile de la Cité scheiterte 885 jedoch trotz monatelanger Belagerung; einzig die Vororte wurden zerstört. Erst als Hugues Capet, der Stammvater der Kapetinger, im Jahre 987 die Nachfolge der Karolinger im westfränkischen Königreich antrat und

Paris zu seiner Hauptstadt erwählte, ging es wieder aufwärts: Seither sind die Geschicke der Seine-Metropole und Frankreichs untrennbar miteinander verbunden. Aus der Schar der Kapetingerkönige ragt **Philippe II. Auguste** (1180–1223) hervor, dem Paris die Errichtung der Markthallen und den Bau der ersten Stadtmauer verdankte, welche die Stadtviertel links und rechts der Seine umschloss. Mit päpstlicher Zustimmung wurde während seiner Herrschaft im Jahre 1215 die Universität gegründet, die Paris im Mittelalter den Ruf als geistiges Zentrum des Abendlandes einbrachte. Das linke Seine-Ufer erhielt dadurch sein „intellektuelles Flair", zu dem die 1257 gegründete Sorbonne erheblich beitrug.

Im Spätmittelalter brachen für die französische Hauptstadt unruhige Zeiten an. Die Pest und der so genannte **Hundertjährige Krieg** (1337–1453) mit den Engländern forderten zahlreiche Opfer in Nordfrankreich. Als sich der französische König Johann II. in englischer Gefangenschaft befand, stellte sich der aus einer reichen Tuchhändlerfamilie stammende Etienne Marcel an die Spitze einer bürgerlichen Autonomiebewegung, welche die königliche Herrschaft über Paris beenden wollte. Der Aufstand scheiterte, Marcel wurde am 31. Juli 1358 von Anhängern des Königs ermordet. In den nächsten Jahrzehnten wurden bürgerkriegsähnliche Machtkämpfe ausgefochten, zeitweise beherrschten die Burgunder, später wieder die Engländer die Stadt an der Seine; erst 1436 konnten die Truppen Karl VII. das von den Engländern besetzte Paris wieder zurückerobern.

Château de Vincennes

Religionskriege und Absolutismus

Bereits an der Wende zum 16. Jahrhundert zählte Paris annähernd 300.000 Einwohner und gehörte damit neben London und Neapel zu den größten Städten der Welt. Der den schönen Künsten zugetane Franz I. (1515–1547) machte Paris zu einem glanzvollen kulturellen Zentrum. Er förderte Architektur, Wissenschaft und Literatur, gründete das berühmte Collège de France und ließ den Louvre zu einem Renaissancepalast umbauen. Als Franz I. starb, befand sich Europa mitten in den Wirren des Reformationszeitalters. Der in Frankreich zwischen den Katholiken und den Hugenotten schwelende Konflikt entlud sich in der **Bartholomäusnacht** vom 24. August 1572 in einem blutigen Gemetzel. Die Katholiken unter Führung des Duc de Guise ermordeten in den frühen Morgenstunden die Elite des protestantischen Adels. Fast 3000 Hugenotten fielen dem Massaker in der Hauptstadt zum Opfer. Friede kehrte erst wieder ein, als Henri de Bourbon, der die Bartholomäusnacht überlebt hatte, mit den Worten „Paris ist eine Messe wert“ 1593 zum Katholizismus konvertierte. Ein Jahr später zog er als König Heinrich IV. in Paris ein. Gleichwohl sicherte er den Hugenotten 1598 im Edikt von Nantes die Glaubensfreiheit zu. Die Gefahr weiterer Religionskriege war damit vorerst gebannt. In städtebaulicher Hinsicht schenkte der Frieden liebende König seiner Hauptstadt mit dem Pont-Neuf die erste unbebaute Brücke und ließ die Place des Vosges anlegen.

Eine Glanzzeit feudaler Macht und Pracht erlebte Paris unter der Herrschaft **Ludwig XIV.** Paris galt als Synonym für die königliche Macht und entwickelte sich im 17. Jahrhundert zum politischen, wirtschaftlichen und kulturellen Mittelpunkt Frankreichs. Der Befestigungsgürtel, der die Stadt einschnürte, wurde abgetragen, die Vorstädte uferten bis weit in das Umland aus, erste Boulevards sowie repräsentative Plätze wie die Place des Victoires und die Place Vendôme wurden nach strikten geometrischen Richtlinien angelegt. Das klassizistische Verlangen nach Maß, Klarheit und Monumentalität gipfelte im Bau des Schlosses von Versailles, in dem der Sonnenkönig ab 1682 residierte und seinen absolutistischen Anspruch (*L'état, c'est moi*) perfekt inszenierte. Ludwig XIV. versammelte die gesamte Elite der Nation, vom Dichter Jean Racine bis zum Marschall de Turenne, auf seinem Schloss. Wer sich nun eine illustre Gesellschaft vorstellt, die sich zwischen Dekadenz und Luxus verliert, irrt: Der Hofstaat umfasste 20.000 Menschen, das Leben in Versailles war nicht nur für die Dienerschaft hart und entbehrungsreich: Während des Winters 1695 gefroren auf der königlichen Tafel Wein und Wasser in den Gläsern. Hinzu kam eine strenge Hofetikette, bei der selbst einfache Handlungen wie Aufstehen und Zubettgehen des Königs zeremoniell überhöht wurden; der absolutistische Anspruch wurde bis ins kleinste Detail geltend gemacht und ließ wenig Raum für individuelle Interessen. Das französische Beispiel machte Schule: Der Hof von Versailles wurde innerhalb kürzester Zeit zum Vorbild fast aller europäischer Fürstenhäuser, erreicht oder gar übertroffen wurde Versailles jedoch nicht.

Ludwig XIV. – „L'état, c'est moi!“

Revolution und Napoléon

Innerhalb der relativ kurzen Zeitspanne von Mai bis Oktober 1789 brach das *Ancien Régime* in Frankreich völlig zusammen. Am 14. Juli 1789 erfolgte der Sturm auf die Bastille – ein symbolischer Akt, der diesen Niedergang in

Noch immer präsent – Frankreichs militärische Vergangenheit

spektakulärer Weise besiegelte. Übrigens paarte sich an diesem Tag revolutionäre Leidenschaft mit der Unzufriedenheit des einfachen Volkes: Am 14. Juli war das Brot teurer als jemals zuvor im 18. Jahrhundert! Bekanntermaßen wurde 1792 die Monarchie abgeschafft, das auf der Flucht gefangen genommene Königspaar wenig später zum Tode verurteilt und öffentlich hingerichtet. Doch auch die Schreckensherrschaft der Sansculotten, während der Tausende der Guillotine zum Opfer fielen, fand ein Ende, als *Robespierre* am 27. Juli 1794 gestürzt wurde und unter dem Fallbeil sein Leben lassen musste.

Mit ihrem politischen Glaubensbekenntnis **„Freiheit, Gleichheit, Brüderlichkeit"** sorgten die französischen Republikaner in den ersten Jahren der Revolution für eine bahnbrechende Umwälzung des französischen Staatssystems, von deren politischen und gesellschaftlichen Folgen die Welt bis heute geprägt wird. Jeder Franzose sollte von nun an vor dem Gesetz gleich sein; die Privilegien des Adels und des Klerus wurden genauso abgeschafft wie das Zunftwesen. Konsequenterweise erhielten die französischen Juden bereits wenige Monate nach der Französischen Revolution die vollen Bürgerrechte, jenseits des Rheins mussten die Juden bis 1848, mancherorts gar bis 1868 auf ihre politische Gleichstellung warten. Das Steuersystem wurde vereinheitlicht, der Kirchenzehnte abgeschafft, das Land in neue Verwaltungsbezirke, die noch heute bestehenden Départements, eingeteilt, das Bildungssystem reformiert und die Gewerbefreiheit eingeführt. Kirchliche Besitztümer wurden konfisziert, jahrtausendealte Bistümer verschwanden von der Landkarte, Klöster wurden aufgelöst und fielen in großer Zahl dem Verfall anheim. Die französischen Frauen mussten sich allerdings bis 1945 gedulden, ehe sie das Wahlrecht erhielten ...

Im Windschatten der Revolution begann der Aufstieg eines kleinen korsischen Leutnants namens **Napoléon**

Blick vom Arc de Triomphe

Bonaparte: Am 18. Dezember 1793 machte Napoléon erstmals von sich reden, als er die englische Besetzung von Toulon, dem bedeutendsten französischen Militärhafen am Mittelmeer, erfolgreich beendete. Zum Dank für diesen unerwarteten Sieg wurde Napoléon in den Generalsrang erhoben. Napoléons Stern stieg in den nächsten Jahren höher und höher am französischen Himmel empor: Seit dem 9. November 1799 hatte er die faktische Herrschaft übernommen, am 2. Dezember 1804 krönte er sich in Notre-Dame zum Kaiser der Franzosen. Napoléon veränderte das Stadtbild in den wenigen Jahren bis zu seinem Sturz nur an wenigen Stellen; er ließ die distinguierte Rue de Rivoli und die säulenumgürtete Börse anlegen und gab, in der Hoffnung, aus Paris ein zweites Rom machen zu können, den monumentalen Arc de Triomphe in Auftrag.

19. Jahrhundert

Nach der Niederlage von Waterloo (1815) und der Verbannung Napoléons auf Sankt Helena kehrte langsam wieder Ruhe ein; dank Talleyrands geschickter Verhandlungsführung auf dem Wiener Kongress hatte Frankreich seine Großmachtstellung auf dem europäischen Parkett behaupten können. In Paris etablierte sich nach der **Julirevolution** von 1830 das Großbürgertum als die bedeutendste politische Kraft. Vornehme, überdachte Einkaufspassagen entstanden, ein bourgeoises Flair lag in der Luft. Doch 1848 war es vorbei mit dem Frieden und der Ruhe: Wegen gravierender sozialer Missstände kam es im Februar erneut zu einer Revolution, in deren Folge der Bürgerkönig Louis-Philippe gestürzt wurde und die sozialistischen Bewegungen mit Hilfe des Militärs brutal niedergeschlagen wurden. Der im Dezember 1848 zum Präsidenten der Republik gewählte Louis Bonaparte, ein Neffe Napoléons, ernannte sich nach einem Staatsstreich sogar zum Kaiser und bestieg 1852 als Napoléon III. den französischen Thron.

Eine Stadt als Gesamtkunstwerk

Unter Federführung des Präfekten Baron *George-Eugène Haussmann* erhielt Paris zwischen 1853 und 1870 ein modernes Stadtbild mit breiten Boulevards, Avenuen und Parkanlagen, aber auch neue Wasserleitungen und ein dringend notwendiges Kanalisationssystem (1832 und 1849 forderten zwei verheerende Choleraepidemien jeweils mehr als 10.000 Todesopfer). Um seine weitreichenden Pläne verwirklichen zu können, ließ Haussmann rund 28.000 Häuser abreißen, ohne Rücksicht auf die historische Bausubstanz zu nehmen. Das vorrangige Ziel war nicht etwa, durch die Anlage breiter Straßen den Bau von Barrikaden unmöglich und die Kavallerie beweglicher zu machen, nein, Haussmann war ein Bürokrat und Technologe der Macht, ein spießbürgerlicher Zyniker, der mit unnachgiebigem Eifer an seinem Traum von einem „schöneren" Paris arbeitete. Er ließ Schneisen in das mittelalterliche Dickicht schlagen, um die Stadt für den Verkehr zu öffnen, Bürgersteige anlegen, und er verbannte die Industrie in die Vororte. Vor allem dem Westen der Hauptstadt galt seine Aufmerksamkeit. Mit urbaner Theatralik richtete Haussmann die „mit dem Säbel angelegten Straßen" (Zola) sternförmig zum Arc de Triomphe hin aus und hat dabei „das Gesicht der Stadt schneller verändert als das Herz einer Sterblichen" (Baudelaire). Fest steht: Paris wäre ohne diese „brutalen" Eingriffe an seinen ungelösten Problemen wohl regelrecht erstickt. Ganz nebenbei verwandelte Haussmann die Stadt in eine internationale Touristenattraktion; Paris wurde zum Inbegriff der modernen Großstadt.

Nach der demütigenden Niederlage bei Sedan (2. September 1870) gegen die deutschen Truppen unter der Führung Preußens, die in der Gefangennahme Napoléon III. gipfelte, und dem Sieg der Monarchisten bei den Februarwahlen versuchte sich die **Pariser Kommune** 1871 als Gegenregierung zu etablieren. Die Regierung unter Führung von Adolphe Thiers und das konservative Bürgertum flohen nach Versailles; Soldaten rückten gegen die Hauptstadt vor. Der Konflikt mündete in einen blutigen Bürgerkrieg, in dessen Verlauf die Rebellen, die sich immer weiter in den Pariser Osten zurückgezogen hatten, von den Versailler Regierungstruppen niedergemetzelt wurden. Die Aufständischen hatten mehr als 30.000 Tote zu beklagen, die teils bei den erbittert geführten Gefechten starben, teils nach Ende der Kämpfe hingerichtet wurden; Tausende von Kommunarden wurden in die überseeischen Kolonien deportiert.

Gegen Ende des 19. Jahrhunderts erlebte Paris eine neue Blütezeit, deren Höhepunkte die Weltausstellungen von 1878, 1889 und 1900 darstellten. Die Weltausstellung im Jahre 1889 bescherte der Stadt mit dem Eiffelturm gar ein neues Wahrzeichen. Paris stieg zum kulturellen Zentrum Europas auf, die Einwohnerzahl überstieg die Zwei-Millionen-Grenze. Die von einer allgemeinen Hochstimmung getragenen Jahre sollten als **Belle Epoque** in die Geschichte eingehen. Bis zum Vorabend des Ersten Weltkriegs florierten Kunst, Wirtschaft und Handel, dann fand die unbeschwerte Heiterkeit schlagartig ein Ende. In sozialer Hinsicht verfestigte sich während des Second Empire ein von West nach Ost verlaufendes Gefälle, das bis heute die Pariser Stadtlandschaft prägt. Während sich in den östlichen Stadtvierteln die Wohnungsmisere und das Massenelend verschärften, entstanden im Westen großbürgerliche

Wohnhäuser mit klassizistischen Fassaden, die noch immer ganze Straßenzüge dominieren. Als Glanzstück der Stadterweiterung gilt die heutige Avenue Foch, eine 120 Meter breite Prachtstraße, die sich vom Arc de Triomphe zum Bois de Boulogne erstreckt.

Das Paris der Maler

Wie keine andere Metropole der Welt hat Paris die moderne Kunst geprägt. Ob Impressionismus, Symbolismus, Fauvismus, Kubismus oder Surrealismus – die Wiege dieser Stilrichtungen stand an der Seine. Sicherlich, die Impressionisten wie beispielsweise Monet holten sich ihre Anregungen vorzugsweise an den lichtdurchfluteten Küsten der Normandie, doch es war das Pariser Atelier des Photographen Nadar, in welchem Claude Monet 1874 zusammen mit den Werken befreundeter Künstler sein Gemälde „Impression, Soleil Levant" ausstellte. Ein Kunstkritiker zeigte sich von der Ausstellung wenig begeistert und verhöhnte die Maler in Anlehnung an Monets Bild, das den Hafen von Le Havre im Morgennebel darstellt, als „Impressionisten". Rund vier Jahrzehnte später war es wieder ein Journalist, der im Anschluss an eine Pariser Ausstellung den Namen einer Stilrichtung prägte. Der Kritiker war von den Bildern einer Gruppe von Malern, zu der auch der junge Henri Matisse gehörte, so entsetzt, dass er die Künstler als „Fauves„ („wilde Tiere") bezeichnete. Zwei Jahre später wurde der Fauvismus von einer neuen Stilrichtung, dem Kubismus, abgelöst. „Les Demoiselles d'Avignon", eines der Hauptwerke des sich durch eine neue Wahrnehmungsweise auszeichnenden Kubismus, stammte von einem jungen Spanier, der bis zum Zweiten Weltkrieg zum ungekrönten König der Pariser Kunstszene aufstieg: Pablo Picasso. Zusammen mit Max Ernst, Hans Arp, Joan Miró, Salvador Dalí, Yves Tanguy und Marcel Duchamp gehörte Picasso auch zu den führenden Vertretern des Surrealismus, der letzten Kunstströmung, die in Paris ihre Wurzeln hatte.

Die Metropole der Maler und Literaten

Paris entwickelte sich zwischen den beiden Weltkriegen zum unangefochtenen Mekka der Künstler und Literaten. Als Henry Miller 1930 nach Paris zog, fand er, dies sei der einzige Ort, wo ein Künstler mit Würde leben könne. In den berühmten Cafés am Montparnasse traf sich André Breton, der Papst der Surrealisten, mit dem Multitalent Jean Cocteau, während Josephine Baker im Bananenröckchen das Pariser Jazz-Zeitalter einläutete.

Diese Aneinanderreihung illustrer Namen lässt die Behauptung berechtigt erscheinen, dass zwischen Belle Epoque und Zweitem Weltkrieg jeder bedeutende Maler irgendwann am Montmartre oder Montparnasse gelebt und gearbeitet hat. Amedeo Modigliani und Fernand Léger bewegten sich genauso in den Pariser Künstlerkreisen wie Robert Delaunay, Georges Braque und natürlich Henri de Toulouse-Lautrec.

Exil, Vichy und Résistance

Nicht nur in Deutschland, auch in Frankreich war in den dreißiger Jahren das braune Gedankengut auf dem Vormarsch. So kam es während der Demonstration rechtsgerichteter Parteien zu blutigen Zwischenfällen auf der

Place de la Concorde, rechte Schlägertrupps störten die Kinovorführung von Buñuels *L'Age d'Or*, indem sie „Tod den Juden!" brüllten. Die Pariser Weltausstellung im Jahre 1937 war bereits von den europäischen Konflikten überschattet, wenngleich nur die wenigsten an einen Krieg mit Deutschland geglaubt hatten. Doch es kam bekanntlich anders: Am 10. Mai 1940 begann die **deutsche Offensive** gegen Frankreich; in einem „Blitzkrieg" überwand Hitlers Armee die französischen Stellungen. Bereits am 14. Juni marschierten die Nazis in Paris ein, der gesamte Norden des Landes befand sich in deutscher Hand. Als am 22. Juni in Compiègne der Waffenstillstand unterzeichnet wurde, blieb nur der Südosten Frankreichs als unbesetzte Zone vorerst vom direkten deutschen Zugriff verschont. Im Juli 1940 wurden Marschall Pétain in Vichy von der Nationalversammlung die Regierungsvollmachten übertragen. Pétain und seine Mitstreiter versuchten, einer antiquierten, „nationalen Revolution" den Weg zu ebnen; „Gott, Familie und Vaterland" sollten von nun an wieder den französischen Lebensmittelpunkt bilden, Scheidungen wurden erschwert, Abtreibungen mit drastischen Strafen belegt, republikanisch gesinnte Würdenträger rigoros der Macht enthoben, Freimaurerlogen aufgelöst, Kommunisten bedroht und antisemitischen Ressentiments freier Lauf gelassen. Ohne deutschen Druck wurden die „Juden französischer Nationalität" diskriminiert und systematisch vom öffentlichen Leben ausgeschlossen. Am 24. Oktober verkündete Pétain im Rundfunk, das Vichy-Regime habe sich zur *Collaboration d'Etat* mit Deutschland entschlossen.

Allmählich begann sich der Widerstand gegen die Regierung Pétain zu formieren. Einige wenige überzeugte Hitlergegner hatten ihren Unmut mit Sabotageakten und Protesten schon kurz nach

Musée Picasso

der Kapitulation Frankreichs zum Ausdruck gebracht, aber erst in der zweiten Hälfte des Jahres 1941 wurden die **Widerstandsaktionen** in Paris koordinierter und wirkungsvoller. Nach dem Angriff Hitlers auf die Sowjetunion brachten die Kommunisten ihre Untergrunderfahrung ein und wurden zum militärisch schlagkräftigsten Arm der Résistance. Mit der sich im weiteren Kriegsverlauf immer deutlicher abzeichnenden Niederlage Deutschlands nahm auch die Zahl der Résistancekämpfer zu. Zuletzt dürften 100.000 bis 200.000 Personen am aktiven Widerstand beteiligt gewesen sein. Jean Moulin, der 1943 von den Nazis hingerichtete Führer der Résistance, wurde 1964 im Panthéon, dem französischen Ruhmestempel, beigesetzt.

Nach dem Einmarsch der Alliierten in Nordafrika (November 1942) sahen sich die Deutschen mit Gerüchten einer bevorstehenden Invasion an der französischen Mittelmeerküste konfrontiert. Doch erst am 6. Juni 1944 begann die alliierte Großoffensive in der Normandie, mehr als zwei Monate später, am 15. August 1944, landeten die alliierten Truppen auch an der französischen Mittelmeerküste. Als deutlich wurde, dass Paris nicht zu halten ist, kapitulierte General von Choltitz, ohne die französische Hauptstadt, wie von Hitler gefordert, zu zerstören. Am 26. August 1944 marschierte General **Charles de Gaulle**, der in England eine Exilregierung (*La France Libre*) gebildet hatte, an der Spitze der Befreiungstruppen über die Champs-Elysées und erlöste die Pariser vom Trauma der deutschen Besatzung. Am 12. September trafen die Invasionstruppen aus der Normandie und der Provence in Châtillon-sur-Seine zusammen; sieht man von lokalen Kämpfen im Elsass ab, war die Befreiung Frankreichs abgeschlossen.

Nachkriegszeit

Eine Abrechnung mit den Kollaborateuren erfolgte nur oberflächlich. Zwar wurden im Zuge der Befreiungskämpfe rund 10.000 Franzosen hingerichtet, doch zahlreiche Mitläufer und Nutznießer des Vichy-Regimes kamen äußerst glimpflich davon. Teilweise traten bei diesen Auseinandersetzungen auch klassenkämpferische Aspekte hervor. So richteten sich die Aktionen der kommunistisch geprägten Widerstandsbewegung häufig gegen Industrielle, Geistliche und bürgerliche Parteifunktionäre. Der Übergang zur politischen Normalität fand im Oktober 1945 statt, als die Franzosen eine Nationalversammlung wählten, deren Auftrag es war, eine neue Verfassung zu erarbeiten.

Nach dem kurzen Zwischenspiel der Vierten Republik, die durch den Militärputsch in Algerien ein Ende fand, wurde Charles de Gaulle am 21. Dezember 1958 zum Staatspräsidenten der **Fünften Republik** gewählt. Das Ende des algerischen Unabhängigkeitskrieges hatte den massenhaften Zuzug von Algerienfranzosen, den so genannten *Pieds noirs* (Schwarzfüße), zur Folge. Rund eineinhalb Millionen seit Generationen in Nordafrika ansässiger Franzosen wurden quasi über Nacht an die Häfen ihres Mutterlandes gespült. Besonders schwer hatten es diejenigen Algerier, die vor 1962 freiwillig in der französischen Armee gedient hatten und daher als *Harkis* („Verräter") die Rache ihrer Landsleute zu fürchten hatten; aus Angst um ihr Leben flohen sie nach Frankreich. Dort mussten sie die bittere Erfahrung machen, dass die Franzosen alles andere als erfreut waren, sie aufnehmen zu müssen. Anfangs wurden die *Harkis* in Durchgangslagern interniert, bevor sie in den ghettoähnlichen Elendsquartieren (*bidonvilles*) der Pariser Banlieue unterkamen. Der in diesem Zusammenhang stehende 17. Oktober 1961 gilt als der schwärzeste Tag in der französischen Nachkriegsgeschichte. Da es aufgrund des Algerienkrieges immer wieder zu Attentaten gegen die Polizei kam, verhängte der Polizeipräfekt Maurice Papon monatelang eine nächtliche Ausgangssperre für Nordafrikaner. Als diese dagegen protestieren, ereignete sich in der Nacht des 17. Oktober ein regelrechtes Pogrom. Die Polizei richtete ein wahres Massaker unter den Demonstranten an, noch Tage später wurden Leichen aus der Seine gefischt. Seriöse Schätzungen gehen von 35 bis 200 Toten aus. Offiziell wurde der Staatsterror nie aufgeklärt; erst 2001 enthüllte der Pariser Bürger-

Bibliothèque Nationale – ermüdender Büchertempel

meister am 40. Jahrestag eine Erinnerungstafel für die Opfer des Massakers.

Während der Regierungszeit von Charles de Gaulle veränderte sich das Pariser Stadtbild erheblich: Die ersten Hochhäuser, darunter die monströse Tour Montparnasse, wurden errichtet, im Westen entstand mit La Défense ein neues Büro- und Geschäftsviertel amerikanischen Zuschnitts.

Die siebziger und achtziger Jahre waren von mehreren städtebaulichen Großprojekten geprägt. Staatspräsident Georges Pompidou ließ das mittlerweile nach ihm benannte Centre Beaubourg, einen futuristischen Ausstellungspalast mit nach außen gekehrten Eingeweiden, errichten, während Giscard d'Estaing den Umbau eines stillgelegten Bahnhofs am Seineufer zum Musée d'Orsay

Mai '68 – „Unter dem Pflaster der Strand"

Im denkwürdigen Mai '68 erschütterte die in der Universität von Nanterre ausgelöste Studentenrevolte mit ihren blutigen Straßenkämpfen die Republik bis in ihre Grundfeste. Wie bei allen Pariser Volksaufständen wurden die Pflastersteine zur bevorzugten Waffe der Unzufriedenen. Mit den Worten „Unter dem Pflaster der Strand" (*Sous les pavés la plage*) stürzten sich die Studenten auf die Vertreter der Staatsmacht, Barrikaden wurden errichtet, Autos gingen in Flammen auf. Die Polizei griff hart durch und prügelte die Protestierenden rigoros nieder. Die Arbeiter solidarisierten sich und legten Frankreich durch einen Generalstreik lahm. Als schließlich Charles de Gaulle Paris mit unbekanntem Ziel verließ, schien ein Großteil der Wähler zu befürchten, Frankreich werde im revolutionären Chaos versinken. Diese Angst führte letztlich dazu, dass die Gaullisten aus den Juniwahlen als Sieger hervorgingen.

forcierte. Doch dann kam **François Mitterrand** (1981–1995) und übertraf seine Amtsvorgänger um Längen. Wie vor ihm nur Baron Haussmann hat er in seinen beiden Amtsperioden das Antlitz der französischen Hauptstadt verändert. Angefangen mit der für die Revolutionsfeierlichkeiten von 1989 errichteten Bastille-Oper, über die spektakuläre Glaspyramide im Louvre bis hin zur gigantischen Grande Arche im supermodernen Büroviertel La Défense trug der geschichtsbewusste Mitterrand höchstpersönlich Sorge, dass sein Name auch künftigen Generationen leicht von den Lippen geht. Von den „kleineren" Projekten, wie dem Institut du Monde Arabe und dem wie eine abgebrochene Brücke in der Seine stehenden Finanzministerium, soll gar nicht die Rede sein. Geld spielte keine Rolle, ließ Mitterrand doch zum Ruhme der Nation und zu seinem eigenen bauen. Den Schlusspunkt setzte „Dieu" – „Gott" wie Mitterrand ehrfurchtsvoll-zynisch genannt wurde – mit der Grande Bibliothèque Nationale de France, deren vier gläserne Türme an aufgeschlagene Bücher erinnern sollen.

Literaturtipps

Mehr als jede andere europäische Metropole ist Paris eine Stadt der Literatur. Die Anzahl der Bücher und Romane, deren Handlung in Paris spielt, ist erschlagend groß, so dass die folgende Auflistung nur ein paar Anregungen geben kann. Für virtuelle Erkundungen bietet sich die Homepage www.terresdecrivains.com an.

Belletristik

Adnan, Etel: Paris, Paris. Suhrkamp Taschenbuch, Frankfurt 1999. Persönliche Eindrücke zu Pariser Plätzen und Parks sowie zu Politik und Literatur der Seinemetropole.

Aragon, Louis: Aurélien. Fischer Taschenbuch, Frankfurt 1989f. Liebesroman im Paris der zwanziger Jahre.

Beach, Sylvia: Shakespeare and Company. Suhrkamp Taschenbuch, Frankfurt. Persönliche Erinnerungen von Sylvia Beach, die 1919 die wohl berühmteste Buchhandlung von Paris gründete und als Verlegerin von Joyces „Ulysses" berühmt wurde.

Breton, André: Nadja. Suhrkamp, Frankfurt. Ein Klassiker des Surrealismus. Breton schildert die Begegnung mit einer geheimnisvollen Frau, die sich dem Erzähler in den Straßen von Paris nähert.

Brown, Dan: Sakrileg. Lübbe Verlag, München. Paris und der Louvre gehören zu den Schauplätzen des Verschwörungs-Megabestsellers.

Clarke, Stephen: Ein Engländer in Paris. Piper Verlag, München 2005. Skurril-witzige Geschichte über einen Engländer, der mit dem französischen Savoir-vivre hadert.

Dabit, Eugène: Hôtel du Nord. dtv, München 2001. Von Marcel Carné 1938 verfilmt, wurde dieser Roman längst zum Klassiker.

Dyer, Geoff: Paris Trance. Fischer tb, Frankfurt 2003. Zwei befreundete Pärchen lassen sich durch das bunte Leben des Bastille-Viertels treiben, Sex & Drugs inklusive.

Faschinger, Lilian: Paarweise. Acht Pariser Episoden. Kiepenheuer & Witsch, Köln 2002. Schön erzählte Momentaufnahmen aus dem gegenwärtigen Paris.

Fedderke, Dagmar: Notre Dame von hinten. Konkursbuch, Tübingen 2002. Phantasievolle erotische Abenteuer mit Schauplatz Paris.

Green, Julien: Paris. dtv, München 1989. In 19 Kapiteln streift der berühmte Schriftsteller durch seine Wahlheimat Paris. Leider vergriffen.

Greter, Susanne (Hg.): Paris liegt an der Seine. Suhrkamp Taschenbuch, Frankfurt 1999. Abwechslungsreiche literarische Stadtbesichtigung mit Texten bedeutender französischer und europäischer Autoren.

Hemingway, Ernest: Paris – ein Fest fürs Leben. Rororo, Reinbek 1949ff.

Hugo, Victor: Der Glöckner von Notre-Dame. Insel Verlag, Frankfurt. Die weltberühmte tragische Geschichte über die unglücklich endende Liebe des buckligen Glöckners von Notre-Dame *Quasimodo*.

Malet, Léo: Zahllose Krimiklassiker („Die Brücke im Nebel", „Marais-Fieber", etc.), die alle

Die Bouquinisten sind eine feste Größe im Stadtbild

in einem anderen Pariser Arrondissement spielen. Rororo Taschenbücher, Reinbek.

Mercier, Louis-Sébastien: Pariser Nahaufnahmen. Die Andere Bibliothek, Frankfurt 2000. Interessante Reportagen über das Paris am Vorabend der Revolution in einer wunderschönen Ausgabe.

Miller, Henry: Stille Tage in Clichy, rororo, Reinbek Ein Klassiker der obszönen Weltliteratur.

Orwell, George: Erledigt in Paris und London. Diogenes Verlag, Zürich 2001. Eindrucksvolle Reportage über die Armut in den beiden Metropolen.

Passelaigue, Martine/Wachinger, Kristian (Hg.): Paris, un florilège, Paris-Lesebuch. dtv, München 2000. Zweisprachige Anthologie mit 36 Texten berühmter Autoren.

Queneau, Raymond: Zazie in der Metro. Suhrkamp Taschenbuch, Frankfurt 1989. Weniger eine Hommage an die Metro als an Paris.

Scherer, Hans: Remeurs Sünden. Fischer Taschenbuch, Frankfurt 2001. Niveauvolle homoerotische Literatur, deren Fixpunkte an der Seine zu finden sind.

Smaïl, Paul: Unterm Strich. Fischer Taschenbuch, Frankfurt 2000. Temporeicher Roman über Franzosen nordafrikanischer Herkunft, die in Paris ohne Chancen auf einen festen Arbeitsplatz von einem besseren Leben träumen.

Süskind, Patrick: Das Parfüm. Diogenes Taschenbuch, Zürich; mehrfach aufgelegt. Megabestseller um den psychopathischen Mörder Jean-Baptiste Grenouille. Schauplatz: Paris und Grasse im 18. Jahrhundert.

Vargas, Fred: Das Orakel von Port-Nicolas. Aufbau Verlag, Berlin 2001. Wie alle Romane der Krimiautorin spielt auch dieses Buch im Pariser Milieu.

Wallner, Michael: April in Paris. Luchterhand Verlag, München 2006. Paris 1943: Ein deutscher Gefreiter verliebt sich in eine geheimnisvolle Französin, die sich für die Résistance engagiert.

Reiseliteratur

Bauner, Hans Georg: Literarischer Führer Frankreich. Insel Verlag, Frankfurt 2002. Ausführliches Paris-Kapitel, das die Wohnorte der berühmtesten Autoren vorstellt.

Chimelli, Rudolph: Lokaltermin bei Mona Lisa – Pariser Promenaden. Picus, Wien 1998. Mehrere ansprechende Essays des Pariser Korrespondenten der Süddeutschen Zeitung.

Dichand, Hans: Auch das ist Paris. Bettendorf, München 1996. Liebeserklärung an eine vertraute Stadt.

Fitch, Riley Noël: Die literarischen Cafés von Paris. Arche, Hamburg 1993. Kurzweilige literarische Spurensuche durch die berühmten Pariser Cafés, mit Anekdoten über Hemingway, Miller, Sartre, Picasso & Co.

Kardorff, Ursula von: Adieu Paris. rororo, Hamburg 1993. Kenntnisreiche Streifzüge durch die Stadt der Bohème.

Merian: Paris. Hoffmann und Campe, Hamburg. Neben dem aktuellen Merian-Heft von 2006 empfiehlt es sich, im Antiquariat auch nach alten Heften (z. B.: 1954, 1969, 1997 oder 2000) zu suchen.

Nestmeyer, Ralf/Herzig, Horst und Tina: Reise durch Paris. Stürtz Verlag, Würzburg 2005. Schöner, informativer Bildband über die französische Hauptstadt.

Scherer, Hans: Pariser Passagen. Schöffling & Co, Frankfurt 1996. Amüsante und kurzweilige Essays aus der Feder eines der besten deutschen Reisejournalisten und Paris-Kenners par excellence.

Sucher, Bernd C.: Paris. Prestel, München 1999. Ein illustrer Streifzug durch Architektur und Literatur der französischen Hauptstadt, in bester Tradition der Prestel-Landschaftsbücher.

Geschichte und andere Sachbücher

Jordan, David: Die Neuerschaffung von Paris. Fischer, Frankfurt 1996. Fundierte Beschreibung der Umgestaltung von Paris durch Baron Haussmann. Derzeit nicht mehr lieferbar.

Götze, Karl Heinz: Französische Affairen. Fischer Taschenbuch, Frankfurt 1995. Kenntnisreiche Annäherung an die Mentalität der Pariser.

Haensch, Günther/Tümmers, Hans J. (Hg.): Frankreich. Beck'sche Länderreihe. C.H. Beck Verlag, München 1996. Systematische Beschreibung des sozialen, politischen und wirtschaftlichen Alltags unseres westlichen Nachbarn in den letzten Jahrzehnten.

In der berühmten Buchhandlung Shakespeare und Co.

Hazan, Eric: Die Erfindung von Paris. Ammann Verlag, Zürich 2006. Ein faszinierendes Buch für Paris-Liebhaber. Mit viel Sachkenntnis unternimmt der Autor einen Streifzug durch die einzelnen Stadtviertel und seziert sie gewissermaßen.

Hinrichs, Ernst (Hg.): Kleine Geschichte Frankreichs. Reclam, Stuttgart 2006. Preisgünstiger und kompakter Überblick für Fachleute und interessierte Laien.

Loth, Wilfried: Geschichte Frankreichs im 20. Jahrhundert. Fischer Taschenbuch, Frankfurt 1997. Informiert kompetent über die Grundzüge der modernen französischen Geschichte.

Meyer, Nicolle Aimée/Smith, Amanda Pilar: Pariser Märkte. Könemann, Köln 2000. Opulenter Bildband mit Rezepten und lesenswerten Begleitessays.

Nestmeyer, Ralf: Französische Dichter und ihre Häuser. Insel Verlag, Frankfurt 2005. Auf den Spuren von Balzac, Victor Hugo und fünfzehn anderen französischen Schriftstellern.

Paris – Architektur der Gegenwart. Prestel Verlag, München 1997. Ansprechender Bildband über die zeitgenössische Architektur der Seinemetropole.

Schultz, Uwe: Paris. Insel Verlag, Frankfurt 2003. Literarische Spaziergänge durch die französische Hauptstadt. Kenntnisreich und umfassend.

Stierle, Karl-Heinz: Der Mythos Paris. dtv Taschenbuch, München 1998. Grandioses literarisches Porträt von Paris, der „Hauptstadt des 19. Jahrhunderts".

Weisenfeld, Ernst: Geschichte Frankreichs seit 1945. C. H. Beck, München 1997. Umfassende Darstellung der jüngsten französischen Geschichte.

Wickert, Ulrich: Und Gott schuf Paris. Heyne, München 1996. Publikumsliebling Wickert, der zehn Jahre als ARD-Korrespondent in Paris gelebt hat, schildert kenntnisreich die verschiedenen Facetten der französischen Metropole.

Willms, Johannes: Paris, Hauptstadt Europas 1800 – 1914. C.H. Beck, München 2000. Ein fundierter Streifzug, der die gesellschaftlichen, politischen, wirtschaftlichen und kulturellen Facetten der französischen Metropole ausführlich anhand von Originaltexten auffächert.

Paris bei Nacht

Anreise

Tourismus und Umweltschutz sind zwar an sich so gut wie unvereinbar, man muss sich aber notgedrungen darüber hinwegsetzen, will man seinen Urlaub nicht nur im eigenen Land verbringen oder Johann Gottfried Seumes berühmte Wandertour in einen „Spaziergang nach Paris" umwandeln. Der schnellste Weg an die Seine ist zugleich der ökologisch verwerflichste; selbst das Auto ist im Vergleich mit dem fliegenden Kerosinkanister umweltschonend. Die unter ökologischen Gesichtspunkten günstigste Anreiseform ist – sieht man von den wackeren Pedalrittern und Nachfahren Seumes ab – die Bahnfahrt, wenngleich manch ökologisch bewegter Zugreisender nur mit Schaudern daran denken kann, dass die französische Eisenbahn mehr als drei Viertel ihrer Leistung aus Atomkraftwerken bezieht. Wie dem auch sei, letztlich wird aber die Wahl des Transportmittels von den eigenen Vorlieben bestimmt werden.

Mit dem Auto oder Motorrad

Für Deutsche, Schweizer und Süddeutsche ist die An- und Abreise nach Paris durchaus in einem Tag zu bewältigen; wer jedoch im Nordosten Deutschlands wohnt bzw. aus Kostengründen oder des gemächlicheren Tempos wegen nur Landstraßen benutzen will, sollte eine Übernachtung einplanen.

Je nach Wohnort bieten sich mit dem eigenen Fahrzeug verschiedene Anreisemöglichkeiten. Auf der Autobahn kommt man zwar sicherlich am schnellsten voran, doch sind diese in Frankreich kostenpflichtig. Zwischen Saarbrücken und Paris ist einfach mit rund 25 € **Autobahngebühr** zu rechnen. Die Gebühren sind an den mit *Péage* angekündigten Mautstellen entweder bar oder mittels Kreditkarte (EC bzw. Visa) zu entrichten. Als Richtgröße kann

Allgemeine Hinweise für Frankreichfahrer

Fahrzeugpapiere: Der nationale *Führerschein* und der *Fahrzeugschein* genügen vollkommen; die internationale *Grüne Versicherungskarte* ist zwar nicht mehr Pflicht, sie kann aber bei Unfällen sehr hilfreich sein.

Tempolimit: Während auf den französischen Autobahnen eine Höchstgeschwindigkeit von 130 km/h (bei Nässe 110 km/h) erlaubt ist, darf auf Schnellstraßen mit zwei Fahrbahnen in jeder Richtung nicht mehr als 110 km/h (bei Nässe 90 km/h) und auf Landstraßen nicht schneller als 90 km/h (bei Nässe 80 km/h) gefahren werden. Innerhalb geschlossener Ortschaften gilt die Geschwindigkeitsbegrenzung von 50 km/h. Führerscheinneulinge, die ihren Schein noch kein ganzes Jahr besitzen, dürfen auf allen Straßen nicht schneller als 90 km/h dahinbrausen. Bei Überschreitung der vorgegebenen Höchstgeschwindigkeit werden satte Geldbußen verhängt.

Alkohol am Steuer: Beachtung verdient die französische *Promillegrenze*. Im Gegensatz zu unseren bierschweren Politikern konnten sich die Franzosen schon vor einigen Jahren auf eine Grenze von 0,5 Promille einigen.

Bußgelder: Seit 1999 ist zwischen Deutschland, Österreich, Frankreich und Italien ein „Vollstreckungsabkommen" in Kraft getreten, durch das Verkehrssünder auch in ihren Heimatländern zu Bußgeldern herangezogen werden können. „Voraussetzung" ist allerdings, dass das Bußgeld mindestens 40 Euro beträgt.

Gurtpflicht: Für FahrzeuglenkerInnen und alle Insassen besteht Gurtpflicht.

Parken: Bevor man seine Blechkarosse am Straßenrand abstellt, sollte man sich vergewissern, dass das Auto nicht in einer gelben Zone (Streifen am Straßenrand) steht – dies bedeutet nämlich strengstes Parkverbot. Blaue Zonen oder die Beschriftung *Payant* weisen darauf hin, dass Parken nur mit einer Parkscheibe (*disque*) erlaubt bzw. kostenpflichtig ist.

Kreisverkehr: Der im deutschsprachigen Verkehrsraum relativ seltene Kreisverkehr (*rond point*) erfreut sich in Frankreich als Alternative zur ampelgesteuerten Kreuzung großer Beliebtheit, wobei das sich bereits im Kreisverkehr befindliche Fahrzeug fast immer Vorfahrt hat.

Pannenhilfe: Auf den Autobahnen kann die Pannenhilfe über die Notrufsäulen angefordert werden, bei Unfällen hilft der Polizeinotruf, ✆ 17.

Zusatzversicherung: Für wertvolle oder neuwertige Fahrzeuge, die nur Teilkasko versichert sind, empfiehlt sich der kurzfristige Abschluss einer Vollkaskoversicherung.

Benzin: Der Benzinpreis liegt etwas über dem in Deutschland oder Österreich. Am teuersten sind auch in Frankreich die Tankstellen an der Autobahn, billiger tankt man bei den großen Supermärkten; dort wird allerdings keinerlei Service geboten. Die Preisunterschiede können bis zu 13 Cent betragen.

Durchschnittspreise für Benzin (2007):

Diesel (Gazole): ca. 1,02 €

Normal bleifrei (95 Oktan; Sans plomp): ca. 1,20 €

Super bleifrei (98 Oktan; Sans plomp 98): ca. 1,24 €.

Frankreichs Verbraucherverbände haben eine Karte erstellt, auf der preiswerte Tankstellen in der Nähe von Autobahnausfahrten eingezeichnet sind. Die *Carte de l'essence moins chère* ist kostenlos erhältlich beim Comité de Liaison d'Organisations de Consommateurs (COLOC), 12, rue Neuve Saint Jean, F-14000 Caen, ✆ 0033/0231503850, ℻ 0033/0231500106.

Karten: Für die Anreise nach Paris via Autobahn oder Nationalstraße genügt in der Regel ein normaler Straßenatlas oder eine Karte mit großem Maßstab.

man davon ausgehen, dass der Autobahnkilometer etwa 5 Cent kostet. Rund um die größeren Städte wird in der Regel keine Gebühr erhoben. Wer Geld sparen will und Zeit hat, benutzt die mit „N" gekennzeichneten Nationalstraßen (*Route National*). Die zahlreichen Ortsdurchfahrten erschweren

Zur Oper fährt man am besten mit dem Taxi

den Fahrspaß allerdings spürbar, zudem muss auf diesem Weg mit mehr als nur einem Anreisetag gerechnet werden, denn von Strasbourg sind es rund 450 Kilometer nach Paris, von Berlin etwa 1000 Kilometer.

Anfahrtsrouten: Von Nord- und Westdeutschland empfiehlt sich die Anreise von Aachen über Belgien (Chaleroi, Cambrai) und Compiègne; von Süddeutschland und Österreich aus bietet sich die Autobahn über Saarbrücken, Metz und Reims (A 4) nach Paris an; Schweizer können auch über Besançon und Beaune (A 6) anreisen.

Aus welcher Himmelsrichtung der Urlauber auch anreist, irgendwann erreicht er den **Boulevard Périphérique**, den die Pariser schlicht *Périph* nennen. Diese stets überlastete, 35 Kilometer lange Ringautobahn umschließt die gesamte Pariser Innenstadt. Rund 1,3 Millionen Fahrzeuge nutzen an einem gewöhnlichen Wochentag die achtspurige Hauptverkehrsader mit ihren 36 Aus- und Auffahrten. 200 Polizisten und eine ausgefeilte Überwachungsanlage mit Kameras und Kontaktschwellen sorgen dafür, dass der Verkehr reibungslos fließen kann. Elektronische Anzeigetafeln informieren über das Verkehrsaufkommen. Heißt es dort „Périph flute", so erlebt man den Périph ohne Stau und kann das Pariser Zentrum unter Einhaltung der Richtgeschwindigkeit von 80 km/h in einer halben Stunde umrunden. In den morgendlichen und abendlichen Stoßzeiten sind aber auch „Geschwindigkeitsrekorde" von 15 Minuten für zwei Kilometer möglich.

Internet: Der Routenplaner www.viamichelin.de gibt Informationen zur schnellsten, kürzesten oder touristisch interessantesten Anreise.

Mit dem Zug

Die Anreise mit der Bahn ist eine bequeme Alternative. Züge aus Norddeutschland kommen an der Gare du Nord an, Züge aus Süddeutschland, Österreich und der Schweiz laufen an der Gare de l'Est ein.

Gare de Lyon – Ab nach Süden!

Die Fahrzeit von Stuttgart nach Paris beträgt tagsüber rund 6 Stunden, mit dem Nachtzug 7,5 Stunden. Mit dem THALYS-Zug gelangt man von Köln in 3.51 Stunden nach Paris! In der 2. Klasse kostet beispielsweise die Hin- und Rückfahrt von Köln rund 162 € (je nach Verfügbarkeit). Im internationalen Verkehr mit Frankreich werden bei Nachtverbindungen **Liegewagen** 2. Klasse (6 Personen pro Abteil) und teilweise auch **Schlafwagen** 1. und 2. Klasse (1–3 Personen pro Abteil) eingesetzt. Der Zuschlag für den Liegewagen beträgt einfach 19 € oder 25 €, für den Schlafwagen je nach Belegung zwischen 37 € und 103 €.

Ermäßigungen: Seitdem das neue Tarifsystem der Deutschen Bahn gilt, lohnt es sich, rechtzeitig zu buchen. Wer auf dem Schienennetz der Deutschen Bahn weite Strecken zurücklegen muss, sollte sein Ticket mindestens drei Tage vorher kaufen, da man so große Teile des Fahrpreises spart (Plan&Spar-Rabatt). Allerdings ist das Kontingent der günstigen Karten begrenzt, eine Stornierung sehr teuer. Bis zu vier Mitfahrer reisen zudem für den halben Preis (Mitfahrer-Rabatt), Kinder bis 14 Jahre fahren gar kostenlos auf dem gesamten deutschen Schienennetz. Weitere Vorteile bietet die BahnCard: Es werden nochmals 25 Prozent bzw. 50 Prozent Ermäßigung auf alle Rabatte gewährt! Zudem gibt es mit RailPlus (15 € für Familien) weitere 25 Prozent Ermäßigung, Kinder müssen allerdings im Ausland den halben Fahrpreis bezahlen. Auf dem Netz der französischen Staatsbahnen gibt es nur für Jugendliche unter 26 Jahren, die Inhaber einer BahnCard mit RailPlus sind, eine Ermäßigung! Die französischen Staatsbahnen halten für Zugreisende das *Découverte Séjour* bereit. Bedingungen: Auf der Hin- und Rückfahrt müssen mindestens 200 Kilometer zurückgelegt werden; zwischen Ein- und Ausreise muss ein Wochenende liegen; am Freitag und Sonntag ist das Ticket zwischen 15 und 20 Uhr, am Montag zwischen 5 und 10 Uhr nicht gültig.. Die Ermäßigung beträgt beim *Découverte Séjour* mindestens 20 Prozent.

Auskunft: Weitere Informationen zu Verbindungen und Vergünstigungen in Frankreich erteilt die **Reiseauskunft der Deutschen Bahn** (bundeseinheitliche Rufnummer, ✆ 11861, 0,25 €/15 Sek.) oder **Thalys-Hotlinie**, ✆ 01805/215000. In Frankreich erhält man Informationen zu Zugverbindungen ab Paris unter: ✆ 0836353535. Zudem empfiehlt sich die Recherche im Internet:
www.bahn.de
www.oebb.at
www.sbb.ch
www.thalys.com
www.nachtzugreise.de
www.voyages-sncf.com

Mit dem Flugzeug

Auf rund eineinhalb Stunden verkürzt sich die Anreise mit dem Flugzeug. Fast alle Maschinen aus Deutschland, Österreich und der Schweiz landen auf dem internationalen Flughafen im Pariser Osten (Roissy-Charles de Gaulle). Flugzeuge in andere französische Städte starten am Flughafen Paris Orly, der im Süden der Stadt liegt.

Die *Air Berlin, Air France, Lufthansa, Swiss, Austrian Airways* sowie *Eurowings* fliegen **Paris** (CDG) von verschiedenen Städten aus an. Die meisten Verbindungen bietet Air France, die Paris (jeweils oft mehrmals tgl.) beispielsweise von Berlin, Bremen, Düsseldorf, Frankfurt, Hannover, Hamburg, Köln, München, Nürnberg, Stuttgart, Basel und Strasbourg anfliegt. Easyjet fliegt von Dortmund nach CDG sowie von Berlin-Schönefeld nach Orly, dba fliegt ebenfalls 2 x tgl. nach Orly (von München).

Auskunft: Uhrzeiten der Flüge ab Paris: www.airberlin.de; www.adp.fr; www.airfrance.de; www.eurowings.de; www.dba.de. www.easyjet.com.

Wegen der Weitläufigkeit des Flughafenareals sollte man darauf achten, von welchem **Terminal** man zurückfliegt. Während die Lufthansa und Eurowings am Terminal 1 landen, kommen Flug-

Mit dem Flugzeug geht es am schnellsten

gäste von Air Berlin am Terminal 3 und Reisende von Air France am Terminal 2D an; Austrian Airways und Swiss am Terminal 2B (Zubringerbusse fahren zur RER-Bahn). Das Zentrum erreicht man entweder mit dem Taxi (ca. 50 €) oder mit der Schnellbahn (Linie B der RER), die für 12,10 € (Tageskarte) oder 8,60 € (einfach) alle 8 Minuten zum Gare du Nord oder zur Station Châtelet fährt; eine Alternative ist der Roissybus, der im 15-Minuten-Takt zwischen Flughafen und Place de l'Opéra pendelt (Carte Orange mit 5 Zonen oder 8,40 € für die einfache Fahrt), allerdings eine etwas längere Fahrzeit benötigt. Von Orly nimmt man die RER-Linie Orlyval, dann ab Antony mit RER B. Alle 10 Minuten, 9,05 € (Tageskarte). Alternativ mit dem Orlybus in 30 Minuten zur Place Denfert-Rochereau für 5,80 €

Auskunft: Flughafen Charles de Gaulle, ✆ 0148622280. Flughafen Orly, ✆ 0149751515. Zu den öffentlichen Verkehrsmitteln: www.parisvisite.com.

Tarifdschungel: Das Tarifsystem auf dem Flugreisemarkt ist nicht gerade übersichtlich. Die Fluglinien locken mit verschiedenen Tarifen, die sich je nach Reisezeit und Verfügbarkeit aber ständig ändern. Nur eins steht fest: In der Business-Class fliegt man am teuersten. Am besten erkundigt man sich in einem guten Reisebüro – oder mehreren – nach den aktuellen Angeboten und studiert zudem noch die Tarife im Internet. Faustregel: Die Preise für den Hin- und Rückflug bewegen sich in der Regel zwischen 130 und 250 €, hinzu kommen häufig noch Passagier- und Sicherheitsgebühren.

Mit dem Bus

Die Deutsche Touring verkehrt täglich zwischen Hamburg und Paris (Hin- und Rückfahrt ab 109 €), sowie 6 x wöchentlich ab München (ebenfalls ab 99 €), Köln und Frankfurt. Ab Berlin täglich mit Gullivers und Berlinlinienbus (Hin- und Rückfahrt 133 €).

Auskunft: *Deutsche Touring*, ✆ 069/7903-0, www.deutsche-touring.com.
Berlinlinienbus, ✆ 030/8619331, www.berlinlinienbus.de.
Gullivers, ✆ 030/890660, www.gullivers.de.

Mitfahrzentralen/Trampen

Die goldenen Tramperzeiten sind – wenn es sie jemals gegeben hat – schon lange vorbei. Das Warten an den viel befahrenen französischen Nationalstraßen und Autobahnauffahrten kann zur harten Geduldsprobe werden. Abhilfe schaffen die preiswerten Mitfahrzentralen.

Wer die Ungewissheit und Risiken des Trampens scheut, sollte sich an die Mitfahrzentralen (MFZ) wenden. Sie sind für Fahrer und Mitfahrer gleichermaßen eine feine Sache. Ersterer bekommt einen Fahrtkostenzuschuss, Letzterer gelangt zuverlässig und günstig ans Ziel; die Kosten liegen unter denen eines Bahntickets. Genauere Informationen zu Mitfahrgelegenheiten und Preisen können in den größeren deutschen Städten unter der **bundeseinheitlichen Rufnummer 1 94 40** erfragt werden. Frauen haben die Möglichkeit, auf Wunsch nur Frauen mitzunehmen bzw. nur bei ihnen mitzufahren. Die Preise errechnen sich aus einer *Benzinkostenbeteiligung* und einer *Vermittlungsgebühr* und belaufen sich derzeit auf 5 Cent pro Kilometer. Von Nürnberg nach Paris beträgt der Gesamtpreis für den Mitfahrer 38 €, wovon dem Fahrer 26 € zustehen. Um spätere Schwierigkeiten zu vermeiden, sollte man unbedingt den von der MFZ ausgestellten Beleg mitführen. Für einen Euro kann jeder Mitfahrer bei der MFZ eine *Zusatzversicherung* abschließen. In Paris vermittelt Allostop-Provoya Mitfahrgelegenheiten.

Auskunft: Allostop-Provoya, 8, rue Rochambreau, 75009 Paris, ✆ 0033/0153204242.

Klassische Stadtrundfahrt

Unterwegs in Paris

„Die Fremden erkennt man daran, dass sie oben, schon auf dem letzten Absatz der Métrotreppe, sich nicht mehr auskennen, sie verlieren sich nicht wie die Pariser aus der Métro übergangslos in das Straßenleben. Auch stimmt beim Herauskommen die Wirklichkeit erst langsam mit der Karte überein." (Franz Kafka)

Es empfiehlt sich nicht, Paris mit dem eigenen Auto zu erkunden. Nicht nur während der Hauptverkehrszeiten erfordert eine Autofahrt ein strapazierfähiges Nervenkostüm. Wenn irgendwie möglich, sollte man die öffentlichen Verkehrsmittel benutzen; sie sind in vielerlei Hinsicht dem eigenen Auto überlegen, auch muss man sich weder über Parkplätze, Strafzettel oder Autoaufbrüche Gedanken machen.

Métro, RER und Bus

Zwischen Porte Maillot und Porte de Vincennes verkehrte am 19. Juli 1900 die erste Métro. Wenige Monate später wurden die Abschnitte zwischen Arc de Triomphe und Trocadéro sowie zwischen Arc de Triomphe und Porte Dauphin eröffnet. Seither hat sich viel getan: Paris besitzt das dichteste U-Bahn-Netz der Welt; kein Haus ist weiter als 500 Meter von einer Haltestelle der Métro entfernt. Insgesamt verkehren 16 Métrolinien mit rund 300 Stationen und einem Gesamtnetz von 195 Kilometern im Pariser Untergrund. Die für Touristen attraktivste Hochstrecke ist die Linie 6, die von der Seinebrücke Bir-Hakeim einen herrlichen Blick auf den Eiffelturm bietet.

„Die Metro ist wegen ihrer leichten Verständlichkeit für einen erwartungs-

Alternative zum Stadtrundgang: geführte Bustouren

vollen und schwächlichen Fremden die beste Gelegenheit, sich den Glauben zu verschaffen, richtig und rasch im ersten Anlauf in das Wesen von Paris eingedrungen zu sein", notierte Franz Kafka vor fast hundert Jahren in sein Tagebuch. In vielerlei Hinsicht hat Kafka noch immer recht, zudem ist die Métro auch eine Art Kulturzentrum, spielen in den Gängen doch Tag für Tag zahllose Musiker Flöte, Gitarre, Saxophon oder Geige; an der Station Louvre-Rivoli verführen Repliken alter orientalischer Statuen zum Museumsbesuch. In kultureller Hinsicht nicht zu vergessen: Die schönen Art-Nouveau-Eingänge des Architekten Hector Guimard. Die Métrostationen mit ihrem einprägsamen, von Pflanzen und Tierskeletten inspirierten Dekorationen prägen noch heute das Pariser Stadtbild. Mit einem Aufwand von zwei Millionen Euro werden die 86 original erhaltenen Métroeingänge in den nächsten Jahren restauriert.

Zum öffentlichen Verkehrsnetz gehören außerdem die vier Schnellbahnen (**RER** = *Réseau Express Régional*), die seit 1969 die Vorstädte mit dem Zentrum verbinden, sowie die mehr als 50 **Buslinien**, die sich zwar durch den Stadtverkehr kämpfen müssen, dafür aber eine preisgünstige Alternative zu den touristischen Sightseeing-Bustouren darstellen. Geeignet sind die Linien 29 (Gare St. Lazare – Bastille), 95 (Montmartre – Montparnasse) und 63 (Gare de Lyon – Porte de la Muette). Die Linie 29 besitzt sogar eine offene Plattform!

Métro und RER verkehren nur zwischen 5.30 Uhr und 0.30 Uhr, zwischen 1 und 5 Uhr werden die Hauptverkehrslinien der Métro ab Châtelet mit **Nachtbussen** (*Noctilien*) bedient, die auf Handzeichen hin halten (Aufpreis zum jeweiligen Ticket: 1,40 €). Noch ein Tipp: Allein reisende Frauen sollten die Métro zu später Stunde besser meiden und mit den sichereren Bussen fahren.

Tarife: Eine normale Fahrkarte kostet 1,40 €, in der Regel empfiehlt sich der Kauf von 10 Tickets (*carnet*) für 10,70 €; Kinder unter 4 Jahren fahren gratis, zwischen 4 und 10 Jahren ist der halbe Preis zu entrichten. Tickets sind in den Métrostationen sowie in Cafés mit dem „Tabac"-Schild erhältlich. Die Fahrkarte muss vor Antritt der Fahrt an den Sperren entwertet werden und ist zwei Stunden gültig; sie berechtigt auch zum mehrmaligen Umsteigen mit Métro und RER. Wer anschließend mit dem Bus weiter fahren will, muss nochmals einen Fahrschein lösen. Mit einer Tageskarte (*Mobilis*) für 5,40 € kann man in Zone 1 und 2 beliebig oft mit Métro, RER und Bus fahren.

Durch die Eingeweide von Paris

Zu den unbekanntesten, aber wirkungsvollsten städtebaulichen Maßnahmen des berühmt-berüchtigten Baron Haussmann gehörte der Bau einer funktionstüchtigen Abwasserentsorgung für die Millionenmetropole. Das Gefälle des Pariser Beckens geschickt nutzend, entwickelte der Ingenieur und Geologe Eugène Belgrand ein labyrinthartiges Kanalisationsnetz. Das System hat sich bewährt, heute durchziehen Kanäle mit einer Gesamtlänge von 2100 Kilometern den Pariser Untergrund, die von 500 Egoutiers, wie die Kanalarbeiter genannt werden, instand gehalten werden; aufgrund der schweren Arbeitsbedingungen haben sie nur 33 Stunden pro Woche Dienst. Ein Teil der Egouts de Paris ist öffentlich zugänglich, wobei die Besucher auch über die Geschichte der Pariser Abwasserkanäle von römischer Zeit bis in die Gegenwart informiert werden (Adresse: 93, quai d'Orsay, 75007, Sa–Mi von 11–16 Uhr, Eintritt: 3,80 €, erm. 3,05 €. Ⓜ Alma-Marceau).

Die Herren der Unterwelt

Wer sich für eine andere Facette der „Pariser Unterwelt" interessiert, kann an einem 45-minütigen Rundgang durch die Catacombes de Paris teilnehmen. In den Katakomben ruhen rund sechs Millionen Gebeine, die aus den im 18. Jahrhundert geschlossenen Friedhöfen hierher überführt wurden.

Adresse: 1, place Denfert-Rochereau, 75014. Ⓜ Denfert-Rochereau (Linie 4 und 6). ⌚ Tgl. außer Mo 10–16 Uhr. Eintritt: 5 €.

Bleibt man längere Zeit in Paris, so ist es ratsam, sich an einer der großen Métrostationen eine Mehrtageskarte (*Paris Visite*) zu kaufen. Es gibt *Paris Visite* für verschiedene Zonen mit einer Gültigkeit von 1, 2, 3 oder 5 Tagen. Der Geltungsbereich einer Karte für 3 Zonen (1 Tag 8,35 €, 2 Tage 13,70 €, 5 Tage

Eine von 300 Métrostationen

26,65 €) erstreckt sich beispielsweise bis La Défense oder St-Denis; wer nach Versailles oder zu den Flughäfen will, benötigt eine Karte für 5 Zonen (1 Tag 16,75 €, 2 Tage 26,65 €, 5 Tage 45,70 €). Mit der Paris-Visite-Karte erhält man zudem 20–35% Ermäßigung bei den Eintrittsgeldern zu mehreren touristischen Sehenswürdigkeiten. Ein Tipp: Mit einer Wochen- oder Monatskarte (*Carte Orange*), für die ein Passphoto nötig ist, fährt man wesentlich günstiger: 1 Woche (nur Mo–So möglich) für 2 Zonen kostet 15,70 €, für 5 Zonen 30,90 €! Kinder zahlen den gleichen Preis. Weitere Informationen: www.parisvisite.com und www.ratp.fr.

Hinweis: Um die Orientierung zu erleichtern, ist in diesem Reiseführer bei allen Sehenswürdigkeiten, Hotels oder Restaurants die nächstgelegene Métrostation angegeben.

Mit dem Schiff

Reizvoll ist eine Schifffahrt auf der Seine, da sich die französische Metropole auf einer Fahrt mit dem *Batobus* aus einer ganz anderen Perspektive zeigt. Von Ende April bis September verkehren von 10 bis 19 Uhr Boote zwischen dem Eiffelturm (Port de la Bourdonnais) und dem Jardin des Plantes (Quai Saint-Bernard) mit Zwischenstopps am Musée d'Orsay (Port de Solférino), Musée du Louvre (Quai Malaquais), Notre-Dame (Quai de Montebello) und Hôtel-de-Ville (Quai de l'Hôtel de Ville). Eine Alternative sind die kommentierten Fahrten der Bateaux Mouches. Sehr zu empfehlen ist auch eine von Paris Canal organisierte 3-stündige Fahrt auf den Pariser Kanälen zwischen dem Musée d'Orsay und dem Parc de la Villette. Ein 90 Millionen Euro teures Projekt sieht bis zum Jahr 2007 vor, auf den Pariser Kanälen, insbesondere dem Canal Saint-Martin, neue Touristenrouten samt illuminierter Tunnelpassagen zu erschließen.

Informationen: *Batobus*, Tageskarte 11 €, erm. 7 oder 5 €, ✆ 0144 113399. www.batobus.com. Paris Canal: Reservierung erforderlich unter ✆ 014240 9697, 19/21 quai de la Loire, 75019. www.pariscanal.com.

Über den Dächern von Paris

Dass dem Besucher von der obersten Plattform des Eiffelturms (276 m) ganz Paris zu Füßen liegt, ist hinlänglich bekannt. Doch es gibt noch zahlreiche andere Sehenswürdigkeiten und Plätze, von denen sich ein atemberaubender Blick über die französische Metropole bietet. Ein ähnlich spektakuläres Panorama wie vom Eiffelturm erwartet den Besucher von der Freiluftterrasse im 59. Stock der Tour Montparnasse (209 m). Von der Grande Arche de la Défense (110 m) lässt sich die berühmte Pariser Achse hervorragend in Augenschein nehmen, in die entgegengesetzte Richtung blickt man vom Arc de Triomphe (49 m), dem Symbol des französischen Heldentums. Eine phantastische Aussicht hat man auch im Pariser Norden von Sacré-Coeur (83 m) auf der Butte Montmartre sowie den Türmen von Notre-Dame (69 m). Wer im Quartier Latin, dem geistigen Zentrum der Stadt, den Überblick bewahren will, muss auf das Panthéon (50 m) steigen. Auch die Aussichtsterrassen der berühmten Konsumtempel Samaritaine (46 m) sowie Le Printemps (30 m) am rechten Ufer der Seine sind einen Besuch wert. Besonders reizvoll ist die (kostenpflichtige) Fahrt mit der Rolltreppe auf die oberste Etage des Centre Pompidou (35 m), wobei man sich in einer Plexiglasröhre gemächlich über die Dächer der Stadt emportragen lässt. Von der Dachterrasse (25 m) des Restaurants im Institut du Monde Arabe bietet sich ein schöner Blick auf die Seine und den Chor von Notre-Dame.

Mit dem eigenen Fahrzeug

Wenn es möglich ist, sollte jeder Ortsunkundige vermeiden, mit dem Auto durch Paris zu fahren. Diejenigen, die im Rahmen eines längeren Frankreichurlaubs auf dem Weg in die Bretagne oder Normandie auch Paris für ein paar Tage besuchen möchten, sollten das Auto für die Zeit ihres Aufenthaltes am besten auf dem Hotelparkplatz oder in einem der öffentlichen Parkhäuser (ca. 15 € pro Tag) abstellen. Da jedes Jahr zahllose Fahrzeuge mit ausländischem Kennzeichen aufgebrochen werden, empfiehlt sich die Beachtung einiger Verhaltensregeln: Im geparkten Auto sollten niemals Wertsachen zurückgelassen oder dieser Anschein erweckt werden (Übrigens: Durch das Autofenster hindurch kann man nicht sehen, dass die Kameratasche leer ist). Sinnvoll ist es zudem, das Handschuhfach offen zu lassen, damit erst gar keine Spekulationen aufkommen können.

Parkhäuser: Parking 44, 44, rue Meslay, 75003, ✆ 0442780392; Oberkampf Parking, 46, rue Oberkampf, 75011, ✆ 0448050430.

Autoverleih: Grundvoraussetzung für das Mieten eines Leihwagens sind ein Mindestalter von 21 Jahren und der einjährige Besitz des Führerscheins. Eine Kaution in Höhe von mehreren hundert Euro ist zu stellen, wenn man keine in Frankreich akzeptierte Kreditkarte besitzt. Zumeist ist es preisgünstiger, schon im Heimatort einen Wagen bei den internationalen Verleihfirmen im Voraus zu buchen. Die französische Bahn (SNCF) mit den *Rail-and-drive*-Angeboten sowie die Fluggesellschaften mit den *Fly-and-drive*-Angeboten halten ebenfalls preiswerte Alternativen bereit. Ein Kleinwagen kostet ab 50 € pro Tag.

Mit dem Taxi

Nachts oder mit viel Gepäck empfiehlt es sich, eines der vergleichsweise günstigen Taxis zu nehmen. Insgesamt sind 14.900 Taxen auf den Pariser Straßen unterwegs. Sie können entweder bestellt, auf offener Straße angehalten oder an einem der 470 mit einem „T" gekennzeichneten Taxistände (zumeist in der Nähe einer Métrostation gelegen) bestiegen werden.

Es gibt drei verschiedene **Grundtarife**: Der günstige Tarif A gilt im Stadtgebiet von 7–19 Uhr; der Tarif B ist im Stadtgebiet von 19–7 Uhr sowie außerhalb des Boulevard Périphérique von 7–19 Uhr zu bezahlen; der Tarif C gilt von 19–7 Uhr außerhalb des Boulevard Périphérique. Hinzu kommen noch diverse Zuschläge: Wenn ein Taxi über eine Taxizentrale bestellt oder am Bahnhof bestiegen wird. Steht man im Stau oder lässt man ein Taxi bei laufender Uhr warten, kommen pro Minute etwa 0,35 € hinzu. Ein vierter Erwachsener kostet extra, ebenso Haustiere und Gepäckstücke über 5 kg. Nicht vergessen: Zehn Prozent Trinkgeld gelten als angemessen.

Mit dem Fahrrad

Zugegeben, die Vorstellung, die großen Pariser Boulevards mit dem Fahrrad zu erkunden, erscheint auf den ersten Blick befremdlich. Doch wer das „Wagnis" auf sich nimmt, wird feststellen, dass sich auf einer Radtour ganz andere Perspektiven der Seinemetropole offenbaren. Zudem wurde in den letzten Jahren ein regelrechtes Fahrradwegenetz mit teilweise separaten Spuren aufgebaut, eine erhöhte Vorsicht ist dennoch angebracht. Die Stadt Paris gibt eine kostenlose Radwegekarte *Plan des itinéraires cyclables* heraus (ein Lesertipp von Bernhard Völker).

Leser lobten vor allem die geführten Fahrradtouren von *Paris à vélo, c'est sympa!* Sie führen am Wochenende an sehr versteckte Stellen im Süden bzw. Nordosten von Paris.

Geruhsam radelt es sich sonntags von 10–16 Uhr auf den für den Autoverkehr gesperrten Uferstraßen der Seine: Am rechten Ufer zwischen Place de la Concorde und Pont de Sully sowie am linken Ufer zwischen Musée d'Orsay und Passerelle Debilly. Achtung: Die Fahrradmitnahme ist in der Métro nicht gestattet!

Die Pariser Verkehrsbetriebe RATP sowie mehrere Firmen verleihen Fahrräder (ca. 10–15 € pro Tag) bzw. veranstalten geführte Fahrradexkursionen:

Maison Roue Libre (RATP), 1, passage Mondétour, 75001. Ⓜ Châtelet – Les Halles. ✆ 0810441534. Die türkis-weißen Fahrradbusse des Maison Roue Libre stehen von März bis Oktober an den Métrostationen Châtelet, Place du Panthéon und Place d'Italie (155, boulevard V. Auriol) sowie am Wochenende an der Porte Dorée am Bois de Vincennes. Sondertarife für Studenten. **Paris à vélo, c'est sympa!**, 37, boulevard Bourdon, 75004, Ⓜ Bastille, ✆ 0148876001, www.parisvelosympa.com; **Gepetto & Vélos**, 46, rue Daubenton, 75005, Ⓜ Censier

Fahrradtouren durch die Metropole werden immer beliebter

Daubenton, ✆ 0143371617; **Bike'n Roller**, 6, rue Saint Julien le Pauvre, 75005, Ⓜ Saint-Michel/Notre-Dame, ✆ 0144073589, ✆ 01532 00236; **Paris à vélo**, 2, rue du Fer á Moulin, 75005, Ⓜ Censier-Daubenton, ✆ 0143375922, ✆ 0147076745.

Mit Inlineskates

Wer seine Inlineskates eingepackt hat, muss unbedingt am Freitagabend zur Place Raoul Dautry kommen. Jede Woche treffen sich hier um 22 Uhr mehrere tausend Inlineskater, um, von der Polizei eskortiert, auf einem wöchentlich wechselnden Parcours drei Stunden lang über den Asphalt zu jagen. Das Tempo ist anspruchsvoll und somit für Anfänger ungeeignet. Gemütlicher ist eine Tour, die am Sonntagnachmittag um 14.30 Uhr auf der Place de la Bastille, Ecke Boulevard Bourdon startet (ein Lesertipp von Mayken Brünings). Weitere Infos finden sich im Internet: www.pari-roller.com sowie www. rollers-coquillages.org.

Inlineskater vermietet für 10 € pro Tag: **Roulez champions cosmopolis**, 75015, 5, rue Humblot, ✆ 0140581222. www.roulezchampions.com.

Zu Fuß

Die preiswerteste und beste Variante, Paris zu entdecken. Die Seinemetropole ist leicht überschaubar, zudem erschließen sich dem aufmerksamen Flaneur Einblicke, die anderen zumeist verwehrt bleiben. Darüber hinaus gibt es noch zwei ausgewiesene Wanderwege durch die Stadt: einer führt vom Bois de Boulogne zum Bois de Vincennes, der andere vom Parc de la Villette zum Parc Montsouris. Es gibt auch einen Wanderführer *Paris à Pied* für 14,95 €.

Übernachten

Das Spektrum reicht von der Nobelherberge an der Place Vendôme über das gediegene Stadthotel bis hin zur einfachen, persönlich geführten Herberge. Was das Preisspektrum der Unterkünfte betrifft, setzt neben persönlichen Vorlieben nur der eigene Geldbeutel Grenzen: Manch einer gibt für eine Nacht im Luxushotel mehr Geld aus als andere für ihre ganze Reise.

Hotels

Wie überall in Frankreich sind die Hotels in vier mit Sternchen gekennzeichnete Kategorien eingeteilt. Die **Klassifizierung** – ersichtlich an einem blauen Schild am Eingang – reicht vom Luxushotel über die gehobene Mittelklasse bis hin zum durchschnittlichen Zwei-Sterne-Hotel und dem einfachen Ein-Stern-Hotel. Die Sterne beziehen sich nur auf den Komfort, nicht auf die Preise. Doch sollte man sich nicht allzu sehr von den Sternen leiten lassen, ein niedriger eingestuftes Hotel kann einem „sternereicheren" durchaus an Sauberkeit, Ausstattung und Flair überlegen sein. Ein Kriterium für ein Drei-Sterne-Hotel ist beispielsweise, dass die Badezimmer mit einem Fön ausgestattet sind. Neben den klassifizierten Hotels gibt es Beherbergungsbetriebe ohne Stern – dies muss aber ebenfalls keineswegs bedeuten, dass die Ausstattung schlechter wäre als die eines Ein-Stern-Hotels. Wer sich gerne mit eigenen Augen von der Lage und der Ausstattung des Zimmers überzeugen möchte, sollte freundlich darum ersuchen. Bezüglich Komfort und Ausstattung unterscheiden sich die Pariser Hotels erheblich. Neben stilvollen Herbergen mit historischem Flair und gestylten Hotels, die die Handschrift zeitgenössischer Designer tragen, gibt es auch schlichte Unterkünfte mit der Toilette auf dem Flur.

Nobelherberge Ritz

Das folgende grobe **Preisschema** soll als Orientierungshilfe dienen: Ein Doppelzimmer ohne Frühstück kostet in einem Ein-Stern-Hotel 40–60 €, in einem Zwei-Sterne-Hotel 45–115 € und in einem Drei-Sterne-Hotel 70–190 €; ein Zimmer in einem Vier-Sterne-Hotel ist nicht unter 150 € zu bekommen. In den Hotels der Luxusklasse (L****) ist preislich beinahe alles möglich. Während der Hauptreisezeit (April bis Juni sowie

September und Oktober) ziehen die Übernachtungspreise deutlich an, bei längeren Aufenthalten lässt sich über einen Preisnachlass verhandeln. Die Hotels sind verpflichtet, die aktuellen Preise am Eingang, an der Rezeption sowie in den Zimmern auszuhängen. Zwar vermieten die Pariser Hoteliers rund 75.000 Zimmer, dennoch ist es schwer, über Ostern oder Pfingsten an der Seine ohne rechtzeitige Buchung ein freies Zimmer zu bekommen; die Hoteliers erwarten eine schriftliche Bestätigung der Reservierung bzw. eine Kreditkartennummer als Sicherheit.

Die Franzosen unterscheiden zwischen einem Zimmer mit zwei Betten (*une chambre à deux lits*) und einem Zimmer mit einem breiten Französischen Bett (*une chambre avec un grand lit*); Letzteres ist in der Regel etwas günstiger. Allerdings ist das Französische Bett in der Regel nur 135 oder 140 Zentimeter breit, so dass sich eine gewisse nächtliche Nähe fast zwangsläufig einstellt. Hinzu kommt, dass es nur eine Zudecke gibt und man anstelle von zwei Kopfkissen mit einer fürchterlichen Bettwurst (*le traversin*) vorlieb nehmen muss. Wer also nicht als Liebespaar unterwegs ist, sollte darauf Wert legen, ein Zimmer mit zwei Betten zu reservieren. Einzelreisende werden durch die Übernachtungspreise fast immer benachteiligt, da zumeist für das Zimmer bezahlt wird, gleichgültig, ob man alleine oder zu zweit im Bett liegt. Wenn überhaupt, ist ein Einzelzimmer nur unwesentlich günstiger als ein gleich ausgestattetes Zweibettzimmer. Pro Person und Nacht wird je nach Kategorie zusätzlich eine Kurtaxe zwischen 0,20 und 1,20 € erhoben.

Da die Zimmerpreise nur in seltenen Fällen das **Frühstück** (*petit déjeuner*) beinhalten, erscheint es günstiger und authentischer, sein Croissant im nächsten Café zu ordern; nach wie vor ist das Frühstück ein Schwachpunkt im französischen Hotelgewerbe. Wenn für Tee oder Kaffee, Orangensaft aus der Tüte, Brötchen und Croissant, die mit Butter und abgepackter Marmelade bestrichen werden können, zwischen 5 und 15 € berechnet werden, hinkt das Preis-Leistungs-Verhältnis entschieden.

Freiheit für die Beine!

Auch wenn die Franzosen seit der Revolution die Freiheit zu einem Bürgerrecht erhoben haben, gilt diese Freiheit nicht für die Beine in einem französischen Bett. Die Franzosen stopfen nämlich die Zudecke rundherum unter die Matratze, wodurch das Ganze einem überdimensionalen Schlafsack ähnelt, der nur am Kopfende einen Einschlupf freilässt. Wer gerne mal ein Bein ins Freie streckt, muss das nächtliche Gefängnis erst zerstören. Doch vergeblich. Das Hotelpersonal wird nicht müde, den ursprünglichen Zustand wieder herzustellen, denn ein Bett mit allseitig freiem Zugang ist für einen Franzosen scheinbar ein nicht akzeptabler Zustand.

Hotels von edel bis preiswert

**** **Lutétia (32)**, Karte S. 130/131. Hinter der Belle-Epoque-Fassade verbirgt sich ein historischer Ort. In den zwanziger Jahren trafen sich hier die französischen Intellektuellen, nach 1933 kamen vermögende deutsche Exilanten wie Klaus und Heinrich Mann, Ernst Toller sowie Egon Erwin Kisch – Grund genug für die Gestapo, sich ebenfalls hier einzuquartieren. Wer besonders frankophil ist, kann nach dem Zimmer fragen, in dem Charles de Gaulle seine Hochzeitsnacht verbrachte ... Dies hilft dann auch über die hohen Zimmerpreise (225–500 €) hinweg. Wer Glück hat, trifft vielleicht Catherine Deneuve, die hier ihren 5-Uhr-Tee zu nehmen pflegt. 45, boulevard Raspail, 75006, ✆ 0149544646, 📠 0149544600. Ⓜ Sèvres Babylone (Linie 10 und 12). www.lutetia-paris.com.

**** **Villa Beaumarchais (4)**, Karte S. 97. Nur fünf Minuten von der Place des Vosges, bietet dieses absolut ruhig gelegene Hotel höchsten Komfort. Die Zimmer sind in warmen rot-gelben Tönen eingerichtet. Das Frühstück wird im lichtdurchfluteten Wintergarten serviert, abends begeistert das Restaurant L'Orangeraie auch verwöhnte Gourmets. DZ ab 380 €, Frühstück 26 €. 5, rue des Arquebusiers, 75003, ✆ 0140291400, 📠 0140291401. Ⓜ Chemin Vert (Linie 8). www.leshotelsdeparis.com.

**** **La Villa Saint Germain (9)**, Karte S. 130/131. Das von Marie-Christine Dorner eingerichtete Hotel lässt Designerträume wahr werden. DZ 260–335 €. 29, rue Jacob, 75006, ✆ 0143266000, 📠 0146346363. Ⓜ Saint Germain des Prés (Linie 4). www.villa-saintgermain.com.

**** **Villa Royale (21)**, Karte S. 186/187. Das im Frühjahr 2002 am Montmartre eröffnete Hotel bietet perfekten Hotelstandard (Badezimmer teilweise mit Whirlpool) in angenehm distinguierter Atmosphäre. Die günstigen Zimmer sind zwar etwas klein, dafür entschädigt der Blick auf Sacré-Cœur. EZ/DZ ab 250 €, DZ Deluxe 350 €, das Frühstück zu 15 € ist allerdings für diesen Preis recht spartanisch. 2, rue Duperré, 75009, ✆ 0155317878, 📠 0155317870. Ⓜ Pigalle (Linie 2 und 12). www.leshotelsdeparis.com.

**** **Montalembert (4)**, Karte S. 130/131. Hinter dem klassischen Äußeren verbirgt sich ein „zweigeteiltes" Hotel. Die Zimmer sind entweder mit Antiquitäten ausgestattet oder im nüchternen, modernen Stil gehalten. Gutes Restaurant. DZ 350–450 €. 3, rue de Montalembert, 75007, ✆ 0145 496868, 📠 0145496949. Ⓜ Rue du Bac (Linie 12). www.montalembert.com.

**** **Jeu de Paume (3)**, Karte S. 74. Stilvolle Unterkunft auf der Ile Saint-Louis mit freigelegtem Fachwerk und unverputzten Bruchsteinmauern. Einst wurde ein Teil des Gebäudes als Ballspielhalle genutzt – daher auch der Name des Hotels. Entspannung findet man in der Sauna oder dem Whirlpool. EZ ab 145 €, 205–335 €. 54, rue Saint-Louis-en-l'Ile, 75004, ✆ 0143261418, 📠 0140460276. Ⓜ Pont Marie (Linie 7). www.hoteljeudepaume.com.

**** **Pergolèse (1)**, Karte S. 164/165. Unweit des Arc de Triomphe schuf die Designerin Rena Dumas-Hermès ein zeitlos modernes Hotel. EZ 190–300 €, DZ 250–336 €. 3, rue Pergolèse, 75016, ✆ 0153640404, 📠 01453640440. Ⓜ Argentine (Linie 1). www.hotelpergolese.com.

**** **Costes (1)**, Karte S. 82/83. Klassische, von Prominenten bevorzugte Nobelherberge mit einem schönen Innenhof. Designerzimmer von 350 € (EZ) über 500 € (DZ) bis zu 1400 € für die Suite. Extras: Schwimmbad mit Unterwassermusik (!), Restaurant. 239, rue Saint-Honoré, 75008, ✆ 0142445000, 📠 0142445001. Ⓜ Tuileries (Linie 1). www.hotelcostes.com.

*** **Pavillon Louvre Rivoli (23)**, Karte S. 176/177. Das zentral gelegene Hotel mit ansprechenden Zimmern empfiehlt sich für den wahren Kunstfreund: Zum Louvre und zur Opéra Garnier sind es nur zwei Fußminuten! EZ ab 160 €, DZ ab 200 €, Frühstücksbüfett 15 €. 20, rue Molière, 75001, ✆ 0142603120, 📠 0142603206. Ⓜ Pyramides (Linie 7 und 14). www.leshotelsdeparis.com.

*** **Pavillon Bercy Gare de Lyon (33)**, Karte S. 109. Der Pariser Osten besitzt viele Attraktionen: Das Nachtleben im Bastille-Viertel, den Palais de Omnisports und die Ruhe des Bois de Vincennes. Dieses moderne, freundlich geführte Hotel besitzt aber mehr Vorzüge als nur seine Lage. EZ 108 €, DZ ab 122 €, Frühstücksbüfett 11 €. 209, rue de Charenton, 75012, ✆ 0143408030, 📠 014340 8130. Ⓜ Dugommier (Linie 6). www.leshotelsdeparis.com.

*** **Caron de Beaumarchais (14)**, Karte S. 97. Hinter der einladenden blauen Fassade verbirgt sich ein kleines, gut geführtes Hotel. Einrichtung im Stil des 18. Jahrhunderts manche Zimmer im 5. und 6. Stock haben einen Balkon. 125–162 € im DZ, Frühstück 9,80 €. 12, rue Vieille du Temple, 75004, ✆ 0142723412, 📠 0142723463. Ⓜ Hôtel-de-Ville (Linie 1 und 11). www.carondebeaumarchais.com.

*** **De l'Abbaye (35)**, Karte S. 130/131. Das ehem. Kloster gehört zu den stilvollsten Unterkünften in Saint-Germain. Bei schönem Wetter frühstückt man im lauschigen Innenhof. Die Suiten (408–458 €) haben eine eigene Terrasse mit Blick über die Pariser Dächer. Zimmer 199–319 €. 10, rue Cassette, 75006, ✆ 0145443811, 📠 0145480786. Ⓜ Saint Sulpice (Linie 4). www.hotel-abbaye.com.

*** **Bourg Tibourg (2)**, Karte S. 97. Kleines Designhotel (30 Zimmer) im orientalisch-neugotischen Stil mit viel Samt und Holz.

Einige Zimmer haben einen kleinen Balkon. WLAN im Hotel. EZ 160 €, DZ 220–250 €. 19, rue du Bourg-Tibourg, 75004, ✆ 0142784739, 📠 0140290700. Ⓜ Hôtel de Ville (Linie 1 und 11). www.bourgtibourg.com

*** **Angleterre Saint Germain des Prés (8)**, Karte S. 130/131. Beliebtes Hotel in einem ansehnlichen Gebäude, das einst die britische Botschaft beherbergte. Im dicht bewachsenen Hinterhof, in dem auch das Frühstück serviert wird, kann man von jenen längst vergangenen Tagen träumen, als noch Hemingway zu den Gästen zählte. Er wohnte übrigens in Zimmer 14 und musste damals nur drei Francs pro Nacht bezahlen! EZ ab 135 €, DZ 145–260 € (jeweils inkl. Frühstück). 44, rue Jacob, 75006, ✆ 0142603472, 0142601693. Ⓜ Saint Germain des Prés (Linie 4). www.hotel-dangleterre.com.

*** **De Lutèce (4)**, Karte S. 74. Der offene Kamin im Foyer stimmt auf die einladende Atmosphäre des Hotels ein. DZ ab 140 €. 65, rue Saint Louis en l'Ile, 75004, ✆ 0143262352, 📠 0143296025. Ⓜ Pont Marie (Linie 7). www.hotel-ile-saintlouis.com.

*** **Beaubourg (3)**, Karte S. 97. Das Hotel, das in unmittelbarer Nähe des Centre Pompidou gelegen ist, besitzt viel Charme. Einige Zimmer gehen auf den ruhigen Innenhof hinaus. DZ 105–117 €, mit eigener Terrasse 140 €. 11, rue Simon Lefranc, 75004, ✆ 0142743424, 📠 0142786811. Ⓜ Rambuteau (Linie 11).

*** **Verneuil Saint-Germain (3)**, Karte S. 130/131. Kleines Hotel mit Stil und verspieltem Dekor. DZ 155–200 € (im August auch Sondertarife). Frühstück 12 €. 8, rue Verneuil, 75007, ✆ 0142608214, 📠 0142614038. Ⓜ Saint Germain des Prés (Linie 7). www.hotelverneuil.com.

*** **Hôtel de la Tulipe (4)**, Karte S. 146/147. An der Stelle eines ehemaligen Klosters (von dem allerdings kaum mehr etwas zu sehen ist) wurde ein Hotel errichtet, das sich in der Farbauswahl und im Stil die Provence zum Vorbild genommen hat. Ansprechende Zimmer mit Fachwerkdecke und teilweise unverputzten Bruchsteinmauern. Besonders schön ist der idyllische Innenhof, in dem auch das Frühstück (9 €) serviert wird. EZ 100 €, DZ ab 120 € Appartements ab 200 €. 33, rue Maler, 75007, ✆ 0145516721, 📠 0147539637. Ⓜ La Tour Maubourg (Linie 8). www.hoteldelatulipe.com.

*** **Lenox Saint-Germain (5)**, Karte S. 130/131. Elegante, geräumige Zimmer mit Flair und Stil (die Eingangshalle datiert in die 30er

Noble Adresse

Jahre). Ein Schmankerl für Joyce-Fans: In diesem Hotel beendete er seinen „Ulysses". DZ 120–165 €, Frühstück 11 €. 9, rue de l'Université, 75007, ✆ 0142961095, 📠 0142615283. Ⓜ Saint Germain des Prés (Linie 4). www.lenoxsaintgermain.com.

*** **Des Grandes Ecoles (18)**, Karte S. 118/119. Klösterliche Ruhe am Ende einer Sackgasse inmitten des Quartier Latin. Besonders ruhig sind die zum Garten – in dem im Sommer das Frühstück (8 €) serviert wird! – gerichteten Zimmer. Es empfiehlt sich, rechtzeitig zu buchen. Die etwas altertümlich eingerichteten Zimmer kosten 105–130 €. 75, rue du Cardinal Lemoine, 75005, ✆ 0143267923, 📠 0143252815. Ⓜ Cardinal Lemoine (Linie 6). www.hotel-grandes-ecoles.com.

*** **Minerve (9)**, Karte S. 118/119. Stilvolles, dennoch günstiges Hotel am Rande des Quartier Latin. EZ ab 86 €, DZ – teilweise

Das Hôtel Chopin liegt mitten in einer Passage

mit Balkon – je nach Ausstattung 100–132 €. 13, rue des Ecoles, 75005, ✆ 0143262604, 📠 0144070196. Ⓜ Jussieu (Linie 7 und 10). www.hotel-paris-minerve.com.

*** **Beaumarchais (13)**, Karte S. 200/201. Charmantes Hotel mit großzügigen Zimmern in modernen Farben. Ideal für Szenegänger, da die Kneipen in der Rue Oberkampf genauso wie das Marais bequem zu Fuß zu erreichen sind. EZ 75–90 €, DZ 110 €, Suite 150 €. 3, rue Oberkampf, 75011, ✆ 0153368686, 📠 0143383286. Ⓜ Filles-du-Calvair (Linie 8). www.hotelbeaumarchais.com.

** **De la Place des Vosges (26)**, Karte S. 97. Kleines, familiäres Hotel mit 16 Zimmern, nur einen Steinwurf weit von der Place des Vosges entfernt. Zimmer von 107–140 €. 12, rue de Birague, 75004, ✆ 0142726046, 📠 0142720264. Ⓜ Bastille (Linie 1,8 un d9).

** **Hôtel Sévigné (20)**, Karte S. 97. Ebenfalls im Marais-Viertel, aber deutlich günstiger. An den Zimmern gibt es dennoch nichts auszusetzen. EZ 64 €, DZ 75–86 €. Frühstück 6,40 €. 2, rue Malher, 75004, ✆ 0142727617, 📠 0142786826. Ⓜ Bastille (Linie 1, 8 und 9). www.le-sevigne.com.

** **Istria (7)**, Karte S. 141. Ein Traditionshaus: Schon Man Ray, Marcel Duchamp, Elsa Triolet, Rainer Maria Rilke und Eric Satie logierten in der charmanten Herberge am Montparnasse. Die Preise für das Doppelzimmer variieren je nach Größe und Ausstattung von 70 bis 190 €. 29, rue Campagne Première, 75014, ✆ 0143209182, 📠 0143224845. Ⓜ Raspail (Linie 4 und 12). www.istria-paris-hotel.com.

** **Regyn's Montmartre (13)**, Karte S. 186/187. Kleines, freundliches Hotel im Zentrum von Montmartre. Wenn möglich, sollte man unbedingt ein Zimmer im 4. oder 5. Stock reservieren, da man von dort eine phantastische Aussicht über Paris hat. Zimmer je nach Ausstattung 82–109 €. 18, place des Abbesses, 75018, ✆ 0142544521, 📠 0142237669. Ⓜ Abbesses (Linie 12). www.paris-hotels-montmartre.com.

** **Utrillo (7)**, Karte S. 186/187. Ein günstiges, aber angenehmes Hotel am Montmartre. EZ 64 €, DZ 76–82 € (mit Bad), Preise variieren je nach Saison. Wer will, kann im Foyer kostenlos im Internet surfen. 7, rue Aristide Bruart, 75018, ✆ 0142584258, 📠 0142239388. Ⓜ Abbesses (Linie 12). www.hotel-paris-utrillo.com.

** **Hôtel du Collège de France (6)**, Karte S. 118/119. Kleineres Hotel mit 29 Zimmern im Herzen des Quartier Latin. Behagliche Räume, persönliches Flair. Kostenloses WLAN. EZ ab 70 €, DZ, je nach Saison und Ausstattung 78–115 €. Frühstücksbuffet 8 €. 7, rue Thénard, 75005, ✆ 0143267836, 📠 0146345829. Ⓜ Maubert-Mutalité (Linie 10). www.hotel-collegedefrance.com.

** **Grand Hôtel des Balcons (33)**, Karte S. 130/131. Hinter der ansprechenden Fassade verbirgt sich ein nettes Hotel mit zivilen Preisen. Das Frühstück für 10 € lohnt sich. EZ ab 80 €, DZ ab 100 €. WLAN vorhanden. 3, rue Casimir Delavigne, 75006, ✆ 0143347850, 📠 0146340627. Ⓜ Odéon (Linie 4 und 10). www.balcons.com.

** **Michelet Odéon (36)**, Karte S. 130/131. Angenehmes Hotel am Théâtre de l'Odéon, stilvoll renoviert mit großen französischen Fenstern. EZ 85 €, DZ 100–120 €. Frühstück 10 €. 6, place de l'Odéon, 75006, ✆ 0153100560,

✆ 0146345535. Ⓜ Odéon (Linie 4 und 10). www.hotelmicheletodeon.com.

** **Chopin (7)**, Karte S. 176/177. Mitten im Zentrum und dennoch vollkommen ruhig! Das Hotel befindet sich nämlich am Ende der malerischen Passage Jouffroy. Kein Zimmer grenzt an eine Straße. EZ 59–74 €, DZ 77–88 €. Frühstück 7 €. 10, boulevard Montmartre (46, passage Jouffroy), 75009, ✆ 0147705810, ✆ 0142470070. Ⓜ Richelieu Drouot (Linie 8 und 9).

** **De Nice (15)**, Karte S. 97. Herrlich verspieltes Hotel mit allerlei Nippes, an einer etwas lauten Straße gelegen. Zwei Dachzimmer mit eigenem Balkon. EZ ab 75 €, DZ 105 €. 42bis, rue de Rivoli, 75004, ✆ 0142785529, ✆ 0142783607. Ⓜ Hôtel de Ville (Linie 1 und 11). www.hoteldenice.com.

** **Ibis Bastille (1)**, Karte S. 109. Sicherlich kein charmantes Hotel, dafür eignet sich das an der Grenze zwischen dem Bastille- und Marais-Viertel gelegene 305-Zimmer-Hotel hervorragend, um das Nachtleben zu Fuß zu erkunden. Aufgrund der großen Bettenzahl ist zudem die Wahrscheinlichkeit hoch, auch an Ostern oder Pfingsten kurzfristig ein Zimmer zu bekommen. Die Zimmer sind modern und funktional eingerichtet, das Frühstücksbüfett mit Kantinenflair bietet für 6,50 € eine vergleichsweise große Auswahl. EZ ab 75 €, DZ 75–97 €, 3 Personen ab 85 €. Preise sind vom Wochentag abhängig, am Wochenende günstiger. Garage und WLAN kostenpflichtig. 15, rue Bréguet, 75011, ✆ 0149292020, ✆ 0143380933. Ⓜ Bréguet Sabin (Linie 5). www.ibishotel.com.

** **Grand Hôtel Jeanne d'Arc (21)**, Karte S. 97. Günstige, kinderfreundliche Herberge im historischen Marais-Viertel nahe der Place Sainte-Catherine. Ruhig, gepflegt und mit großzügigen, farbenfrohen Zimmern. EZ je nach Größe 58–82 €, DZ 82–105 €. Rechtzeitige Reservierung ratsam. 3, rue Jarente, 75004, ✆ 0148876211, ✆ 0148873731. Ⓜ Saint-Paul (Linie 1). www.hoteljeannedarc.com.

** **Du Globe (27)**, Karte S. 130/131. Kleines, sympathisches Hotel in einem Haus aus dem 17. Jahrhundert. Manche Zimmer mit offenem Bruchsteinmauerwerk. EZ ab 95 €, DZ 105–130 €. Im August Betriebsferien. 5, rue des Quatre Vents, 75006, ✆ 0143263550, ✆ 0146336269. Ⓜ Odéon (Linie 4 und 10). www.hotel-du-globe.fr.

* **Saint André des Arts (21)**, Karte S. 130/131. Das von einem Ex-Philosophielehrer geführte Hotel im Herzen von Saint-Germain besitzt Charakter und Atmosphäre. EZ ab 66 €, DZ ab 85 €. Im Zimmerpreis ist ausnahmsweise das Frühstück inbegriffen. 66, rue Saint André des Arts, 75006, ✆ 01432 69616, ✆ 0143297334. Ⓜ Odéon (Linie 4 und 10). hsaintand@wanadoo.fr.

* **Port-Royal (27)**, Karte S. 118/119. Kleines, nettes Hotel in der Nähe der Rue Muffetard. EZ mit fließend Wasser ab 36 €, DZ ab 48 €, mit Dusche und Bad 82 €; Frühstück 5 €. 8, boulevard Port-Royal, 75005, ✆ 01433 17006, ✆ 0143313367. Ⓜ Les Gobelins (Linie 7). www.portroyalhotel.fr.st.

* **Ribéra (6)**, Karte S. 156/157. Angenehmes, einfaches Hotel im Herzen des noblen 16. Arrondissements. Etwas altertümliche Zimmer für 44–48 € (entweder mit Etagendusche oder -toilette), mit Bad 49–66 €. 66, rue de la Fontaine, 75016, ✆ 0142882950, ✆ 0142249133. Ⓜ Jasmin (Linie 9). www.hotelribera-paris.com.

* **Hôtel des Arts (12)**, Karte S. 109. Nach der 2006 erfolgten Renovierung ist das kleine Hotel am nordöstlichen Rand des Bastille-Viertels eine preisgünstige und lohnende Adresse in Paris. Leser äußerten sich ebenfalls recht positiv. Da die Räume alle zur Straßen liegen, sollte man sich bei leichtem Schlaf nach einem Zimmer mit Schallschutzfenster erkundigen. Die in hellen Farben strahlenden Zimmer kosten je nach Ausstattung 55–60 €, Familienzimmer 75 €. 2, rue Godefroy Cavaignac, 75011, ✆ 0143797257, ✆ 0143790660. Ⓜ Voltaire (Linie 9). www.paris-hotel-desarts.com.

* **Hôtel de la Herse d'Or (28)**, Karte S. 97. Im Marais-Viertel unweit der Place de la Bastille gelegen, empfiehlt sich dieses ordentlich geführte Hotel. Die 35 Zimmer kosten je nach Größe und Ausstattung 40 € (EZ mit Etagendusche), DZ 45 € (Etagendusche) oder 68 € (mit Bad und WC). Ruhebedürftige wählen ein Zimmer zum – leider recht düsteren – Innenhof oder nach hinten. 20, rue Saint-Antoine, 75004, ✆ 0148 878409, ✆ 0148879401. Ⓜ Bastille (Linie 1, 8 und 9). www.hotel-herse-dor.com.

* **Le Central (12)**, Karte S. 118/119. Über eine schmale Stiege gelangt man zur Rezeption dieses wenig charmanten, dafür aber billigen Hotels im Quartier Latin. EZ ab 32 €, DZ je nach Ausstattung 44–48 €. 6, rue Descartes, 75005, ✆ 0146335793. Ⓜ Maubert-Mutualité (Linie 10).

Appi Hotel (27), Karte S. 176/177, einfaches, aber sauberes Low-Budget-Hotel in einem etwas anrüchigen Viertel. EZ mit Waschbecken 30–40 €, DZ 45–65 € (mit WC und Dusche). 158, rue Saint-Denis, ✆ 0142333516, 📠 0142333157. Ⓜ Réaumur (Linie 3 und 4). www.appihotel.com.

Hôtel du Commerce (8), Karte S. 186/187. Schlichtes, aber passables Hotel mit Jugendherbergspreisen, direkt auf dem Montmartre. EZ ab 18 €, DZ je nach Ausstattung 22–35 €. Gemeinschaftsduschen, kein Frühstück. 34, rue des Trois-Frères, 75018, ✆ 0142648169. Ⓜ Abbesses (Linie 12).

young & happy hostel (23), Karte S. 118/119. Einfaches Backpacker-Hostel im Quartier Latin mit internationalem Flair. Lockere Atmosphäre. Übernachtung im 4-Bett-Zimmer 21 €, im DZ 26 € (beide mit Etagendusche), Bettwäsche 2,50 €. Jeweils inklusive Frühstück Achtung: Von 11–16 Uhr geschlossen! 80, rue Mouffetard, 75005, ✆ 0147074707, 📠 0147072224. Ⓜ Place Monge (Linie 7). www.youngandhappy.fr.

The 3 Ducks Hostel (15), Karte S. 146/147. Vorzugsweise internationales Publikum trifft sich in diesem Backpacker-Hostel. Für viele ist es nur eine Station auf ihrem Europatrip. Auf alle Fälle kann man hier schnell Kontakte knüpfen. Einziges Manko: Im touristisch uninteressanten 15. Arrondissement gelegen. Zum Eiffelturm ist es aber nur eine Viertelstunde zu Fuß. Übernachtung im DZ ab 23 €, im Mehrbettzimmer ab 19 €, jeweils inkl. Frühstück. 6, place Etienne Pernet, 75015, ✆ 0148420405, 📠 0188 829999. Ⓜ Commerce (Linie 8). www.3ducks.fr.

Kettenhotels

Preislich sehr attraktiv sind die zahlreichen französischen Kettenhotels der günstigsten Kategorie. Sieht man davon ab, dass die Zimmer kein Flair haben und am Stadtrand liegen (viele an den Ausfahrten links und rechts des Boulevard Périphérique), so kann man beispielsweise im Hotel Formule 1 für 39 € in einem Zimmer für drei Personen nächtigen.

Internet: www.hotelformule1.com, www.etaphotel.com, www.campanile.fr.

Appartements, Privatzimmer, Boote und Ferienwohnungen

Die attraktiven Alternativen für Besucher, die längere Zeit in Paris bleiben und sich gelegentlich auch selbst versorgen wollen.

www.ebab.de, unter dieser Internetadresse findet man unkompliziert Zimmer und Wohnungen in Paris. Mit Preisen zwischen 30 und 50 € pro Nacht für eine oder zwei Personen ist dieses Angebot sehr günstig. Eine genaue Beschreibung sowie Bilder finden sich im Internet. Hinweis: In erster Linie richtet sich das Angebot an schwule oder lesbische Reisende, allerdings werden auch Heteros gerne als Gäste akzeptiert.

Pierre et Vacances unterhält fünf moderne, sehr gut ausgestattete Ferienresidenzen in Paris – u. a. in La Défense und am Montmartre – sowie eine im Disneyland. Vor allem für Familien sind die Appartements eine preiswerte Alternative zum Hotel. Die Preise variieren je nach Ausstattung, Größe (2–6 Pers.) und Reisezeit zwischen 117 € und 237 € pro Nacht. Auskünfte erteilt die Deutsche Zentrale: Postfach 100633, 50446 Köln, ✆ 01805/901011, 📠 01805/ 700750. www.pierre-et-vacances.de.

Citadines Apparthotels, ✆ 0033/0825/333332, 📠 0033/0147590470, vermietet in mehreren Stadtteilen Studios ab 90 € pro Tag. www.citadines.com.

Paris Yacht, faszinierende Möglichkeit, um mitten in Paris auf einem Boot zu wohnen. Ab 300 € pro Nacht inkl. Frühstück für 2 Personen. 11, quai St Bernard, ✆ 01133/ 368802636. www.paris-yacht.com. Möblierte Appartements für eine Woche bis hin zu drei Monaten vermitteln: **France Appartements**, 97, avenue des Champs-Elysées, F-75008 Paris, ✆ 0033/0156893100, 📠 0033/ 0156893101, www.rentapart.com; **Servissimo**, 33, quai Tournelle, F-75005 Paris, ✆ 0033/ 0143290323, 📠 0033/0143295343; **Paris Appartements Services**, 69, rue d'Argout, F-75002 Paris, ✆ 0033/0140280128, 📠 0033/ 0140289201, www.paris-apts.com.

Bed & Breakfast, sehr schöne Privatzimmer (ab 35 € pro Person) vermittelt diese deutsche Agentur: ✆ 06251/702822. www.bed-breakfast.de

Jugendhotels/-herbergen

In Paris stehen in Jugendherbergen und Jugendhotels rund 3000 Betten für jugendliche Reisende bereit. Eine Übernachtung in einer *Auberge de Jeunesse* setzt auch in Frankreich den Besitz eines internationalen Jugendherbergsausweises – er kann entweder beim Deutschen Jugendherbergswerk oder seinem französischen Pendant erworben werden – voraus, eine Altersbegrenzung gibt es hingegen nicht. Eine Übernachtung mit Frühstück kostet in einer Pariser Jugendherberge 20,50 €. Aktuelle Verzeichnisse zu Jugendherbergen können beim jeweiligen Landesverband oder beim Französischen Fremdenverkehrsamt angefordert werden.

MIJE Maubuisson (22), Karte S. 97. Charmantes Jugendhotel im Marais-Viertel (es gibt noch zwei weitere von MIJE in Paris). Für 28 € pro Person nächtigt man im Fünfbettzimmer (inkl. Frühstück), im Einzelzimmer werden schon 42 € berechnet. ✆ 0142742345, ℻ 0140278164. 12, rue des Barres, 75004. Ⓜ Saint-Paul/Pont Marie (Linie 1 und 7). www.mije.com.

Maison Internationale des Jeunes (27), Karte S. 109. Das internationale Jugendhaus für Kultur und Frieden bietet jungen Erwachsenen zwischen 18 und 30 Jahren eine Unterkunft in 2- bis 8-Bett-Zimmern. Übernachtung mit Frühstück 20 €. 4, rue Titon, 75011, ✆ 0143719921, ℻ 0143717858. Ⓜ Faidherbe Chaligny (Linie 8).

Auberge de Jeunesse Jules Ferry (4), Karte S. 200/201. Klein, daher oft ausgebucht. 20 € im Mehrbettzimmer. 8, boulevard Jules Ferry, 75011, ✆ 01435755860, ℻ 0143148209. julesferry@fuaj.org. Ⓜ République (Linie 3, 5 und 9).

Auberge de Jeunesse d'Artagnan (10), Karte S. 200/201. Die zweite Pariser Jugendherberge liegt etwas weiter außerhalb, hinter dem Friedhof Père Lachaise. Zum Ausgleich ist sie größer und moderner. DZ ab 44 €. 80, rue Vitruve, 75020, ✆ 0140323456. Ⓜ Porte de Bagnolet (Linie 3).

• *Weitere Informationen* **Deutsches Jugendherbergswerk**, Bismarckstr. 8, Postfach 1455, 32756 Detmold, ✆ 05231/99360. **Fédération Unie des Auberges de Jeunesse (FUAJ) Centre National**, 27, rue Pajol, 75018, ✆ 0033/0144898727, ℻ 0033/0144898710. www.fuaj.org. **Accueil des Jeunes en France (A.J.F)**, 119, rue Martin, 75004, ✆ 0033/0142778780, ℻ 0033/0142777048.

Camping

Wer in Paris im Zelt oder Wohnwagen übernachten will, hat keine große Auswahl. Auf dem Pariser Stadtgebiet gibt es nur einen Campingplatz im Bois de Boulogne, aber als Ausweichstandorte bieten sich Plätze in der Umgebung an, von denen man problemlos mit RER-Schnellzügen ins Zentrum fahren kann.

*** **Camping Bois de Boulogne**, direkt an der Seine zwischen Pont de Puteaux und Pont-de-Surenes. Ganzjährig geöffnet, in der Hochsaison wegen seiner zentralen Lage zumeist überfüllt und nicht gerade billig. Wohnwagenvermietung. Im Sommer mit Supermarkt, Bar, Restaurant. 2, allée au Bord de l'eau, 75016, ✆ 0145243000, ℻ 0142244295. www.campingparis.fr Ⓜ Porte Maillot und Bus 244 (April–Sept. Shuttleservice ab Porte Maillot).

** **Camping du Parc-Etang**, im Südwesten von Paris, ganzjährig geöffnet. ✆ 0130585620, ℻ 0134600714, 78180 St.-Quentin-en-Yvelines. RER C.

*** **Camping Paris Est**, in der Nähe von Disneyland, ebenfalls ganzjährig geöffnet. Boulevard des Alliés, 94507 Champigny sur Marne, ✆ 0143974397, ℻ 0148890794. www.campingparis.fr.

Chartier – eine der letzten historischen „Suppenküchen“

Essen und Trinken

Paris ist die kulinarische Metropole der Welt. Doch ist bei der Auswahl des Restaurants manchmal Vorsicht angebracht, wie der unlängst verstorbene Reiseschriftsteller Hans Scherer aus eigener Erfahrung wusste: „Ich habe noch nirgendwo besser gegessen als in Paris, aber ich habe auch noch nirgendwo so schlecht, so teuer und mit so unfreundlichem Service gegessen wie in Paris.“

Mehr als 8000 Restaurants gibt es in Paris, darunter mehr als 1000 mit asiatischer Küche. Neben erlesenen Gourmettempeln, deren Starköche einen regelrechten Kultstatus besitzen, findet man einfache Bistros, die sich auf eine der französischen Regionalküchen spezialisiert haben. Eine Pariser Küche im eigentlichen Sinn existiert nicht. Wer die Abwechslung liebt, kann in einem der zahllosen Restaurants mit internationaler Küche schlemmen, wobei die nordafrikanischen, vietnamesischen und thailändischen Lokale und Schnellimbisse auf kulinarische Weise an die koloniale Vergangenheit Frankreichs erinnern.

Die französische Küche hat ihren **Preis**. Im Restaurant schlägt ein durchschnittliches Abendmenü mit Vorspeise, Hauptgericht, Dessert und einem Viertel offenen Landwein mit mindestens 25 € zu Buche, in der Regel wird man in Paris mit mehr als 30 € rechnen müssen. Es gibt einige, wenige Restaurants mit französischer Küche, die mittags die 15-€-Grenze unterschreiten, doch ist bei solch preisgünstigen Angeboten Skepsis angebracht. Wer hingegen in edlem Ambiente über vier oder fünf Gänge hinweg dinieren möchte, wird leicht ein Mehrfaches los. Die bekannten Gourmetrestaurants bieten ihre Spezialitäten ab 75 € aufwärts an. *A la* *carte* zu bestellen, lohnt sich nur in den seltensten Fällen, meist ist eine selbst zusammengestellte, dreigängige Mahlzeit mindestens eineinhalbmal so teuer wie ein vergleichbares Menü. Deutlich günstiger sind die Preise für ein **Mittagsmenü**, in sehr touristischen Vierteln ist allerdings davon abzuraten, da die Angebote oft nicht halten, was sie versprechen. Ein Tipp für alle, die mit einer eher knapp bemessenen Reisekasse unterwegs sind, aber anspruchsvolle Gaumenfreuden nicht missen möchten: Statt 25 € für ein langweiliges 08/15-Menü ohne Wein zu zahlen, empfiehlt es sich, zur Mittagszeit in einem wohlfeilen Restaurant zu tafeln – die Rechnung für ein Mittagsmenü oder Tagesgericht (*plat du jour*) fällt dann nur unwesentlich höher aus, die Qualitätsunterschiede können jedoch beachtlich sein. Hinweis: Vor allem abends empfiehlt es sich, vorab einen Tisch zu reservieren.

Nobles Ambiente: Café im Musée d'Orsay

Der Gemeinplatz „andere Länder, andere Sitten" charakterisiert wohl am treffendsten die Esskultur eines Landes. Die französischen **Essgewohnheiten** unterscheiden sich in vielerlei Hinsicht von denen ihrer deutschsprachigen Nachbarländer. Das Frühstück (*petit déjeuner*) beispielsweise fällt wie in allen romanischen Ländern eher karg aus, eine Schale Milchkaffee (*café au lait*) und ein Croissant genügen den meisten Franzosen bis zum Mittagessen (*déjeuner*). Auch pflegen die Franzosen in der Regel später als die Deutschen zu essen. Mittags füllen sich die Restaurants erst ab 12.30 Uhr, mit dem Abendessen (*dîner*) wird kaum vor 19.30 Uhr begonnen. Zum Essen sollte man viel Zeit mitbringen; wer mittags nur schnell eine Kleinigkeit zu sich nehmen will, ist daher in einem Café, einem Bistro oder einer Brasserie besser aufgehoben. Am Wochenende und in beliebten Restaurants empfiehlt es sich, einen Tisch vorzubestellen, und sei es nur eine Stunde vorher. Auch ohne Reservierung gebietet die französische Höflichkeit, dass der Gast im Restaurant nicht einfach den nächstbesten freien Tisch ansteuert, sondern sich am Eingang geduldet, bis ihm ein Platz angeboten wird; eigene Wünsche können selbstverständlich geäußert werden. Im Restaurant wird erwartet, dass man sich zumindest für ein dreigängiges Menü entscheidet, mittags kann man allerdings – falls angeboten – problemlos nur das Tagesgericht (*plat du jour*) ordern. Obwohl eine Karaffe mit einfachem Leitungswasser sowie Brot (zumeist *baguette*) kostenlos zu jedem Essen gereicht werden, bestellen die Franzosen zum Wein oft noch ein kohlensäurearmes Mineralwasser. Ein geflügeltes deutsches Sprichwort behauptet zwar, Käse schließe den Magen, die Franzosen lassen auf den Käsegang aber meist noch ein Dessert oder Obst folgen. Zum Ausklang genehmigt man sich häufig einen kleinen Kaffee (*café*).

In Frankreich ist es nicht üblich, getrennt zu bezahlen. Wer also in einer größeren Gruppe Essen geht, sollte sich vorher absprechen, wer die Rechnung begleicht, und erst hinterher den Betrag aufteilen. Die Bedienung ist im Restaurant zwar ausnahmslos im Preis inbegriffen (*service compris*), zwischen 5 und 10 Prozent **Trinkgeld** (*pourboire*) sind je nach Zufriedenheit dennoch angemessen; sich Minimalbeträge herausgeben zu lassen, gilt als unhöflich. Das Bedienungspersonal ist wegen seines geringen Grundlohns auf Trinkgeld angewiesen, das man üblicherweise nach der Bezahlung auf dem Tisch zurücklässt.

Hinweis: Ein Speise- und Getränkelexikon finden Sie im Anhang am Ende dieses Reisehandbuchs.

Pariser Café-Kultur

Ihre Glanzzeit erlebten die Pariser Cafés zwischen dem Ersten und Zweiten Weltkrieg, als Ernest Hemingway in der „Closerie des Lilas" seine weltberühmten Kurzgeschichten schrieb, und in den fünfziger Jahren, als die Existentialisten um Jean-Paul Sartre im „Café de Flore" ihre Debatten führten. Am linken Ufer der Seine gibt es immer noch ein gutes Dutzend legendärer Cafés, die sich großer Beliebtheit erfreuen. Allerdings mit einem Unterschied: Anstelle der Dichter und Denker sitzen heute kulturbeflissene Parisreisende an den Cafétischen und träumen von den Zeiten, als Louis Aragon im „La Coupole" die Bekanntschaft von Elsa Triolet machte und Henry Miller auf der Terrasse des „Sélect" mit Anaïs Nin poussierte. Von den Cafés am Boulevard Saint-Germain lassen sich ähnlich denkwürdige Ereignisse berichten: Im „Deux Magots", in dem bereits Oscar Wilde allmorgendlich frühstückte, machte Picasso die Bekanntschaft von Dora Maar, während im benachbarten „Café de Flore" André Breton über dem surrealistischen Manifest brütete.

Restaurant- und Ausgehtipps für jeden Geschmack

Gourmetrestaurants

- L'Atelier de Joël Robuchon → S. 135
- La Closerie des Lilas → S. 143
- La Tour d'Argent → S. 128
- Le Grand Véfour → S. 182
- Le Jules Verne → S. 153
- Pierre Gagnaire → S. 171

Französisch

- A la Pomponnette → S. 192
- Au Buisson Ardent → S. 128
- Au Claire de Lune → S. 192
- Au Pied du Cochon → S. 91
- Bofinger → S. 103
- Café de Marly → S. 92
- Chartier → S. 183
- Hôtel du Nord → S. 204
- L'Ami Jean → S. 152
- La Baracane → S. 104
- La Méditerranée → S. 137
- Le Baratin → S. 204
- Le Dôme du Marais → S. 104
- Le Fumoir → S. 92
- Le Rouge Vif → S. 152
- Le Saint Amour → S. 204
- Le Train Bleu → S. 111
- Les Vignes du Panthéon → S. 127
- Lipp → S. 135

Bistros

- Chardenoux → S. 111
- Clémentine → S. 183
- Gallopin → S. 183
- L'Epi Dupin → S. 152
- Le Pré-Verre → S. 127
- Ma Bourgogne → S. 104

Designrestaurants

- Bon → S. 161
- Buddha-Bar → S. 171
- Colette → S. 92
- Georges → S. 92
- L'Alcazar → S. 136
- Man (dala) Ray → S. 171

Korsisch

- L'Alivi → S. 104

Jüdisch

- Chez Marianne → S. 104

Russisch

- Maxoff → S. 152

Italienisch

- Chez Enzo → S. 143
- Napoli Food → S. 104
- Via Palissy → S. 136

Arabisch/Exotisch

- Café de la Mosquée → S. 128
- Chez Omar → S. 104
- La Taverne du Nil → S. 79
- Le 404 → S. 184
- Restaurant de la Réunion → S. 111

Asiatisch

- Blue Elephant → S. 111
- Tashi Dèlèk → S. 127
- Wassana → S. 192

Cafés

- Cafe Bar Antoine → S. 161
- Café Beaubourg → S. 91
- Café du Dôme → S. 143
- La Loir dans la Théière → S. 105
- La Rotonde → S. 143
- Le Café du Commerce → S. 153
- Le Flore → S. 136
- Le Sélect → S. 143
- Les Deux Magots → S. 136
- Pause Café → S. 112
- Pure Café → S. 111

Nachtleben

- Au Lèche-Vin → S. 112
- Bar à Nénette → S. 112
- Barrio Latino → S. 113
- Café de l'Industrie → S. 112
- Cavern Café → S. 137
- Chapelle des Lombards → S. 113
- China Club → S. 112
- Hemingway-Bar → S. 183
- Impala Lounge → S. 171
- La Casbah → S. 112
- La Coupole → S. 143
- La Flèche d'Or → S. 205
- La Fourmi → S. 192
- La Loco (motive) → S. 193
- La Luna → S. 112
- Le Balajo → S. 112
- Le Batofar → S. 128
- Le Café Charbon → S. 205
- Le Cithéa → S. 205
- Le Moloko → S. 193
- Le Nouveau Casino → S. 205
- Le Petit Journal → S. 127
- Le Sancerre → S. 192
- Le Temps au Temps → S. 112
- Les Bains → S. 184
- Les Sans-Culottes → S. 112
- Lizard Lounge → S. 105
- Queen → S. 171
- Sanz Sans → S. 112
- Sunset & Sunside Jazz Club → S. 92

Cabarets

- Crazy Horse Saloon → S. 171
- Lido → S. 171
- Moulin Rouge → S. 193
- Paradis Latin → S. 128

Markt auf dem Boulevard Richard Lenoir

Märkte

Paris ist eine Stadt der Märkte, deren Atmosphäre so vielfältig ist wie die der einzelnen Stadtteile. Jeder Markt hat seinen eigenen Charakter, es gibt Wochenmärkte, Flohmärkte, Blumenmärkte und sogar einen sonntäglichen Vogelmarkt.

Der berühmteste Pariser Markt ist allerdings unwiederbringlich verschwunden, der Abrissbirne und der mangelnden Sensibilität der Politiker zum Opfer gefallen. Noch heute vermissen die Pariser schmerzlich ihre Hallen, den viel besungenen „Bauch von Paris". In den sechziger Jahren wurde der größte Großmarkt der Welt samt seiner filigranen Metallzelte zerstört und durch das gesichtslose Einkaufszentrum „Forum des Halles" ersetzt. Doch glücklicherweise gibt es in den 20 Pariser Arrondissements immer noch zahlreiche Märkte, die mit ihren bunten Facetten zum Einkaufsbummel verführen. So viele lebendige Treffpunkte sind nicht verwunderlich für eine Stadt, deren Markttradition bis in das 5. Jahrhundert zurückreicht, als die Bauern der Umgebung ihr Gemüse auf der Ile de la Cité feilboten.

Die meisten Märkte sind Einkaufsparadiese unter freiem Himmel und werden zwei oder dreimal pro Woche abgehalten. Bereits in den frühen Morgenstunden bauen die Verkäufer ihre Stände auf, entrollen die gestreiften Markisen und beginnen ihre frischen Waren auf den Verkaufstischen ansprechend zu dekorieren; Salate, Kräuter und Gemüse werden zu bunten Kaskaden aufgebaut. Noch bevor sich der erste Kunde nähert, stapeln sich leere Kisten und Pappkartons im Rinnstein.

Die Franzosen legen Wert auf frische regionale Produkte, so werden Obst und Gemüse nach wie vor saisonal angeboten. Man darf sich also im Sommer auf die sonnengereiften Cavaillon-Melonen und Erdbeeren aus dem Périgord freuen und im Herbst und Winter auf dicke Artischocken aus der Bretagne, Quitten aus der Normandie und Trüffeln aus dem Dordognetal. Die Gemüse- und Obsthändler sind das Herz jeden Marktes, hinzu kommen die Käse-, Geflügel- und Fischstände. Es wahres Fest für die Sinne, Wachteln, Bresse-Hühner und anderes frisch ausgenommenes Geflügel neben fangfrischen Dorschen, Seebarben und Körben voll Austern zu sehen. Am benachbarten Käsestand werden Spezialitäten aus allen französischen Regionen offeriert, Camembert, Pont l'Évêque, Reblochon, Banon und diverse Arten von Rohmilchkäse. Wer eine Auswahl unter den angeblich 365 Käsesorten Frankreichs treffen will, hat die Qual der Wahl.

Typische Stadtteilmärkte sind der Sonntagsmarkt auf dem Boulevard Richard Lenoir oder der Markt auf der Place d'Aligre im 11. Arrondissement, wo sich Paris von seiner multikulturellen Seite zeigt. Auch auf dem Marché de Belleville feilschen Marokkaner, Tunesier und Chinesen lautstark um ihre Waren. Der Marché Maubert gehört zusammen mit dem Marché Saint Charles zu den wenigen authentischen Straßenmärkten am linken Ufer der Seine, während der Markt in der Rue Mouffetard längst fest in der Hand der Touristen ist.

Der Marché Biologique de Raspail (Boulevard Raspail zwischen Rue du Cherche Midi & Rue des Rennes) und der Marché Biologique Batignolles (Boulevard Batignolles) sind eine wichtige Adresse für all diejenigen, denen eine ökologische Ernährung wichtig ist. Neben der üblichen Produktpalette findet man ein breites Angebot an Brotsorten, aber auch Eier von freilaufenden Hühnern und Biofleisch haben in den Zeiten von BSE Konjunktur. Zu den lebendigsten kleinen Marktstraßen (*rue commerçantes*) gehören die Rue Lepic auf dem Montmartre und die Rue Daguerre am Montparnasse.

Marché aux Puces de St. Ouen

Zu den beliebtesten Pariser Märkten gehören die am Wochenende abgehaltenen Flohmärkte. Zu Zehntausenden strömen die Schnäppchenjäger am Samstag und Sonntag auf den Marché aux Puces de St. Ouen (75018, Ⓜ Porte de Clignancourt) oder auf den Marché aux Puces de Montreuil (75020, Ⓜ Porte de Montreuil); im Vergleich dazu kann der Marché aux Puces de la Porte de Vanves (75014, Ⓜ Porte de Vanves) noch als Geheimtipp bezeichnet werden. Bibliophile stöbern auf dem nahen Marché du Livre Ancien et d'Occasion im Parc Georges Brassens nach literarischen Raritäten.

Das Pariser Zäuneschieben – Freizeitspaß für Jung und Alt

Freizeit und Sport

Es gibt viele Möglichkeiten, sich sportlich in Paris zu betätigen. Zahlreiche Infos hält der von der Stadt herausgegebene *Guide du Sport à Paris* bereit.

Joggen

Entlang der Seine, im Bois de Boulogne und Bois de Vincennes finden sich gute Möglichkeiten zum Laufen. Wer Lust hat, kann auch rund um die Place des Vosges oder durch den Parc Monceau joggen. Zudem verläuft in west-östlicher Richtung eine Laufroute quer durch Paris; beginnend an der Porte de la Muette, joggt man die meiste Zeit durch die Stadtviertel am linken Ufer der Seine.

Klettern

Bei Sportkletterern und Alpinisten genießen die Felsen des südöstlich von Paris gelegenen Wald von Fontainebleau Kultstatus. Kletterführer mit genauen Tourenbeschreibungen (Schwierigkeitsgrad etc.) und diversen Tipps rund um das Klettern sind in Fachbuchhandlungen sowie einschlägigen Sportgeschäften erhältlich.

Squash

Club Quartier Latin, mit Fitnesscenter und Swimmingpool. 19, rue de Pontoise, 75005, ✆ 0143253199. Ⓜ Maubert-Mutalité (Linie 10). www.clubquartierlatin.com.

Tennis

Freunde des weißen Sports finden mehrere Plätze im Jardin du Luxembourg. Allerdings benötigt man zuvor die Karte *Paris-Tennis*, die man sich in einem der 20 Arrondissementrathäuser abholen muss. Anschließend reservieren unter ✆ 0143257918.

Schwimmen

In den zwanziger Jahren ging man in das legendäre Samaritaine-Schwimmbad an der Seine, heute fast ausschließlich ins Hallenbad:

Aquaboulevard, Erlebnisbad mit Wellenbad, Riesenrutschen, Wasserfällen, Sauna und anderen Attraktionen (Squash, Fitness, etc). Eintritt: 20 €, erm. 10 €. 4–6, rue Louis Armand, 75015. Ⓜ Porte de Versailles/Balard. www.aquaboulevard.com.

Paris Plage, seit dem Jahr 2002 wird alljährlich von Mitte Juli bis Mitte August das Seineufer mit Liegestühlen und Sonnenschirmen zum Strand. Als neueste Attraktion werden schwimmende Wasserbassins zum Baden verankert.

Piscine du Marché Saint-Germain, 12, rue Lobineau, 75006. Ⓜ Mabillon (Linie 10).

Piscine d'Auteuil, stilvolles Hallenbad im Bois de Boulogne. Porte de Passy, 75016. Ⓜ Ranelagh (Linie 9).

Piscine des Halles, modernes Hallenbad mit 50-m-Becken. Eintritt: 3,80 €. 10, place de la Rotonde, 75001. Ⓜ Châtelet (Linie 1 und 4).

Piscine Joséphine Baker, das im Sommer 2006 eröffnete Freibad befindet sich auf einem „Boot" am linken Seineufer vor der Bibliothèque Nationale. Quai François-Mauria, 75013. Ⓜ Bibliothèque François Mitterrand (Linie 14).

Roger-Le-Gall, mit beweglichem Dach und somit das einzige Pariser „Freibad". 34, boulevard Carnot, 75012. Ⓜ Porte de Vincennes (Linie 1).

Piscine Pontoise, selbst die Hallenbäder besitzen im Quartier Latin Flair. Dieses stammt aus den dreißiger Jahren und hat bis 24 Uhr geöffnet. Auch Squash und Fitness möglich. 19, rue de Pontoise, 75005. Ⓜ Maubert-Mutualité (Linie 10). www.clubquartierlatin.com.

Wissenswertes von A bis Z

Adressen

Bei allen in diesem Reiseführer erwähnten Pariser Adressen sind nach dem Straßennamen zur leichteren Orientierung die Postleitzahl (z. B. 75012 = 12. Arrondissement) und die nächste Métrostation (z. B. Ⓜ Gare de Lyon) aufgeführt. Die Franzosen geben grundsätzlich die Hausnummer vor dem Straßennamen an. Ein Beispiel: *55, rue de la Gare*. Besitzt das Haus zusätzlich einen Nebeneingang, so lautet dessen Anschrift *55 bis, rue de la Gare*; ein zweiter Nebeneingang würde mit *55ter* markiert sein. Die gängige Abkürzung für Avenue lautet „av.", für Boulevard „bd.". Fremdenverkehrsämter und andere größere Institutionen sind postalisch oft per Postfach (B.P.) zu erreichen. Sucht man eine Adresse, so sollte man wissen, dass sich die geraden Hausnummern auf der rechten, die ungeraden auf der linken Straßenseite befinden.

Behinderte

Wer mit einem Handicap unterwegs ist, steht in Paris häufig vor – im wahrsten Sinne des Wortes – unüberwindbaren Hindernissen. Am schwersten wiegt die eingeschränkte Mobilität: Rollstuhlfahrer können die Métro nicht benutzen, da es keine Aufzüge (Treppen!) gibt. Auch bei einer Busfahrt sind Rollstuhlfahrer auf Hilfe angewiesen, da keine herablassbaren Trittbretter existieren. Die Verkehrsbetriebe (RATP) geben eine Broschüre heraus, in der die einzelnen Métrostationen nach ihrer Zugänglichkeit aufgelistet sind und kostenlos bestellt werden kann (ein Lesertipp von Jürgen Bernhard): RATP Département Commercial, Relations Clientèle, 124, rue du Mont-Cenis, F-75018 Paris.

Bei der Wahl eines geeigneten Hotels oder Restaurants hilft außerdem eine kostenpflichtige Broschüre, die von der *Association des Paralysés de France* herausgegeben wird.

Anschrift: A.P.F., Délégation de Paris, 22, rue du Père Guérin, F-75013 Paris, ✆ 0033/0140786900.

Diplomatische Vertretungen

Französische Vertretungen im Ausland:

Bundesrepublik Deutschland: Französische Botschaft, Kochstr. 6–7, 10969 Berlin, ✆ 030/20639000, 📠 030/20639010. www.

botschaft-frankreich.de. Konsulate in Berlin, Düsseldorf, Frankfurt, Hamburg, München, Saarbrücken und Stuttgart.

Schweiz: Französische Botschaft, Schosshaldenstr. 46, 3006 Bern, ✆ 031/432424. Konsulate in Basel, Zürich und Genf.

Österreich: Französische Botschaft, Technikerstr. 2, 1040 Wien, ✆ 01/50547470. Das einzige Konsulat befindet sich in Innsbruck.

Ausländische Vertretungen in Paris (ohne Vorwahl):

Deutschland: Deutsche Botschaft, 13–15, av. Franklin-D.-Roosevelt, 75008 Paris, ✆ 0142997800. Deutsches Konsulat, 34, avenue d'Iéna, 75016 Paris, ✆ 0153834640.

Österreich: Österreichische Botschaft, 6, rue Fabert, 75007 Paris, ✆ 0145559566, Fax 0145 556365.

Schweiz: Schweizer Botschaft, 142, rue de Grenelle, 75007 Paris, ✆ 0125556700, Fax 0145 513477.

Dokumente

Für Bürger aus der Bundesrepublik Deutschland und Österreich genügt ein gültiger Personalausweis, für Schweizer die Identitätskarte, doch hat sich in der Praxis die zusätzliche Mitnahme des Reisepasses bewährt: Der Ausweis bleibt an der Rezeption, mit dem Reisepass wechselt man Geld oder mietet ein Auto. Für Kinder unter 16 Jahren reicht ein Kinderpass beziehungsweise der Eintrag im elterlichen Pass aus. Mit dem internationalen Studentenausweis erhalten Berechtigte diverse Vergünstigungen.

Feiertage

Banken, Büros und Geschäfte, aber auch zahlreiche Museen und Sehenswürdigkeiten haben an den beweglichen Feiertagen wie beispielsweise **Ostermontag** sowie an folgenden Tagen geschlossen:

1. Januar	Neujahr
1. Mai	Tag der Arbeit
8. Mai	Waffenstillstand 1945
14. Juli	Nationalfeiertag
15. August	Mariä Himmelfahrt
1. November	Allerheiligen
11. November	Waffenstillstand 1918
25. Dezember	Weihnachten

Fundbüro

Das Fundbüro (*Bureau des objets trouvés*) finden Sie unter folgender Adresse:

Préfecture de Police, 36, rue des Morillons, 75015, Ⓜ Convention, ✆ 01557 62020. ⌚ Mo–Fr 8.30–17 Uhr, Di und Do bis 20 Uhr.

Geld

Seitdem am 1.1.2002 die letzte Phase der Europäischen Währungsreform in Kraft getreten ist, gehören die umständlichen Wechselprozeduren der Vergangenheit an. Hinweis: Den Cent bezeichnen die Franzosen übrigens weiterhin als „Centime".

Kreditkarten sind weit verbreitet; sie werden von den meisten, jedoch nicht von allen Tankstellen, Hotels und Restaurants akzeptiert. Bei den immer seltener werdenden **Reiseschecks**; beträgt die Tauschgebühr zumeist 1 %. Wegen der umständlichen Prozeduren am Bankschalter erweist sich eine **ec-Karte mit Geheimzahl** oder eine Kreditkarte als sehr hilfreich, denn Geldautomaten sind mittlerweile weit verbreitet. Wer Geld mit seiner Kreditkarte abhebt, muss in der Regel mit 2 % des Betrags bzw. mindestens 5 € Gebühr rechnen. Inhaber von **Postsparbüchern** können nur noch mit der Postbank SparCard 3000plus Geld abheben.

Achtung: Sperrnummer für Bank- und Kreditkarten 0049/116116. Diese einheitliche Sperrnummer gilt mittlerweile für eine Reihe deutscher Banken, ausgenommen der Hypovereinsbank, der Postbank, der Deutschen Bank und der Dresdnerbank. www.sperr-notruf.de.

Gesundheit

Zwischen Deutschland sowie zwischen Österreich und Frankreich besteht ein gegenseitiges Versicherungsabkommen. Vor dem Arztbesuch muss man seinen

Auslandskrankenschein (Vordruck E 111) bei der zuständigen Ortskrankenkasse (**Caisse primaire d'assurance maladie**) gegen einen französischen Krankenschein (*feuille de soins d'assurance maladie*) eintauschen; dennoch muss der Arztbesuch erst einmal bar bezahlt werden. Die Rechnung beziehungsweise die Quittungen der Apotheke werden dann später der heimischen Krankenversicherung zur Erstattung vorgelegt. Wegen der umständlichen Prozedur und des hohen Eigenanteils – abgerechnet wird nämlich nach dem französischen System – empfiehlt es sich, vor der Reise eine Zusatzversicherung abzuschließen, die oft schon für 10 € zu bekommen ist. **Apotheken** (*pharmacie*) sind mit einem grünen Kreuz gekennzeichnet. Außerhalb der normalen Öffnungszeiten (ca. 9–12.30 Uhr und 14–18.30 Uhr) informiert ein Hinweisschild, welche Apotheke gerade Nacht- oder Sonntagsdienst hat. Tgl. 24 Std. geöffnet ist die Pharmacie Les Champs, 84, avenue des Champs-Elysées, 75008, Ⓜ Georg V. In den Apotheken sind auch Präservative (*préservatifs*) erhältlich.

Goethe-Institut

Wer sich während seines Paris-Aufenthaltes über das aktuelle politische Geschehen in Deutschland informieren möchte, findet in der Bibliothek des Goethe-Instituts eine große Auswahl an Zeitungen und Zeitschriften:

Centre Culturel Allemand, 17, avenue d'Iéna, 75116, ✆ 0144439290, 📠 0144439240. Ⓜ Iéna.

Haustiere

Katzen und Hunde unter 3 Monaten dürfen nicht mitgenommen werden. Ältere Tiere benötigen ein tierärztliches Zeugnis sowie den Nachweis einer Tollwutschutzimpfung, die mindestens einen Monat, aber weniger als ein Jahr zurückliegen muss.

Auch eine Möglichkeit, Geld zu verdienen

Information

Die **Französischen Fremdenverkehrsämter** (*Maison de la France*) halten auf Anfrage Prospektmaterial bereit und helfen vor Reiseantritt mit Auskünften weiter. Dort ist auch das jährlich neu zusammengestellte Magazin „Tours de France: Paris-Ile-de-France„ kostenlos erhältlich:

In Deutschland: Maison de la France, Zeppelinallee 37, 60325 Frankfurt/M. (Zentrale), ✆ 09001570025*, 📠 09001599061* (*0,49 € pro Minute). www.franceguide.com.

In Österreich: Maison de la France, Lugeck 1–2, 1010 Wien, ✆ 0900/250015*, 📠 01/5032872 (*0,68 € pro Minute).
www. franceguide.com.

In der Schweiz: Maison de la France, Rennweg 42, Postfach 7226, 8023 Zürich, ✆ 0900/900699*, 📠 01/2174617 (*1,20 sfr Einwahlgebühr plus 0,30 sfr pro Minute). www. franceguide.com.

In der Region Paris: Office de Tourisme et des Congrès Paris, 25–27, rue des Pyramides,F-75001 Paris, ✆ 0892/683000 (0,34 € pro Minute), 0033/0149525300, info@paris-touristoffice.com (tgl. 9–20 Uhr). Zudem gibt es nun fünf lokale Anlaufstellen: An der Opéra (11, rue Scribe), an der Gare de Lyon (20, bd. Diderot), an der Gare du Nord (18, rue de Dunkerque), am Montmartre (21, place du Tetre) sowie am Eiffelturm (von Mai bis Nov.). Comité Régional du Tourisme Ile de France, Place de la Pyramide Inversée (99, rue de Rivoli), F-75001 Paris, ✆ 0144501998, info@paris-ile-de-France.com.

Internet

Wer sich bereits vorab beim Surfen im Internet über Paris informieren möchte, kann dies unter folgenden Adressen tun:

www.paris.fr, die offizielle Seite der Stadt Paris

www.paris.org, zahlreiche Tipps rund um Paris

www.paris-touristoffice.com, offizielle Seite des Office de Tourisme

www.paris-tourist.com, informativer deutschsprachiger Internetreiseführer.

www.france-mail-forum.de, frankophone, kosmopolitische Internetzeitung.

www.paris-ile-de-france.com, touristische Infos zur Umgebung von Paris

www.parisvoice.com, englisches Magazin

www.paris-capital.com, Kultur, Sehenswürdigkeiten, Hotels und mehr, Veranstaltungstipps

www.radiofg.com

www.pariscope.fr, Veranstaltungstipps

www.timeout.com/paris, Veranstaltungshinweise und Infos in englischer Sprache

www.magicparis.com, virtueller Reiseführer

www.parisbalades.com, virtuelle Touren durch die Stadt

www.abcparislive.com, Webcam und andere multimediale Angebote

www.ratp.fr, alles zu den Pariser Verkehrsbetrieben

Wer in Paris heimische E-Mails checken will, geht am besten in das bei den Hallen gelegene XS Arena. Das gigantische Cybercafé besitzt 250 Flatscreens, die rund um die Uhr zugänglich sind. Angeboten werden alkoholfreie Getränke und kleine Snacks. 43, boulevard Sébastopol, 75001, Ⓜ Châtelet bzw. Les Halles. Günstiger ist das Internet Café Paris-Cy, 8, rue de Jouy, 75004. Ⓜ St. Paul. www.paris-cy.com

Museen

Paris ist ein Eldorado für Kunstliebhaber, in über 100 Museen warten Kulturschätze auf neugierige Besucher. Wer einen Museumsbesuch zwischen Mittwoch und Sonntag in der Zeit von 10–12 Uhr oder 14–17 Uhr plant, steht bei größeren Museen nur selten vor verschlossenen Türen. Fast alle Museen haben an einem Tag der Woche, zumeist Montag oder Dienstag, geschlossen. Im Gegensatz zu Deutschland sind die gesetzlichen Feiertage in Frankreich nicht für einen Museumsbesuch geeignet, da auch das Museumspersonal einen freien Tag einlegt.

Carte Musées Monuments
Lohnend ist der Kauf eines Museumspasses, mit dem man 3 Tage (36 €) oder 1 Tag (18 €) lang insgesamt 60 Museen und historische Monumente in Paris und Umgebung besuchen kann (der Eiffelturm gehört allerdings nicht dazu). Ein weiterer Vorteil ist, dass die Karte nach dem Erwerb zu einem beliebigen Zeitpunkt erstmals verwendet werden kann; zudem ersparen sich die Kartenbesitzer das Anstellen in der Warteschlange. Die Carte Musées ist an den jeweiligen Museumskassen, in Bahnhöfen und in den Filialen von FNAC erhältlich.

Musik

Es steht außer Zweifel, dass sich Paris in den letzten Jahrzehnten zum größten Kulturzentrum der Maghrebstaaten und Schwarzafrikas entwickelt hat. Vor allem auf dem musikalischen Sektor ist die Seinemetropole im wahrsten Sinne des Wortes tonangebend. Statt Musette und Edith Piaf hört die Jugend heute Rai, Soukous und Afro-Beat in den jeweils angesagten Varianten. Einige Rai-Sänger wie Cheb Mami und Cheb Khaled sind

Die geballte Kunst im Louvre ist ganz schön ermüdend ...

bekannte Stars und immer wieder in den europäischen Charts vertreten. Rai ist ein aus dem algerischen Oran stammender Musikstil, dessen fröhliche Klänge mit westlichen Rhythmen aufgepeppt wurden und vor allem Liebe und Lebensfreude zum Ausdruck bringen.

Mehr noch als für die Künstler aus den Maghrebstaaten ist Paris die wichtigste Bühne für afro-karibische Musiker, die mit ihren Trommeln, Tomtoms und Marimbas längst eine feste Größe im internationalen Musikgeschäft geworden sind. Mehr noch: Die Alben zahlreicher afrikanischer Interpreten werden inzwischen in den Musikstudios an der Seine produziert und anschließend wieder nach Afrika oder in die Karibik „exportiert“. Man muss nur einmal auf den Champs-Élysées bei FNAC oder im Virgin Megastore in den Regalen der Worldmusic-Abteilung stöbern, um feststellen zu können, welch großen Anteil am Musikmarkt die afrikanischen Tonkünstler für sich gewonnen haben. Zu den renommiertesten Musikern des Schwarzen Kontinents gehören der aus Guinea stammende Mory Kanté – ihm gebührt eine Vorreiterrolle – sowie Youssou N'Dour, Mano Negra, Manu Dibango oder die aus dem Benin stammende Sängerin Angélique Kidjo.

Notruf

Im Falle eines Falles gilt die in ganz Frankreich gültige Notrufnummer: ✆ **17** für die **Polizei** (*police*) und ✆ **18** für die **Feuerwehr** (*pompiers*).

Öffnungszeiten

In Frankreich gibt es keine gesetzlich vorgeschriebenen Öffnungszeiten; man kann aber davon ausgehen, dass die meisten Geschäfte zwischen 9.30 und 19 Uhr geöffnet haben. Große Supermärkte in den Vorstädten (*Carrefour, Géant Casino, Mammouth*, etc.) schließen gar erst um 21 oder 22 Uhr. In den Kaufhäusern im Zentrum (*Galeries Lafayette, Printemps*, etc.) ist das Einkaufen am Donnerstag auch bis 21 oder 22

Uhr möglich; im FNAC oder Virgin Megastore auf den Champs-Elysées kann man gar bis Mitternacht nach Büchern und CDs stöbern. Boutiquen und kleinere Geschäfte haben mittags von 13–16 Uhr geschlossen. Der Samstag gilt als ganz normaler Werktag und auch am Sonntag findet sich in jedem Viertel ein Lebensmittelgeschäft, das geöffnet hat. Zudem haben Geschäfte, die sich in einer „touristischen Zone“ befinden, die Erlaubnis, sonntags zu öffnen. Im jüdischen Marais haben die meisten Geschäfte am Sonntag geöffnet, dafür ist am Samstag geschlossen.

Im Juli und August, wenn die Franzosen Ferien machen, schließen zahlreiche Restaurants, Boutiquen und Einzelhandelsgeschäfte. Für **Banken** gelten andere Öffnungszeiten. Sie haben in der Regel Mo–Fr von 9–12 Uhr und 14–16 Uhr geöffnet, montags ist manchmal kein Publikumsverkehr möglich. Die Filialen der **Post** öffnen Mo–Fr von 8–19 Uhr und Sa von 8–12 Uhr ihre Pforten.

Photographieren

Obgleich sich Photographen leicht mit Filmmaterial versorgen können, empfiehlt es sich aufgrund der höheren Preise, die Urlaubsfilme bereits zu Hause in ausreichenden Mengen einzukaufen. Wer in Adelspalästen, Kirchen oder Museen photographieren möchte, sollte sich zuvor erkundigen, ob dies erlaubt ist. Das Blitzverbot lässt sich mit einem Stativ, einem sehr lichtempfindlichen Film (400 ASA) oder einer Digitalkamera umgehen.

Post

Auch in Frankreich wurde die alte Post (P.T.T.) aufgesplittet und *La Poste* widmet sich heute nur noch dem Brief- und Paketdienst. Briefmarken sowie Telefonkarten (*télécarte*) sind auf allen französischen Postämtern sowie in den **Bureaux de Tabac** erhältlich. Das Porto beträgt für eine Postkarte (*carte postale*) oder einen Brief (*lettre*) bis 20 g 0,50 €. Die hellgelben Briefkästen besitzen zumeist zwei Einwurfschlitze, einen für Paris und die nähere Umgebung, den anderen (*autres destinations*) für den Rest der Welt. Wer will, kann sich auch problemlos postlagernd Briefe oder Päckchen schicken lassen und diese mit Personalausweis oder Reisepass am „Poste-Restante“-Schalter innerhalb von 15 Tagen abholen (sonst gehen die Sendungen wieder an den Absender zurück). Das Hauptpostamt hat 24 Stunden durchgehend geöffnet. Adresse: Poste Principale, 52, rue du Louvre, 75001, Ⓜ Louvre.

Radio

Wie in Deutschland wird der französische Rundfunk von zahlreichen kommerziellen Lokalsendern bestimmt. Das Programm zeichnet sich in gewohnter Weise durch wenig Wortbeiträge, Werbung und aktuelle Chartmusik aus. Die Frequenzen der lokalen Rundfunkstationen kann man dem *Pariscope* entnehmen. Eine Ausnahme macht *F I P* (auf 105,1 FM oder im Internet unter www.radio-france.fr/chaines/fip zu empfangen): Keine Werbung und ein absolut anspruchsvolles Musikprogramm, das größtenteils mit Jazz, World und Lounge Music bestritten wird, dazwischen Independent, Blues und Soul, ab und an auch Klassik oder ein Oldie (Mit anderen Worten: Der erklärte Lieblingssender des Autors).

Weitere trendige Sender sind Nova (101,5) und FG (98,2), die auch attraktive Internetseiten mit Infos zum Nachtleben unterhalten (www.nova planet.com und www.radiofg.com), während Freunde von Rockmusik Oui (102,3) und Salsafans Radio Latino (99,0) hören. Liebhaber von ethnischen Rhythmen hören Sender wie

Africa Numero 1 (107,5 MHz) oder Radio France-Maghreb (99,5 MHz), die rund um die Uhr chartverdächtige Hits spielen. Wer an Nachrichten aus Deutschland interessiert ist, kann diese täglich in deutscher Sprache von 19 bis 20 Uhr auf der Mittelwellenfrequenz 1278 empfangen.

Rauchen

Per Dekret des Regierungschefs Dominique de Villepin wurde im Oktober 2006 bestimmt, dass in öffentlichen Gebäuden (Bahnhöfe, Flughäfen, etc.) ab Februar 2007 nicht mehr geraucht werden darf. Die Bars, Restaurants und Diskotheken hingegen bekommen noch ein Jahr Zeit zum «Qualmen»: Das Verbot werde dort erst am 1. Januar 2008 in Kraft treten. Wer trotzdem raucht, soll 75 Euro Strafe zahlen, der Verantwortliche der betreffenden Einrichtung das Doppelte.

Rungis

Seit den 1970er Jahren befindet sich der „Bauch von Paris" in den Markthallen von Rungis im Süden der Stadt. Der Großmarkt erstreckt sich über eine Fläche von 232 Fußballfeldern und versorgt täglich 18 Millionen Verbraucher mit Fleisch, Fisch, Gemüse, Obst, Käse und Blumen.

Für Individualreisende gibt es die Möglichkeit, jeden 2. Freitag im Monat an einer geführten Besichtigung teilzunehmen. Beginn: 5 Uhr an der Place Denfert-Rochereau. Rückkehr gegen 10 Uhr. Kosten: 25 € inkl. Bustransfer und Hallenfrühstück. Anmeldungen unter ✆ 0033/0892700119, www.visiterungis.com.

Reisegepäckversicherung

Sicherheitsbewusste fahren nur mit Reisegepäckversicherung ins Ausland, andere betrachten diese für einen übertriebenen Luxus. Wie auch immer man

Verführerisches Paris

es persönlich hält, Tatsache ist, dass Autoaufbrüche in Paris zur Tagesordnung gehören. Hierzu ein Preisbeispiel: Wer sein Gepäck im Wert von 1500 € für 24 Tage versichern will, muss mit etwa 35 € rechnen. Kaum teurer ist dann allerdings die Kombination mit einer Reiseunfall- und Reisekrankenversicherung. Achtung: Tritt ein Schadensfall ein, muss dieser polizeilich dokumentiert werden, da sonst keine Schadensregulierung erfolgen kann.

Schwule und Lesben

Nicht erst seit Paris im Jahre 2001 mit Bertrand Delanoë einen bekennenden Homosexuellen zum Bürgermeister wählte, ist die Stadt an der Seine eine Hochburg für Gays und Lesben. Vor allem das Pariser Nachtleben profitiert von dem großen schwulen Publikum, wie man in der Diskothek Queen hautnah miterleben kann. Tagsüber ist das Marais der beliebteste Treffpunkt der Szene. Modeboutiquen und zahlreiche Cafés signalisieren mit der bunten Regenbogenfahne ihre Zugehörigkeit zur Gay-Community. Infos im Internet unter www.paris-gay.com bzw. www.gay-paris.net.

Sprache und Sprachkurse

Mit Deutsch und Englisch kommt man auch in Paris nicht sehr weit. Ein großer Teil der Bevölkerung besitzt entweder keine oder nur mäßige Fremdsprachenkenntnisse. Da erschwerend hinzu kommt, dass sich Franzosen – auch wenn sie es können – im eigenen Land nur ungern des Englischen bedienen, ist es ratsam, sich zumindest französische Grundkenntnisse anzueignen. Dies hilft bei der Suche nach einem Zimmer und erleichtert die alltäglichen Einkäufe beim Bäcker und im Lebensmittelgeschäft ungemein. Allein der Versuch, sich in der Landessprache verständlich zu machen, wird wohlwollend zur Kenntnis genommen. Pluspunkte lassen sich auch durch den häufigen Gebrauch von *s'il vous plaît* sammeln. Denn im Gegensatz zu Deutschland gilt es in Frankreich als unhöflich, das Wörtchen *bitte* zu vergessen. Wer um eine Auskunft nachsucht, sollte ein freundliches *Pardon*, dem ein *Madame* oder *Monsieur* folgt, nicht vergessen.

Französisch lernen in Paris, verbunden mit ausgiebigen kulturellen Streifzügen durch die Stadt – so lässt sich das Angenehme mit dem Nützlichen verbinden. Zahlreiche private Anbieter von Sprachkursen machen sich auf diesem Gebiet Konkurrenz, aber auch die Universität veranstaltet Sommersprachkurse. Ein Preisvergleich lohnt sich: Die Angebote schließen manchmal Unterkunft und Verpflegung ein:

Eurocentres, 13, passage Dauphine, F-75006 Paris, ✆ 0033/0140467200, ℻ 0033/0140467206. www.eurocentres.com.

Institut Parisien, 87, boulevard de Grenelle, F-75015 Paris, ✆ 0033/0140560953, ℻ 0033/0143064630. www.institut-parisien.com.

Sprachkurse-weltweit: Sehr informativ ist auch die Homepage www.sprachkurse-weltweit.de, auf der zahlreiche Sprachschulen in Paris ausführlich vorgestellt werden.

Stadtplan

Sehr hilfreich und übersichtlich ist der Michelin Stadtplan im Maßstab 1:10.000, der vor Ort für ca. 5,50 € erhältlich ist (mit Index). Wer patentgefaltete Stadtpläne vorzieht, kann sich bereits im heimischen Buchhandel einen Falkplan besorgen.

Stadtführungen

Sehr interessante, individuell zugeschnittene Stadtführungen bietet die Organisation Paris-Balades an. Die Teilnahme an einer zweistündigen Tour kostet 10 €. Über das täglich wechselnde Programm und den genauen Treffpunkt kann man sich im Internet informieren. Es bietet sich auch die Möglichkeit, zu einem interaktiven Stadtrundgang.

Adresse: www.parisbalades.com.

Wer des Französischen nicht mächtig ist, der kann sich an Elke Pastré wenden. Die Journalistin kennt Paris wie ihre Westentasche und bietet Stadtspaziergänge durch verschiedene Pariser Viertel, Museen und Ausstellungen an. Kosten pro Rundgang (je nach Teilnehmerzahl) ab 100 €.

Adresse: Elke Pastré, ✆/℻ 0033/0146036557. paris4you@pastre.name, www.paris4you.biz.

Strom

Normalerweise 220 Volt Wechselstrom. Da die französischen Steckdosen einer anderen Norm unterliegen, werden flache Eurostecker oder Adapter benötigt, die es vor Ort in Supermärkten oder im Fachhandel zu kaufen gibt.

Telefonieren

In Paris existiert ein dichtes Netz öffentlicher Telefonzellen. Um den Kauf einer Telefonkarte (*Télécarte*) kommt man kaum herum, da die meisten Münzfernsprecher in den letzten Jahren auf Telefonkarten umgestellt wurden.

Kartentelefone sind wie gewohnt zu handhaben. Französische Telefonkarten gibt es entweder mit 50 (7,50 €) oder 120 Einheiten. Bei fast allen Telefonzellen ist es möglich, sich zurückrufen zu lassen (die Nummer ist am Apparat angegeben). Wer mit Vorliebe mobil telefoniert, kann sich zwar über die gute Netzqualität freuen, darf dabei aber nicht vergessen, dass man auch dann bezahlt, wenn man aus Deutschland angerufen wird. Ein Gespräch von wenigen Sekunden kann bereits mehr als einen Euro kosten. Daher empfiehlt es sich, das Telefon im Hotelzimmer zu benutzen.

Vorwahlen aus Frankreich: nach Deutschland: 00 49, nach Österreich: 00 43, in die Schweiz: 00 41. *Achtung*: Die Null der Ortskennzahl entfällt.

Vorwahl nach Paris: von D, A, CH: jeweils 00 33, die Null vor der Regionalkennzahl (01) ist nur innerhalb Frankreichs vorzuwählen. Bei einem Anruf aus dem Ausland nach Paris entfällt daher die 0 vor der 1; also nur 00331 ...

Zeitungen/Zeitschriften

Die überregionalen deutschsprachigen Tages- und Wochenzeitungen (*Süddeutsche Zeitung, Frankfurter Allgemeine Zeitung, Spiegel, ZEIT*, gelegentlich auch die *WELT*) sind in der Regel noch am Erscheinungstag in den gut sortierten *Maisons de la Presse* erhältlich. Deutschsprachige Zeitungen und Zeitschriften sind manchmal auch in den *Bureaux de Tabac* zu finden; dort liegen auch die renommierten überregionalen französischen Printmedien wie *Le Monde, Le Figaro* oder *Libération* sowie *Le Parisien*, die einzige regionale Zeitung der Ile de France, aus. Zudem werden morgens an den Métro-Eingängen kostenlose Zeitungen wie *20minutes* verteilt, die kurz und knapp Informationen zu Paris bieten.

Szenetreff Café Chabron in der Rue Oberkampf

Zollbestimmungen

Seit dem 1. Januar 1993 existieren an den Binnengrenzen der Europäischen Union keine mengenmäßigen Ein- und Ausfuhrbeschränkungen mehr. Tabak, Alkohol und andere Waren können problemlos eingeführt werden, soweit erkennbar ist, dass sie ausschließlich für den Privatgebrauch bestimmt sind. Als Richtmenge gelten 800 Zigaretten bzw. 400 Zigarillos, 200 Zigarren oder 1 Kilo Tabak, 10 Liter Spirituosen sowie 90 Liter Wein und 110 Liter Bier. Für Schweizer gelten die üblichen Mengenbeschränkungen: 50 g Parfüm oder 0,25 l Eau de Toilette, 1 l Spirituosen oder 2 l Wein, 200 Zigaretten oder 100 Zigarillos oder 50 Zigarren oder 250 g Tabak.

Notre-Dame – die französische Mutterkirche

Ile de la Cité und Ile Saint-Louis

Die Ile de la Cité ist nicht nur die Keimzelle der französischen Hauptstadt, eine vor dem Westportal der Kathedrale Notre-Dame in den Boden eingelassene Messingplatte weist die Ile de la Cité als das symbolische Zentrum von Frankreich aus, da alle Entfernungen von diesem Nullkilometer aus gemessen werden.

Auf der leicht zu verteidigenden Ile de la Cité errichteten bereits die Parisii, ein gallisches Fischer- und Jägervolk, ihre Holzhütten. Nach ihrem Sieg über die Gallier nahmen dann die Römer von der Insel Besitz, auch wenn sie sich hauptsächlich am linken Ufer der Seine ausbreiteten. Auf der Altstadtinsel, die Victor Hugo zufolge aussieht „wie ein großes Schiff, das sich der Stromrichtung nach im Schlamm festgefahren hat und nun gescheitert beinahe mitten in der Seine liegt", stehen mit dem als Conciergerie bezeichneten mittelalterlichen Königspalast und der Kathedrale Notre-Dame zwei besonders geschichtsträchtige Bauwerke. Victor Hugo hat mit seinem 1831 erschienenen Roman über den buckligen Glöckner Quasimodo und die schöne Zigeunerin Esmeralda eine regelrechte Begeisterung für die „französische Mutterkirche" ausgelöst, durch die die Kathedrale vor dem weiteren Verfall bewahrt werden konnte. In mancherlei Hinsicht ist Notre-Dame auch das Werk von *Eugène Viollet-le-Duc* (1814–1879). Frankreichs „Oberrestaurator" gebührt der Verdienst, die vom Verfall bedrohte Kathedrale gerettet zu haben, wenngleich bei diesen Renovierungsarbeiten so manches Detail „erfunden" wurde, da Viollet-le-Duc seine eigenen Vorstellungen von der gotischen Formensprache hatte.

Das Interesse für das Mittelalter währte nur kurz, bereits zwei Jahrzehnte später erhielt die Ile de la Cité durch die städteplanerischen Maßnahmen des Baron Haussmann ein vollkommen neues Gesicht. Die alte Bausubstanz wurde bis auf wenige Ausnahmen abgerissen, um Platz für ein zeitgenössisches Verwaltungsviertel mit Justizpalast und Gefängnis zu schaffen. Hierzu mussten 25.000 Menschen zwangsweise umgesiedelt werden! Seit Haussmanns Radikalschlag ist die Ile de la Cité so gut wie „tot". Es gibt kaum mehr Geschäfte und Wohnhäuser, der Vorplatz der Kathedrale wirkt trotz Touristenmassen öde und leer. Einzig der *Marché des Fleurs* setzt mit seinen Orchideen und Geranien bunte Akzente.

Das eigentliche Herz von Paris ist die Ile Saint-Louis. Sie bestand ursprünglich aus zwei getrennten Inseln, die bis in das frühe 17. Jahrhundert hinein noch unbewohnt waren. Die direkte Nachbarinsel der Ile de la Cité hieß damals noch Ile Notre-Dame, die andere wegen der auf ihr weidenden Kühe Ile aux Vaches. Erst unter Louis XIII. wurde der Seinearm, der beide Inseln trennte, zugeschüttet; die neugeschaffene Insel erhielt später den Namen Ile Saint-Louis, da Louis IX., genannt der Heilige, auf den Seineinseln häufig gebetet haben soll. Nachdem knapp zehn Meter hohe Quais zum Schutz vor Hochwasser errichtet worden waren, begann eine planmäßige Bebauung im klassizistischen Stil.

Die Atmosphäre auf der Insel ist faszinierend: Wer auf der Ile Saint-Louis aufgewachsen ist, hält ihr in der Regel ein Leben lang die Treue; doch gibt es mittlerweile auch zahlreiche Neubürger, da die Mieten für die alteingesessenen Inselbewohner kaum mehr zu bezahlen sind. Seit den sechziger Jahren, als die Ile Saint-Louis in Mode kam, vollzog sich ein umgreifender Strukturwandel. Die traditionellen Malergeschäfte und Metzgereien wurden von Galerien und Restaurants verdrängt und die Wäschereien, für die die Insel einst berühmt war, sind mittlerweile gänzlich verschwunden. Doch welches Pariser Viertel wurde nicht irgendwann im Laufe der Zeit entdeckt? Zu den prominentesten Insulanern gehört Georges Moustaki, den die von der Seine umspülte Ile Saint-Louis an das heimatliche Mittelmeer erinnert.

Brücken über den Fluss

Was wäre Paris ohne seine 37 Seinebrücken? Erst diese architektonischen Meisterwerke machen den Reiz des Flusses aus. In photogenes Flutlicht getaucht, setzen die Brücken auch nachts dekorative Akzente. Ursprünglich waren die Brücken bis auf den 1578 errichteten *Pont-Neuf* – der trotz seines Namens heute die älteste noch erhaltene Brücke der Stadt ist – mit bis zu vierstöckigen Häusern bebaut. Erst 1786 versetzte ein königliches Edikt den malerischen Brückenensembles den Todesstoß: Wegen Einsturzgefahr wurden sämtliche Gebäude abgerissen. Auf einer Rangliste der schönsten Brücken steht der *Pont-Neuf* immer auf einem der vordersten Plätze, beliebt sind aber auch der verschnörkelte, zur Weltausstellung im Jahr 1900 konstruierte *Pont Alexandre III*, der kleine, zum Louvre führende *Pont des Arts*, der nur für Fußgänger zugänglich ist, sowie der *Pont Royal*, der Ende des 17. Jahrhunderts errichtet wurde. Als jüngste unter den Pariser Brücken übergab man den *Pont Simone de Beauvoir* im Juni 2006 seiner Bestimmung.

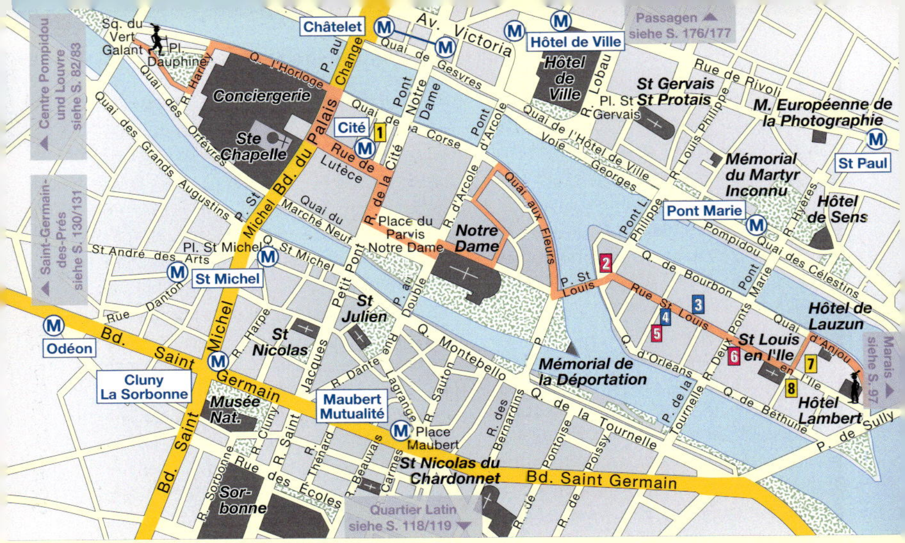

Übernachten
3 Jeu de Paume (S. 50)
4 De Lutèce (S. 51)

Essen & Trinken (S. 79)
2 Brasserie de l'Ile Saint-Louis
5 La Taverne du Nil
6 Berthillon

Einkaufen (S. 79)
1 Marché aux Fleurs
7 Ulysse
8 Libraire Paris et son Patrimoine

200 m

Ile de la Cité

Spaziergang

Der Pont-Neuf, der das rechte Seineufer mit der Ile de la Cité verbindet, gehört seit jeher zu den schönsten Pariser Brücken, doch besonders eindrucksvoll erstrahlte die Brücke im September 1985, als der Verpackungskünstler Christo sie mit faltenwerfenden Planen drapierte. Christo verpackte damals allerdings auch die insgesamt 384 grotesk wirkenden Masken, welche die Brücke säumen. In zahlreichen Filmen verewigt und millionenfach photographiert, ist sie ein idealer Ausgangspunkt zur Erkundung der Ile de la Cité und der Ile Saint-Louis. Einen Eindruck von der Ile de la Cité vor der Ära Haussmann bieten nur noch ein paar Häuser nördlich der Kathedrale und zwei Häuserzeilen an der Westspitze der Insel, die 1601 infolge einer Anordnung Henri IV. gebaut wurden. Diese die dreieckige Place Dauphine einrahmenden Häuser gelten als die ersten planmäßig errichteten Wohnquartiere von Paris. Der Platz selbst besitzt viel Atmosphäre, wenngleich von der ursprünglichen Bebauung nur noch die Eckhäuser am Pont-Neuf zeugen, die anderen wurden abgerissen und erneuert. Yves Montand und Simone Signoret wohnten übrigens einst in einem der zur Seine blickenden Häuser. Direkt an die Place Dauphine grenzt die **Conciergerie**, der mittelalterliche Königspalast und spätere Wohnsitz des königlichen Verwalters (daher rührt auch der Name). Im benachbarten Justizpalast wird noch immer Recht gesprochen, in schwarze Roben gehüllte Anwälte durchschreiten die weiten Hallen mit würdevoller Haltung. Inmitten des Palais de Justice liegt etwas versteckt die **Sainte Chapelle**, eine faszinierende Doppelkapelle mit den wohl schönsten Kirchenfenstern von Paris. Am *Marché aux Fleurs* vorbei ist es nur noch ein kurzes Stück bis zum Vorplatz von Notre-Dame; eine Kupferplatte markiert den ideellen Mittelpunkt der Grande Nation, von dem aus alle Entfernungen nach Paris gemessen werden. Die Hauptfassade von **Notre-Dame** wirkt auf ihre Besucher, die alljährlich in großer Zahl herbeiströmen, wie ein steinerner Vorhang. Mit mehr als zwölf Millionen Touristen jährlich ist die Kathedrale das am meisten besuchte Denkmal Frankreichs. In sechs Sprachen wird daher am Eingang erklärt, wie Weihwasser zu verwenden sei. Religiöse Devotionalien sind im **Musée de Notre-Dame** ausgestellt. Lohnenswert ist auch ein Besuch der **Crypte Archéologique**, einer unterirdischen Ausgrabungsstätte. Nordöstlich der Kathedrale befinden sich noch Gassen mit einigen altertümlichen Häusern, in dem Anwesen Nr. 9–11 am Quai aux Fleurs lernte Abélard einst seine Héloïse kennen. Eine Liebe mit unglücklichem Ausgang, da der Onkel des Mädchens, der Domherr Fulbert, den berühmten Theologen entmannen ließ, worauf die Liebenden ins Kloster gingen. An der östlichsten Spitze der Ile de la Cité steht das 1962 von Henri Pingusson angelegte *Mémorial de la Déportation*, das an die rund 200.000 Franzosen erinnert, die von den Nazis in die Konzentrationslager deportiert wurden: *„Pardonne – n'oublie jamais“* („Verzeih, aber vergiss niemals“).

Justizpalast und Sainte-Chapelle

Über den Pont Saint-Louis geht es hinüber zur **Ile Saint-Louis**, die der Dichter Louis Aragon wegen ihrer dichten Bebauung einst treffend als „Steinschiff“ bezeichnete. Genau besehen handelt es sich aber um ein brüchiges Gestein, das inzwischen mit Betonstützen fester „verankert“ werden musste. Mit ihren stillen Gassen und den vielen Cafés und Bistros strahlt die Insel ein fast dörfliches Flair aus; sie ist eine Oase inmitten der Millionenstadt, zentral und doch zugleich isoliert. Diese architektonische Geschlossenheit spiegelt sich auch beim harmonischen Ineinandergleiten der Fassaden wider. Trotz des einheitlichen Erscheinungsbildes sind soziale Unterschiede nicht zu übersehen: Die vornehme Bourgeoisie wohnt seit jeher entlang der Seinequais, vorzugsweise im Ostteil der Insel. Sehenswert sind die stattlichen Adelspaläste, allen voran das Hôtel Lambert (Nr. 1), in dem kein Geringerer als Voltaire gewohnt hat. Es gehört heute der Familie Rothschild und kann nicht von Innen besichtigt werden. Eindrucksvoll ist auch das 1657 errichtete Hôtel de Lauzun am Quai d'Anjou (Nr. 17), das durch den von Charles Baudelaire und Théophile Gautier im 19. Jahrhundert gründeten Club der Haschischraucher berühmt wurde. Gegenwärtig werden in dem reich dekorierten Stadtpalais wichtige Gäste der französischen Regierung beherbergt. Einen Besuch lohnt die inmitten der Insel gelegene barocke Kirche **Saint-Louis-en-l'Ile**.

Notre-Dame – vollendete Gotik

Sehenswertes

Conciergerie: Die wuchtigen Rundtürme aus dem 14. Jahrhundert erinnern noch an die Herrschaft der Karpetingerkönige. Der Kassenraum liegt im ehemaligen Wächtersaal, der *Salle des Gardes*, von wo aus man in die, allein wegen ihrer Größe eindrucksvollen *Salle des Gens d'Armes* gelangt. Der zwischen 1302 und 1313 von Enguerrand de Marigny errichtete gotische Saal ist die eigentliche Attraktion der Conciergerie. Mit einer Länge von 64 Metern und einer Breite von 27,40 Metern ist er der größte erhaltene profane Saalbau des Mittelalters! Einst diente die *Salle des Gens d'Armes* als Speisesaal für das königliche Personal; bis zu 2000 Personen wurden von der benachbarten Küche mit ihren vier imposanten Eckkaminen aus verköstigt. Während den Wirren der Revolution hielt man unter dem Kreuzrippengewölbe und in der angrenzenden *Galerie des Prisonniers* mehr als 2700 Verurteilte gefangen, die für das Schafott bestimmt waren, darunter auch Robespierre, Danton und die Königin Marie Antoinette. Ein Nachbau der Zelle, in der die Königin auf ihre Hinrichtung wartete, kann besichtigt werden. Doch auch vor den Tribunalen der Revolutionäre waren nicht alle Menschen gleich: Wer über die nötigen finanziellen Mittel verfügte, konnte sich seine letzten Stunden mit dem Luxus einer Einzelzelle „versüßen".

Adresse: Palais de la Cité, Eingang: Quai de l'Horloge. ⌚ 9.30–18.30 Uhr (Sommer) und 10–17 Uhr (Winter). Eintritt: 6,10 €, erm. 4,10 € (Kombiticket mit Sainte Chapelle: 9,50 €, erm. 6 €).

Sainte-Chapelle: Die mittelalterliche Doppelkapelle ist ein echtes kunsthistorisches Kleinod. Vom mächtigen Justizpalast regelrecht eingemauert, ist sie nahezu unzerstört erhalten geblieben. Ludwig der Heilige – eigentlich Ludwig IX. – hat sie 1245 als Palastkapelle errichten lassen, um die in Byzanz erworbenen Reliquien – darunter auch die „echte" Dornenkrone Christi und ein Stück des Kreuzes – zu verwahren; die obere Kapelle war nur für den König und seinen Hofstaat bestimmt und entsprach Ludwigs Vorstellungen von Frömmigkeit und Macht. Die faszinierende, durch die Glasfenster hervorgerufene Atmosphäre, die der einschiffigen Oberkirche eine ungewöhnliche Leichtigkeit verleiht, bewog einen Zeitgenossen Ludwig des Heiligen zu folgender Feststellung: „Beim Eintreten meint man, im Himmel zu sein, und man bildet sich zu Recht ein, in eines der schönsten Zimmer des Paradieses geführt worden zu sein." Während der Revolution zogen die Franzosen das Profane dem Heiligen vor und funktionierten die Kapelle kurzerhand zum Mehlspeicher um, später bewahrte man in den gotischen Mauern Akten auf. Erst 1837 wurde das Kleinod renoviert und der Öffentlichkeit zugänglich gemacht.

Adresse: Palais de la Cité. ⌚ 9.30–18.30 Uhr (Sommer) und 10–17 Uhr (Winter). Mo–Fr 13–14.15 Uhr geschlossen. Eintritt: 5,50 €, erm. 3,50 € (bzw. 9,50 €, erm. 6 € als Kombiticket mit Conciergerie).

Glasfenster Sainte-Chapelle

Cathédrale Notre-Dame: Die Pariser Bischofskirche ist einer der ersten gotischen Sakralbauten des Mittelalters. Erzbischof Maurice de Sully verfügte 1160 den Abriss eines spätantiken Vorgängerbaus, doch gingen noch rund eineinhalb Jahrhunderte ins Land, bis die Arbeiten an der Kathedrale zum Abschluss kamen. Das Ergebnis ist ein 130 Meter langes, prachtvolles Gotteshaus, dessen Formensprache sich im Laufe der langen Bauzeit verändert hat: Während der Chor, das kaum über die Seitenschiffe hervorstehende Querhaus und die dunklen Emporen frühgotisch sind, atmen die riesigen Rosetten und die lichten Fenster im Obergeschoss deutlich den Geist der Hochgotik. Besonders eindrucksvoll ist die Hauptfassade mit ihren drei Portalen, von denen das Mittelportal mit der fein gearbeiteten Darstellung des Jüngsten Gerichts besonders hervorsticht. Erhöht wird die architektonische Wirkung durch die die gesamte Fassade umlaufende Königsga-

Wie ein steinernes Schiff – Ile Saint-Louis

lerie sowie die fragil wirkenden Spitzbögen über der Rosette. Im Inneren fasziniert das großzügig bemessene Mittelschiff mit seinem doppelten Chorumgang, das durch die bunten Glasfenster gebrochene Licht verbreitet eine feierliche und erhabene Stimmung, die allerdings durch die großen Besucherscharen getrübt wird. Zuletzt sollte niemand versäumen, die 387 Stufen zum 69 Meter hohen Nordturm der Kathedrale zu erklimmen; belohnt wird die kurze Mühe mit einem schönen Panoramablick auf die Stadt und der Möglichkeit zur genauen Betrachtung der an der Fassade klebenden Chimären, skurrile Fabelwesen, die der Phantasie des 19. Jahrhunderts entsprungen sind.

Die Schriftstellerin *Dagmar Fedderke* konnte Notre-Dame noch ganz andere Aspekte abgewinnen: „Die gotischen Strebebögen, die Wasserableiter vom Dach machen das im Verhältnis zu den Fassadentürmen mächtige Kirchenschiff zu einem reichen Faltenrock, der an das aufgebauschte Hinterteil *Cul de Paris* der Frauenkleider um 1900 erinnert. [...] Das Hinterteil von Notre-Dame erklärt, warum Paris eine Stadt, nein, nicht eine, sondern die Stadt der Frauen ist, die den Glauben ans Vergnügen nicht aufgegeben haben und die Bedeutung ihres Hinterteils ermessen können."

Ⓘ Tgl. 8–18.45 Uhr, So bis 19.45 Uhr; der Turm ist von 9–20 Uhr (Sommer) und 10–17.30 Uhr (Winter) geöffnet. Jeden Sonntag um 16.30 Uhr finden kostenlose Orgelkonzerte statt. Eintritt für den Turm 7,50 €, erm. 4,80 €, von Okt. bis März ist der Eintritt am 1. So frei!

Musée de Notre-Dame: Vom Chor gelangt man in die Schatzkammer (*Trésor*) der Kathedrale, in der eine ansehnliche Sammlung von Devotionalien und religiösen Kultgegenständen zu bestaunen sind.

Ⓘ Tgl. 9.30–18 Uhr, So nur 13.30–17.30 Uhr. Eintritt: 2,50 €, erm. 1,50 €.

Crypte Archéologique: Bei den von 1965–1972 durchgeführten archäologischen Grabungen wurden die Grundmauern des antiken Paris freigelegt. Über einen leicht zu übersehenden Eingang bei den Treppen zur Tiefgarage gelangt man in die über 100 Meter lange unterirdische Ausgrabungsstätte. Neben den freigelegten Bauten aus der gallo-romanischen Epoche lassen sich auch die Fundamente der merowingischen Kathedrale Saint-Etienne sowie mehrerer mittelalterlicher Häuser bewundern. Drei Räume konnten hypokaustisch geheizt werden. Wer das Geld hatte, konnte sich schon damals eine Fußbodenheizung leisten.

Tgl. außer Mo 10–18 Uhr. Eintritt: 3,30 €, erm. 2,20 € bzw. 1,60 €.

Saint-Louis-en-l'Ile: Der Architekt Louis Le Vau, der als Hofbaumeister auch die Pläne für Versailles erstellte, entwarf die Barockkirche nach dem Vorbild der römischen Jesuitenkirche Il Gesù. Die Innenausstattung mit viel Marmor, Holz und Email ist typisch für den französischen Barock.

Praktische Infos

Essen und Trinken

Brasserie de l'Ile Saint-Louis (2), beliebte, an der Westspitze der Insel gelegene Brasserie mit elsässischer Küche. Besonders abends finden sich viele Stammgäste ein, um ein letztes Glas Wein oder Bier zu trinken. Mi und Donnerstagvormittag sowie im Aug. geschlossen. 55, quai Bourbon, 75004, 0143540259. Ⓜ Pont Marie (Linie 7).

La Taverne du Nil (5), die Seine ist zwar nicht der Nil und durch den Libanon fließt der größte Strom Afrikas auch nicht. Sieht man aber von diesen Ungereimtheiten ab, so ist das libanesisches Restaurant auf der Ile Saint-Louis uneingeschränkt zu empfehlen. Eine ideale Adresse, um einmal Mézzé, Kafta und andere orientalische Spezialitäten zu probieren. Das Mittagsmenü zu 13,70 bzw. 22 € (inkl. einem Viertel Wein) ist seinen Preis wert, abends kosten die Menüs 30 bzw. 34 €. Montagmittag geschlossen. 16, rue Le Regrattier, 75004, 0140460902. Ⓜ Pont Marie (Linie 7).

Berthillon (6), hier wird seit Jahrzehnten anerkanntermaßen das beste Eis der Stadt hergestellt. Allein acht verschiedene Sorten Schokoladeneis werden zubereitet. Im Sommer zieht sich die Schlange bis weit auf die Straße hinaus. In den Schulferien sowie Mo und Di geschlossen. 31, rue Saint-Louis-en-l'Ile, 75004. Ⓜ Pont Marie (Linie 7).

Das beste Eis der Stadt – Berthillon

Einkaufen

Marché aux Fleurs (1), bunter Blumenmarkt, dem sich sonntags ein Vogelmarkt anschließt. Place Louis Lépine, 75004. Ⓜ Cité (Linie 4).

Bouquinisten, auf einer Strecke von rund vier Kilometern entlang der Seine, verteilt auf das rechte und linke Flussufer sowie rund um die Ile de Cité, bieten 245 Bouquinisten in ihren Metallkisten edle Gedichtbände, Taschenbücher sowie alte Postkarten feil.

Ulysse (7), kein auf James Joyce spezialisiertes Antiquariat, sondern eine sehr gut sortierte Reisebuchhandlung. Nur Di–Fr von 14–20 Uhr. 26, rue Saint-Louis-en-l'Ile, 75004. Ⓜ Pont Marie (Linie 7).

Libraire Paris et son Patrimoine (8), es gibt kaum ein Buch über Paris, das hier nicht zu finden wäre. 25, rue Saint-Louis-en-l'Ile, 75004. Ⓜ Pont Marie (Linie 7).

Ein architektonisches Kunstwerk für den Louvre: Peis Pyramide

Centre Pompidou und Louvre

Kunst und Kommerz heißt die Devise zwischen den beiden Topsehenswürdigkeiten am rechten Ufer der Seine. Durch den Abriss der alten Markthallen hat das Quartier leider seinen „Bauch" verloren, darüber kann auch das umsatzstarke Forum des Halles nicht hinwegtrösten.

François Mitterrand, der große Gesten liebte, ist der grandiose Umbau des Louvre zu verdanken. Er setzte sich über alle Proteste und Unterschriftenaktionen hinweg und entschied sich fast im Alleingang für die gläserne Pyramide des amerikanischen Architekten Ieoh Ming Pei. Die gewaltigen Umbaumaßnahmen waren erforderlich geworden, da die alte Infrastruktur weder zeitgemäß noch dem Ansturm der bis zu 30.000 Besucher täglich gewachsen war, die zu dem berühmten Frauentrio *Mona Lisa*, *Venus von Milo* und *Nike von Samothrake* pilgerten. Der Grand Louvre gehört seither fraglos nicht nur zu den bedeutendsten, sondern auch zu den schönsten Museen der Welt. Längst vergessen ist auch, dass die Tageszeitung *Le Monde* einst polemisierte, es sei unwürdig, einen Palast durch den Keller zu betreten. Peis Pyramide befriedigt nicht nur das Verlangen nach Schönheit, sondern erfüllt darüber hinaus noch einen eminent praktischen Zweck.

Das kulturelle Großprojekt von Mitterrands Amtsvorvorgänger Georges Pompidou war der Bau des Centre Beaubourg. Das Centre Pompidou, wie es auch gerne genannt wird, veränderte das Beaubourg-Viertel erheblich. Statt Clochards und kleinen Händlern prägen seither Kunstliebhaber und Galeristen das Straßenbild. Je mehr man sich dem 1979 an Stelle der alten Hallen eröffneten Forum des Halles nähert, desto mehr dominieren Jeansboutiquen,

Souvenirhändler und die obligatorischen Fastfood-Restaurants das Straßenbild. Im unterirdischen Einkaufszentrum herrscht dann der Kommerz pur. Daran können auch ein Schwimmbad mit olympischen Maßen, eine Zweigstelle des Musée Grevin und die renommierte Vidéothèque de Paris nichts ändern.

Der Bauch von Paris

Wo heute im *Forum des Halles* auf mehreren unterirdischen Etagen gesichtsloser Kommerz feilgeboten wird, errichtete einst der Architekt Pierre Baltard 1851 seine berühmten Metallzelte, ein kühnes und sehr praktisches Beispiel früher Eisenarchitektur. Es war die modernste und geräumigste Anlage, die Europa bisher auf diesem Gebiet gekannt hatte. Der Lebensmittelhandel erfüllte das ganze Viertel mit wimmelndem Leben. Im benachbarten Gassengewirr nisteten sich Agenten, Groß- und Einzelhändler, aber auch Dirnen, Zuhälter, Clochards und Diebe ein. Das von Aktivität, Gerüchen und Farben geradezu berstende Viertel regte Emile Zola 1873 zu seinem berühmten Roman „Der Bauch von Paris" an, einer realistischen Schilderung „dieses gigantischen Stilllebens". Aufgrund der wachsenden Bedürfnisse, des alltäglichen Verkehrschaos' und der veränderten hygienischen Anforderungen erschienen die Hallen in den sechziger Jahren nicht mehr zeitgemäß. Zudem erforderte ein neuer Verkehrsknotenpunkt aufwändige Tiefbauarbeiten, da sich unterhalb der Hallen zwei neue RER-Linien mit den vier bereits existierenden Métrolinien kreuzen sollten. Im Süden von Paris, genau genommen in Rungis bei Orly, entstand 1969 ein funktioneller nüchterner Großmarkt. Die leer stehenden Hallen fielen der Abrissbirne zum Opfer – ein Fehler, wie man heute weiß.

Spaziergang

Der Spaziergang startet am **Hôtel de Ville**, dem Pariser Rathaus, dessen vorgelagerter Platz bis in das 19. Jahrhundert hinein für spektakuläre Hinrichtungen genutzt wurde. Nur zwei Straßenzüge entfernt zeugt die 52 Meter hohe *Tour Saint-Jacques* noch von der abgetragenen Pfarrkirche St-Jacques-la-Boucherie. Der Glockenturm wurde ebenso im spätgotischen Flamboyantstil ausgeführt wie die nahe gelegene Kirche *Saint-Merri,* deren Glockenturm die älteste Glocke (1331) von Paris beherbergt. Kaum zu übersehen ist nun das **Centre Pompidou**, dessen gewagte Architektur in den siebziger Jahren heftige Diskussionen auslöste. Es empfiehlt sich, mit der futuristischen Rolltreppe, die sich wie eine Glasraupe am Gebäude emporzieht, hochzufahren und einen Blick auf die Dächer des Viertels zu werfen (kostenpflichtig). Auf dem großen, leicht abfallenden Platz vor dem Centre ist fast zu jeder Tageszeit etwas geboten: Zauberkünstler, Musiker und Akrobaten finden hier stets ein interessiertes Publikum. Weitere Attraktionen sind die *Fontaine Stravinsky,* ein farbenfroh-verspielter Brunnen an der Südseite des Centre, der von Niki de Saint-Phalle und Jean Tinguely entworfen wurde, sowie das rekonstruierte Atelier des Bildhauers Brancusi. Am *Forum des Halles* vorbei, das an Stelle der abgerissenen Pariser Hallen erbaut wurde, geht es zur Kirche **Saint-Eustache**, die mit einer Länge von 125 Metern zu den größten Sakral-

Übernachten
1 Costes (S. 50)
Nachtleben
(S. 91/92)
18 Le Sunset
Essen & Trinken
(S. 91/92)
2 Chez Stella
3 Colette
5 Au Pied du Cochon
11 Universal Resto
12 L'Ostréa
13 Café de Marly
16 Le Fumoir
17 Georges
18 Le Sunset
Passagen siehe S. 176/177
Champs-Elysées siehe S. 164/165
Saint-Germain-des-Prés siehe S. 130/131
Cour des Comptes
Place Vendôme
La Colonne
Place du Marché St Honoré
Pyramides
St Roch
Tuileries
Jardin des Tuileries
Pl. des Pyramides
Musée de la Mode et du Textile
Musée des Arts Décoratifs
Jardin du Carrousel
Pl. du Carrousel
Pl. A. Malraux
Palais Royal
Jardin du Palais Royal
Pl. Colette
Palais Royal Musée du Louvre
Pl. du Palais Royal
Bibliothèque Nationale
Musée du Louvre
Musée d'Orsay
École Nat. Sup. des Beaux Arts
Pl. de l'Institut
St Thomas d'Aquin
Rue du Bac
Musée Maillol
St Vladimir
Musée Delacroix
Rue de Rivoli
Quai des Tuileries
Quai du Louvre
Quai Anatole France
Quai Voltaire
Quai Malaquais
Quai de Conti
Pont Royal
Pont du Carrousel
Pont des Arts
Avenue de l'Opéra
Rue de la Paix
R. de Castiglione
Boulevard Saint Germain
Bd. Raspail
Rue de l'Université
Rue Jacob
Rue de Lille
Rue de Verneuil
Rue Saint Honoré

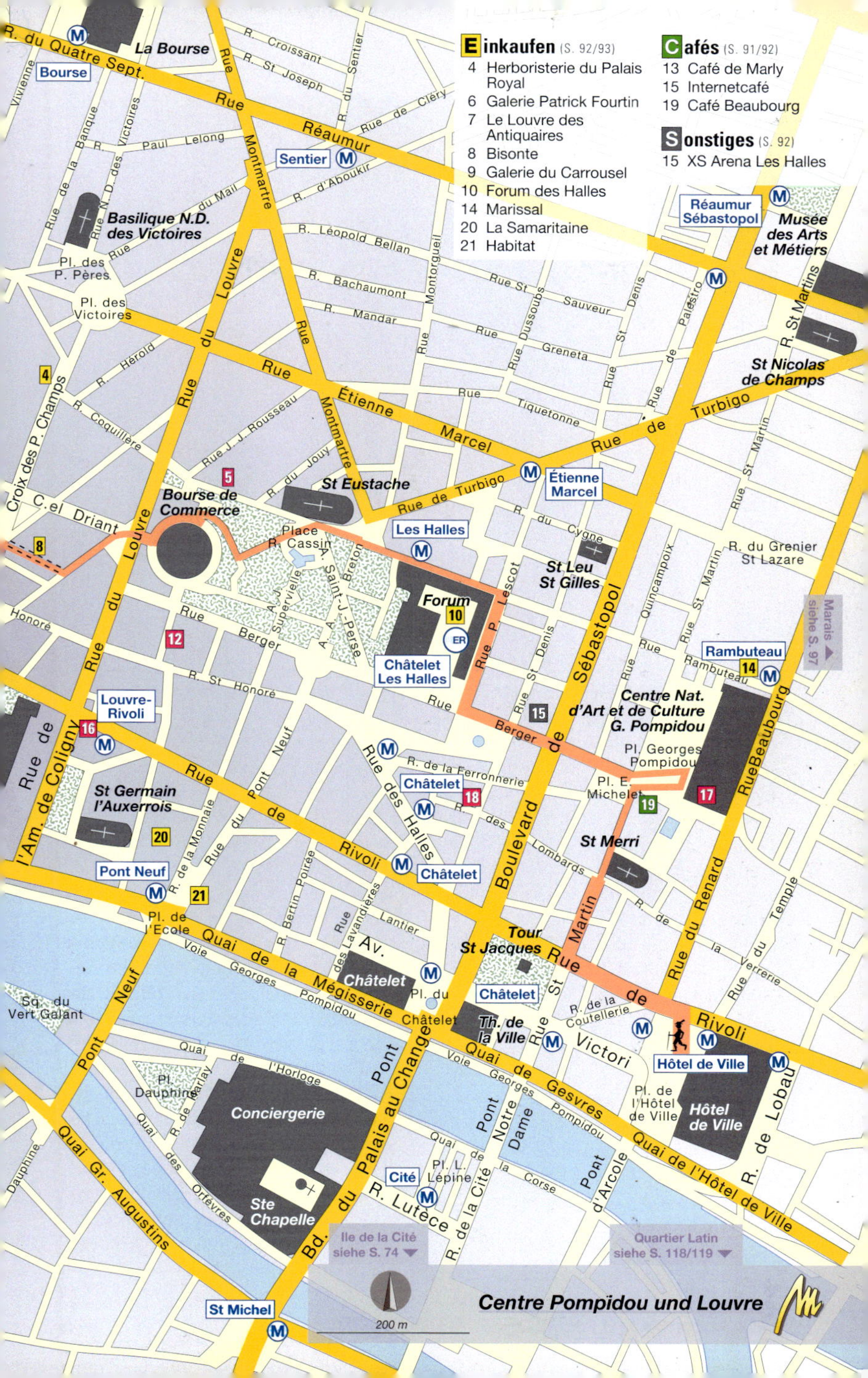
E inkaufen (S. 92/93)
4 Herboristerie du Palais Royal
6 Galerie Patrick Fourtin
7 Le Louvre des Antiquaires
8 Bisonte
9 Galerie du Carrousel
10 Forum des Halles
14 Marissal
20 La Samaritaine
21 Habitat
C afés (S. 91/92)
13 Café de Marly
15 Internetcafé
19 Café Beaubourg
S onstiges (S. 92)
15 XS Arena Les Halles
La Bourse
Bourse
R. du Quatre Sept.
Rue Réaumur
Sentier
Basilique N.D. des Victoires
Pl. des Victoires
Rue du Louvre
Rue Montmartre
Rue Étienne Marcel
Rue de Turbigo
Étienne Marcel
St Eustache
Bourse de Commerce
Les Halles
Forum
Châtelet Les Halles
St Leu St Gilles
Boulevard de Sébastopol
Réaumur Sébastopol
Musée des Arts et Métiers
St Nicolas de Champs
Rambuteau
Centre Nat. d'Art et de Culture G. Pompidou
Pl. Georges Pompidou
St Merri
Rue Beaubourg
Rue du Renard
Marais siehe S. 97
Louvre-Rivoli
Rue de Rivoli
St Germain l'Auxerrois
Pont Neuf
Châtelet
Tour St Jacques
Hôtel de Ville
Quai de la Mégisserie
Quai de Gesvres
Quai de l'Hôtel de Ville
Conciergerie
Ste Chapelle
Cité
St Michel
Pont au Change
Pont Notre Dame
Pont d'Arcole
Sq. du Vert Galant
Pl. Dauphine
Ile de la Cité siehe S. 74
Quartier Latin siehe S. 118/119
200 m
Centre Pompidou und Louvre

Vor allem bei Kindern beliebt – Segelboote im Jardin des Tuileries

bauten der Stadt gehört. Über der unterirdischen Einkaufswelt des Forum des Halles wurde eine kleine Parkanlage, der Jardin des Halles, angelegt und mit Sonnenuhr und Skulpturen aufgepeppt. Bei Kindern beliebt ist vor allem Henri de Millers überdimensionale Skulptur „Ecoute" vor der Südfassade von Saint-Eustache. Der Chlorgeruch, der einem im Park gelegentlich in die Nase steigt, stammt übrigens von dem Schwimmbad in den Hallen. Den westlichen Rand des Parks markiert die Bourse de Commerce, ein imposanter neoklassizistischer Rundbau aus dem Jahre 1887.

Auf dem Weg zum Louvre bietet sich ein Abstecher in die jüngst renovierte *Galerie Véro-Dodat* an, die sich mit edlem Marmordekor von ihrer vornehmsten Seite zeigt. Einer Anekdote zufolge soll die Passage 1826 von den beiden namensgebenden Metzgern erbaut worden sein, um den Weg von den Hallen zu den Freudenmädchen des Palais Royal zu verkürzen. Auf dem Weg zum Louvre überquert man die arkadengesäumte Rue de Rivoli, deren Bau Napoléon Bonaparte veranlasste. Der **Louvre** beherbergt mit dem **Musée du Louvre** das größte Museum der Welt, in dem sich spielend Tage und Wochen verbringen lassen. Architektonisch faszinierend ist die Glaspyramide, vor allem nachts, wenn 70.000 Scheinwerfer den Schlosshof und die Pyramide erhellen. Wahrscheinlich fällt es nach einem Besuch des Louvre schwer, noch die Muße aufzubringen, sich dem in einem Seitenflügel untergebrachten **Musée des Arts décoratifs** oder dem **Musée de la Mode et du Textile** zu widmen. Erholsamer ist es sicherlich, den Tag geruhsam im **Jardin des Tuileries** ausklingen zu lassen. Allerdings bedarf es bei schönem Wetter einer gewissen Portion Glück, einen der rund um die Wasserbecken aufgestellten Stühle zu ergattern. Wer will, kann noch einen Abstecher zur Place de la Concorde unternehmen, in deren Mitte der 3000 Jahre alte Obelisk von Luxor steht.

Sehenswertes

Hôtel de Ville: Während der Regierungszeit von König Franz I. erhielt Paris ein Rathaus im Stil der Renaissance. Nachdem die Kommunarden 1871 das Rathaus in Brand gesteckt hatten, kamen die Renovierungsarbeiten einem Neubau im Neorenaissancestil gleich. In den Mauernischen sind Plastiken berühmter, in Paris geborener Persönlichkeiten aufgestellt. Allerdings blieb das Rathaus seit der Revolution „verwaist", erst 1977 zog mit Jacques Chirac wieder ein Bürgermeister ein. Heute werden im Rathaus gelegentlich kostenlose Ausstellungen gezeigt.

Adresse: Place de l'Hôtel de Ville, 75004. Ⓜ Hôtel de Ville (Linie 1 und 11).

Centre Pompidou: Als 1971 ein Wettbewerb für ein neues Museum ausgeschrieben wurde, nahmen 681 Architektenteams aus aller Welt teil. Die Jury entschied sich für den Entwurf zweier junger, bis dato unbekannter Architekten: Der Italiener Renzo Piano und der Brite Richard Rogers stapelten die Räume gewissermaßen übereinander und verlegten die Zugänge in Form verglaster Rolltreppen nach außen. Um möglichst viel Raum zu schaffen, wurden sämtliche Installationen wie Nervenstränge an der Rückseite des Gebäudes angebracht. Kritiker verhöhnten das Centre verächtlich als „Raffinerie", „Kühlschrank" oder „Chemiefabrik", während seine Bewunderer es als technologische Poesie rühmten. Verteilt auf mehrere Etagen, bietet das Centre Platz für das Musée National d'Art Moderne, eine umfangreiche Bibliothek sowie eine Mediathek, ein Kino und eine Kunstbuchhandlung. Ursprünglich für „nur" 5.000 Besucher pro Tag konzipiert, konnte das Centre den mehr als viermal so großen Andrang der Kunstliebhaber nicht bewältigen. Umfangreiche Renovierungsarbeiten waren erforderlich, bis das Centre Pompidou nach zwei Jahren mit einer um 5.000 Quadratmeter erweiterten und vollkommen neu konzipierten Ausstellungsfläche symbolträchtig zur Jahrtausendwende am 31.12.1999 wiedereröffnet werden konnte.

Das Musée National d'Art Moderne bietet hochkarätige Kunst des 20. Jahrhunderts und kann sich durchaus mit dem New Yorker Museum of Modern Art messen. Zum Fundus gehören Werke von Matisse, Picasso, Braque, Delaunay, Léger, Gris, Kandinsky, Klee, Magritte, Dix, Arp, Max Ernst, Chagall, Miró, Dalí, Duchamp, Giacometti, Beuys, Hartung, Calder, Pollock, Rauschenberg, Andy Warhol und Gerhard Richter. Zudem Photographien, Installationen, Videos, Filme und Designobjekte. Besonders sehenswert ist auch

Futuristisch – Centre Pompidou

das Kabinett von André Breton, dem „Papst der Surrealisten“.

Wer will, kann auch mit der Rolltreppe hinauffahren und auf der Dachterrasse des noblen Restaurants Georges köstlich speisen (nur mit Eintrittskarte zugänglich).

Adresse: Palais Beaubourg, 75004, Ⓜ Rambuteau (Linie 11). ⌚ Tgl. außer Di 11–22 Uhr. Abgesehen von den Sonderausstellungen und dem Musée National d'Art Moderne samt Rolltreppe und Restaurant ist der Eintritt zum Centre Pompidou kostenlos. Eintritt: 10 bzw. 7 €, erm. 8 bzw. 5 €. Kinder unter 18 Jahren haben freien Eintritt und auch am ersten Sonntag im Monat ist der Eintritt kostenlos. www.centrepompidou.fr.

Wer die Hand wider den König erhebt ...

Zu den verwerflichsten Straftaten, die im Ancien Régime begangen werden konnten, zählte ein Attentat auf den König. Und genau dieses Vergehens hatte sich 1757 ein junger Mann namens Damiens schuldig gemacht, als er versucht hatte, Ludwig XV. mit einem Messer zu ermorden. Durch einen dicken Mantel geschützt, überlebte der König leicht verletzt. Damiens, ein geistig verwirrter Einzeltäter, wurde dennoch zum Tode verurteilt, zuvor aber in der Conciergerie grausam gefoltert, um etwaige Hintermänner preiszugeben. Wegen der Schwere der Tat gilt die Hinrichtung Damiens als die spektakulärste und brutalste, die je vor dem Hôtel de Ville stattgefunden hat. Eine riesige Menschenmenge – auch Casanova war Augenzeuge – versammelte sich vor dem Rathaus, um sich an dem Schauspiel zu ergötzen. Nachdem Damiens bereits die Beine mit Hilfe des „Spanischen Stiefels“ gebrochen worden waren, riss ihm der Scharfrichter mit einer glühenden Zange die Brustwarzen und Fleischstücke aus Armen und Schenkeln heraus. Unter dem Beifall der Zuschauer wand sich Damiens vor Schmerzen, als ihm zudem eine siedende Flüssigkeit in die Wunden gegossen wurde. Doch der Grausamkeiten nicht genug, folgte nun der Höhepunkt der Hinrichtung: Damiens sollte gevierteilt werden, wozu an jedem seiner Gliedmaßen ein Pferd angebunden wurde. Obwohl die Zahl der Pferde nach einer Viertelstunde von vier auf sechs erhöht wurde, stellte sich der gewünschte Erfolg nicht ein. Erst als man nach einer weiteren Viertelstunde die Sehnen an den Armen und Beinen bis auf die Knochen durchtrennte, fanden Damiens Qualen ein Ende. Damiens sterbliche Überreste wurden unter dem Jubel der Schaulustigen auf den Scheiterhaufen geworfen und die Asche in alle Winde verstreut.

Saint-Eustache: Das spätgotische Gotteshaus erinnert an die Kathedrale von Notre-Dame, die fraglos als Vorbild diente. Leider fiel die Fassade der klassizistischen Mode zum Opfer. Während der Revolution mutierte die Kirche, in der unter anderem Kardinal Richelieu, Madame Pompadour und Molière getauft wurden, zum „Tempel der Vernunft“. Das Innere des fünfschiffigen Gotteshauses ist kostbar ausgestattet. Neben einem Gemälde von Rubens ist auch Raymond Masons zynische Skulptur „Der Auszug von Obst und Gemüse aus dem Herzen von Paris“ zu bewundern, die auf den Abbruch der Hallen anspielt. Regelmäßig finden in der Kirche anspruchsvolle Orgelkonzerte statt.

Brunnen von Niki de Saint-Phalle

Ieoh Ming Peis zweite Pyramide steht auf dem Kopf

Louvre: Der heutige Louvre erscheint zwar als einheitlicher Baukomplex, doch ist er gewissermaßen ein „Zufallsprodukt". Hervorgegangen aus einer im frühen 13. Jahrhundert unter Philipp II. August errichteten Burg – wie die freigelegten Grundmauern im Untergeschoss des Sully-Flügels eindrucksvoll beweisen – baute fast jeder französische Herrscher ein wenig am Louvre herum: Nachdem sich Franz I. wieder in Paris niedergelassen hatte, erweiterte sein Nachfolger Karl IX. die Zitadelle zur königlichen Residenz; Katherina von Medici ließ sich das Palais des Tuileries als Witwensitz errichten; ein paar Jahrzehnte später erteilte Heinrich IV. den Auftrag, das Tuilerienschloss durch die entlang der Seine ausgerichtete Grande Galerie mit dem Louvre zu verbinden; Ludwig XIV., der bekanntlich stets in größeren Dimensionen dachte, ließ das Schloss beträchtlich erweitern und die Gärten in den Tuilerien anlegen, um anschließend seinen barocken Repräsentationstraum aber doch in Versailles zu verwirklichen; Napoléon Bonaparte errichtete 1806 den Carrousel-Triumphbogen und versuchte, das Ensemble durch einen nördlichen Trakt zu schließen; Napoléon III. verfügte den Abriss eines sich bis zu dem Zeitpunkt noch im Innenhof befindlichen mittelalterlichen Wohnquartiers und vollendete das Werk seines Onkels mit neobarocken, zwei Höfe umschließenden Flügelbauten.

Den vorläufigen Schlusspunkt setzte François Mitterrand, indem er den angestaubten Museumsbau von dem amerikanischen Architekten Ieoh Ming Pei in ein modernes, lichtdurchflutetes Kunstmekka verwandeln ließ, das seither offiziell *Le Grand Louvre* heißt.

Musée du Louvre: Die Geburtsstunde des größten Museums der Welt schlug während der Revolution: 1793 entschied der Nationalkonvent, die Kunstsammlungen des Königs als „Musée Central des Arts" für das Volk zu öffnen. Der Fundus, der den Konservatoren des „neu gegründeten" Museums zur Verfügung stand, war recht ansehnlich, da sich die französischen Könige seit Franz I. als leidenschaftliche Sammler betätigt hatten. Auch das berühmteste Gemälde des Louvre, wenn nicht gar das berühmteste der Welt, Leonardo da Vincis *Mona Lisa* (von den Franzosen *La Jocande* genannt) erwarb bereits Franz I. für seine persönliche Sammlung. Sehr erfolgreich war dann die „Ankaufspolitik" im Zeitalter der Revolution, als viele Kunstschätze durch die Enteignung des Adels und die Säkularisierung der Kirchen und Klöster ihren Weg in den Louvre fanden. Auch Napoléon wusste den Museumsfundus zu vermehren: Auf seinen Feldzügen eroberte der kleine Korse zahlreiche Kostbarkeiten, die er umgehend nach Paris bringen ließ. Im Laufe des 19. Jahrhunderts entwickelte sich der Louvre zu einem der bedeutendsten Kunstmuseen der Welt. Während der letzten, 1998 abgeschlossenen Umbauarbeiten wurde die Ausstellungsfläche für 1,1 Milliarden Euro verdoppelt. Allein die Zahlen sind beeindruckend: 7,3 Millionen Besucher schieben sich jährlich durch die Korridore, die eine Gesamtlänge von 1,7 Kilometern aufweisen; rund 30.000 Werke des 350.000 Kunstwerke umfassenden Bestandes sind auf einer Fläche von mehr als 60.000 Quadratmetern ständig ausgestellt. Nicht zu vergessen: 1600 Mitarbeiter sind im Louvre beschäftigt – mehr Menschen als in vielen mittelständischen Unternehmen.

Drei Eingänge führen die Besucher in den unter der Pyramide gelegenen Eingangstrakt, in dem sich die Kassen befinden. Eine regelrechte unterirdische Allee mit Buchhandlungen, Restaurants, Cafeteria und diversen Verkaufsräumen (Carrousel du Louvre) lockt den Neugierigen von den Kunstschätzen weg, die auf sieben Abteilungen in drei verschiedenen Flügeln (franz. *Aile*) verteilt sind. Die ausgestellten Kunstwerke stammen aus neun Jahrtausenden. Ausgerüstet mit einem detaillierten *Orientierungsplan*, der an den Kassen auch in deutscher Sprache kostenlos erhältlich ist, steht dem Kunstgenuss nun nichts mehr im Wege. Allerdings sollte man sich aufgrund der Weitläufigkeit des Louvre erst einmal auf eine oder zwei Abteilungen beschränken und den Museumsstreifzug am nächsten Tag fortsetzen. Je nach den persönlichen Interessen kann man sich vorrangig der Ägyptischen Antike,

Publikumsmagnet – 7,3 Millionen Besucher schieben sich jährlich durch die Korridore des Louvre

dem Griechischen, Römischen und Etruskischen Altertum, der Orientalischen Sammlung, der Malerei, den Skulpturen und der graphischen Abteilung widmen oder einfach vom Zufall treiben lassen. Anbei ein kurzer Überblick über die bekanntesten Sehenswürdigkeiten in den einzelnen Flügeln:

Der **Richelieu-Flügel**, in dem sich früher das Finanzministerium befand, wurde erst durch die letzten Renovierungsarbeiten als Ausstellungsfläche hinzugewonnen. Architektonisch besonders eindrucksvoll sind die drei von einem gewölbten Glasdach überspannten Innenhöfe, die der französischen Plastik des 17. Jahrhunderts sowie dem assyrischen Palast von Sargon II. gewidmet sind. Ausgestellt sind die monumentalen geflügelten Stiere, die als Wandschmuck dienten. Das Dachgeschoss ist deutschen, niederländischen und flämischen Gemälden vorbehalten: Dürer, Cranach, Holbein, Breughel, Rembrandt, Vermeer. Sehenswert sind auch die originalgetreu erhaltenen Appartements von Napoléon III. samt dem opulenten Speisesaal.

Im Untergeschoss des **Sully-Flügels**, der im Osten die Cour Carrée einschließt, befinden sich eine Ausstellung zur Geschichte des Louvre und des Museums sowie die freigelegten Fundamente des mittelalterlichen Königsschlosses. Im Erdgeschoss ist nicht nur die Abteilung für ägyptische Kunst ein Magnat, sondern auch die *Venus von Milo*. Der erste Stock hält ebenfalls Altertümern aus Ägypten, Griechenland und Italien bereit, darunter die *Nike von Samothrake*. Unter dem Dach breitet sich die französische Gemäldegalerie mit ihren Schätzen aus (Watteau, Fragonard, Delacroix etc.).

Der sich im Süden parallel zur Seine erstreckende **Denon-Flügel** zieht die Besucherscharen vor allem durch das geheimnisvolle Lächeln der *Mona Lisa* an. Im Untergeschoss befinden sich italienische, deutsche und niederländische Skulpturen – darunter auch Tilman Riemenschneiders „Verkündungsmadonna" –, im Erdgeschoss italienische Skulpturen und Altertümer. Die *Mona Lisa* „residiert" zusammen mit anderen herausragenden Gemälden aus Italien (Caravaggio, Raffael, Veronese, Tintoretto, etc.), Frankreich (Ingres, Delacroix etc.) und Spanien (Velasquez, Goya, Greco etc.) im ersten Stock des Flügels. Bis zum Frühjahr 2005 wurden die Räumlichkeiten, in denen Leonardo da Vincis *Mona Lisa* – die Franzosen nennen sie „La Joconde" – ausgestellt ist, für 5 Millionen Euro neu gestaltet, um das weltberühmte Kunstwerk wirkungsvoller in Szene zu setzen.

Adresse: Cour Napoléon, 75001. Ⓜ Palais Royal – Musée du Louvre (Linie 1 und 9). ⌚ Tgl. außer Di 9–18 Uhr, am Mo und Mi bis 21.45 Uhr. Eintritt: 8,50 €, erm. 6 € (der ermäßigte Preis gilt für alle Besucher ab 18 Uhr sowie am Mittwoch und Freitag). An jedem ersten Sonntag im Monat ist zudem der Eintritt frei! Internet: www.louvre.fr. Aufgrund des großen Andrangs empfiehlt es sich, entweder gleich um 9 Uhr zu kommen oder – falls man eine Eintrittskarte besitzt – den Eingang im Richelieu-Flügel zu benutzen, von dem man ebenfalls direkt unter die Glaspyramide gelangt. Wer das anschließende Schlangestehen vor den Kassen umgehen will, kann sich im Vorverkauf bei einer der FNAC-Filialen eine Eintrittskarte kaufen; Besitzer des Museumspasses (*Carte Musées Monuments*, 1 Tag 18 €) ersparen sich ebenfalls das Anstehen. Aufgrund von Personalmangel sind manche Abteilungen nicht an allen Tagen geöffnet. Informationen am Museumseingang oder vorab im Internet: www.louvre.fr.

Musée de la Mode et du Textile – Musée des Arts décoratifs: Einen besseren Ort als Paris kann es für ein Modemuseum wohl kaum geben. Das seit 1997 im Rohan-Flügel des Louvre untergebrachte Museum, das im Rahmen des Umbaus zum Grand Louvre grundlegend renoviert wurde, beschreibt die Entwicklungsgeschichte der Mode vom 17. Jahrhundert bis in die Gegenwart. Ob Paul Poiret, Coco Chanel, Karl Lagerfeld, Jean-Paul Gaultier oder John Galliano – die Pariser Modemacher haben stets für Furore gesorgt. Das Museum besitzt einen reichhaltigen Fundus von historischen Kostümen bis hin zu ausgefallenen Kreationen der Haute Couture. Da der Ausstellungsraum begrenzt ist, werden die „Textilien" im Rahmen von wechselnden Ausstellungen präsentiert. Im gleichen Gebäude (3. und 4. Stock) ist auch das *Musée des Arts décoratifs* untergebracht. Das Museum besitzt erlesenes Kunsthandwerk vom Mittelalter bis zum Design des 20. Jahrhunderts. Ausgestellt sind Fayencen, Goldschmiedearbeiten und Möbel.

Adresse: 107, rue de Rivoli, 75001. Ⓜ Palais Royal – Musée du Louvre (Linie 1 und 9). ⌚ Tgl. außer Mo 11–18 Uhr, Do bis 21 Uhr, Sa und So 10–18 Uhr. Eintritt: 8 €, erm. 6,50 €. www.ucad.fr.

Jardin des Tuileries: Der Garten des 1871 während der Pariser Kommune abgebrannten Tuilerienschlosses – der Abbruch der Ruinen erfolgte 1882 – wurde im 17. Jahrhundert von keinem Geringeren als André Le Nôtre, dem Gartenbaumeister Ludwig XIV., gestaltet. Die spätere Ausrichtung der Ost-West-Achse in Richtung Arc de Triomphe und La Défense findet hier ihren Ursprung. Typisch für Le Nôtre, der die Gartenarchitektur des Barockzeitalters maßgeblich geprägt hat, ist das Spannungsverhältnis zwischen großen Terrassen und kleinräumigen Arrangements, das durch Rondells, Wasserbassins und Statuen aufgelockert wurde. Sein Meisterwerk gelang Le Nôtre allerdings in Versailles. Von den späteren Veränderungen zeugen beispielsweise die Skulpturen; sie stammen größtenteils aus dem 19. Jahrhundert.

Skulpturen im Cour Marly

Adresse: 75001, Ⓜ Tuileries. ⌚ Tgl. 7–19 Uhr, im Sommer bis 21 Uhr.

Praktische Infos

Essen und Trinken

Au Pied du Cochon (5), für all jene, die noch nachts um 3 Uhr Appetit auf herzhafte Kost haben. Die berühmte Zwiebelsuppe der Hallen (6,70 €) und die namensgebenden Schweinefüße werden bis in die frühen Morgenstunden serviert. Schwerpunktmäßig werden Meeresfrüchte angeboten. Durchgehend geöffnet, Hauptgerichte zwischen 15 und 25 €. 6, rue Coquillière, 75001, ✆ 0140137700. Ⓜ Les Halles (Linie 1 und 4).

L'Ostréa (12), ausgezeichnetes Fischlokal zu moderaten Preisen. Es wird wert auf Qualität und Frische gelegt, Bouillabaisse 42 € (erst ab 4 Personen!). Samstagmittag, So und drei Wochen im Aug. geschlossen. 4, rue Sauval, 75001, ✆ 0140260807. Ⓜ Louvre-Rivoli oder Châtelet (Linie 1).

Café Beaubourg (19), das von Stararchitekt Christian de Portzamparc entworfene Café gehört zu den beliebtesten Plätzen rund um das Centre Pompidou. Billig ist es nicht, aber nirgendwo kann man das illustre Treiben besser beobachten. Sonntag Ruhetag. 43, rue Saint-Merri, 75004. Ⓜ Les Halles (Linie 4).

Georges (17), eines der schönsten Museumsrestaurants, die es gibt, befindet sich auf dem Dach des Centre Pompidou. Postmodernes Styling, fast ausschließlich in Weißtönen gehalten. Traumhaft ist der Blick von der luftigen Dachterrasse. Da ist es fast zweitrangig, dass sich der Küchenchef ausgezeichnet auf internationale Gerichte versteht. Hauptgerichte um die 20 €. Zugang nur mit Eintrittskarte für das Centre Pompidou. Dienstag geschlossen. Esplanade Beaubourg, 75004. Ⓜ Les Halles (Linie 4).

Le Fumoir (16), die Adresse für bibliophile Feinschmecker: Ausgezeichnete Küche in einem einladenden Ambiente, an den Wänden des hinteren Gastraums stehen die Bücher dicht gedrängt. Selbst deutsche Zeitungen liegen aus! Und auch der Koch hat sein Handwerk gelernt, wahrscheinlich steht in der Küche ein ganzes Regal mit Kochbüchern ... Hauptgerichte etwa 15 €. 6, rue de l'Amiral-Coligny, 75001. Ⓜ Louvre-Rivoli (Linie 1).

Café de Marly

Café de Marly (13), trotz der Lage in einem Seitentrakt des Louvre ist das Marly keine Touristenfalle, sondern eine attraktive Mischung aus Café und Restaurant, die in erster Linie von den Parisern selbst frequentiert wird. Besonders schön sitzt man unter den windgeschützten Arkaden mit Blick auf die Glaspyramide. ⌚ Tgl. außer So 8–2 Uhr. 93, rue de Rivoli, 75001, ✆ 0149260660. Ⓜ Palais Royal – Musée du Louvre (Linie 1 und 7).

Colette (3), das im Untergeschoss einer schrillen Boutique gelegene Colette besitzt zwei Markenzeichen: Streng durchgestyltes Ambiente und eine riesige Auswahl verschiedener Mineralwässer. Die Models unter dem Publikum werden dies zu schätzen wissen. Zu Essen gibt es selbstverständlich auch kalorienarme Salate (8–10 €). ⌚ Tgl. außer So 11–19 Uhr. 213, rue Saint-Honoré, 75001, ✆ 0155353390. Ⓜ Tuileries (Linie 1).

Sunset & Sunside Jazz Club (18), unten Jazzclub, oben Restaurant. ⌚ Tgl. außer So ab 21 Uhr. 60, rue des Lombards, 75001, ✆ 0140264660. Ⓜ Châtelet (Linie 1, 4 und 14).

Universal Resto (11), anspruchsvolles Selbstbedienungsrestaurant im unterirdischen Carrousel du Louvre. Man hat die Wahl zwischen asiatischer, libanesischer und französischer Küche, spanischen Tapas oder amerikanischen Hamburgern. 75001. Ⓜ Louvre – Palais Royal (Linie 1).

Chez Stella (2), preisgünstige ländliche Küche in einem altertümlichen Ambiente. Menü zu 12 €. Samstag und Sonntag geschlossen. 3, rue Thérèse, ✆ 0142962215, 75001. Ⓜ Pyramides (Linie 7 und 14).

XS Arena Les Halles (15), gigantisches Cybercafé mit 210 Flatscreens, rund um die Uhr geöffnet. 33, boulevard Sébastopol, 75001. Ⓜ Châtelet bzw. Les Halles (Linie 1, 4 und 14).

Einkaufen

Galerie Patrick Fourtin (6), „moderne" Antiquitäten aus den 20er bis 50er Jahren. 6, place de Valois, 75001. Ⓜ Louvre – Palais Royal (Linie 1).

Forum des Halles (10), das Shopping-Mall mit vier unterirdischen Etagen und einem Innenhof ist leider nur ein minderwertiger

Possierlich – Shooting auf der Dachterrasse des Kaufhauses Samaritaine

Ersatz für die abgerissenen Hallen, doch findet man in den über 250 Geschäften eine große Auswahl (auch das Medienkaufhaus FNAC ist vertreten), 75001. Ⓜ Châtelet – Les Halles (Linie 1,7 und 14).

Galerie du Carrousel (9), in der unterirdischen Einkaufspassage des Louvre findet man zahlreiche einladende Geschäfte. Die ansprechendere Alternative zum Forum des Halles, man setzt auf gut eingeführte Ketten (Virgin Megastore, Esprit, Bodum, etc.), 75001. Ⓜ Louvre – Palais Royal (Linie 1).

La Samaritaine (20), etwas ältliches, aber gut bestücktes Riesenkaufhaus direkt an der Seine; nostalgisch mutet das Treppenhaus, eine türkis gestrichene Metallkonstruktion, an. Die Fassade des von 1905 bis 1910 errichteten Kaufhauses gehört zu den wenigen großen Pariser Gebäuden im Art-déco-Stil. Übrigens wurde kein Geringerer als Jean Genet im September 1937 hier beim Stehlen ertappt ... Das Café auf der Dachterrasse begeistert mit einem schönen Rundblick, so dass selbst die hässlichen weißen Plastikstühle kaum mehr stören. Rue de la Monnaie, 75001.
Ⓜ Pont Neuf (Linie 7).

Marissal (14), gut sortierte deutsche Buchhandlung in unmittelbarer Nähe des Centre Pompidou. Wer versäumt hat, sich mit deutscher Literatur über Paris einzudecken, kann es hier problemlos tun. 42, rue Rambuteau, 75003. Ⓜ Rambuteau (Linie 11).

Il Bisonte (8), Handtaschen, Gürtel und andere schöne Reiseaccessoires. Teilweise echte Handarbeit! 7–9, Galerie Véro-Dodat, 75001, Ⓜ Louvre – Rivoli (Linie 1).

Le Louvre des Antiquaires (7), rund 250 Antiquitätenhändler sind in diesem „käuflichen" Louvre vereint. Auf ein Schnäppchen braucht man allerdings nicht zu spekulieren. 2, place du Palais Royal, 75001. Ⓜ Palais Royal (Linie 1 und 7).

Herboristerie du Palais Royal (4), liebevoll eingerichtete Kräuterhandlung mit riesigem Angebot. 11, rue des Petits-Champs, 75001. Ⓜ Louvre – Palais Royal (Linie 1 und 7).

Habitat (21), schöne Designmöbel zu annehmbaren Preisen. Es gibt auch ein Café im ersten Stock und eine ausgeprochen einladende Kundentoilette. 5, rue du Pont Neuf, 75001. Ⓜ Louvre – Rivoli (Linie 1).

Unter den Arkaden der Place des Vosges

Marais

Mit seinem adeligen Touch ist das Marais heute eines der beliebtesten und teuersten Wohnviertel der Stadt. Den Reiz des Marais machen jedoch nicht nur die vornehmen Stadtpaläste aus; das 4. Arrondissement gehört mit seinen attraktiven Kneipen, Restaurants, Modeboutiquen und Galerien zu den lebendigsten der Stadt.

Ursprünglich war das Marais eine unwirtliche Gegend – „Marais" bedeutet „Sumpf" – am Rande der Hauptstadt. Doch nachdem das Gebiet im Spätmittelalter trockengelegt worden war, stieg es schnell zur vornehmsten Wohngegend der Stadt auf. Mitglieder der aristokratischen Führungsschicht ließen sich hier ihre „Hôtel" genannten Stadtpaläste errichten, Madame de Sévigné beispielsweise empfing ihre Besucher im Hôtel Carnavalet, das heute das Stadtmuseum von Paris beherbergt. Auch der schönste Platz von Paris, die Place des Vosges, liegt im Marais. Als die Adeligen dem König nach Versailles folgten, begann der allmähliche, aber stete Niedergang des Viertels. Handwerker und Tagelöhner zogen in die herrschaftlichen Häuser, die mehr und mehr verfielen. Ende der sechziger Jahre verfügten zwei Drittel der Wohnungen weder über fließendes Wasser noch über eine eigene Toilette. Doch ein Ende des steten Verfalls nahte: Auf Veranlassung des damaligen französischen Kultusministers André Malraux wurde die historische Bausubstanz des Marais unter Denkmalschutz gestellt und umfassend saniert. Zahlreiche adelige Stadtpalais wie das Hôtel de Sully und das Hôtel Salé wurden seither aufwändig restauriert und einer musealen Nutzung zugeführt; das Marais ist dadurch zu einem der beliebtesten Viertel der Stadt aufgestiegen, wie ein Blick auf die Immobilienpreise zeigt. Ein Appartement an der Place des Vosges können sich heute nur noch sehr gut betuchte Bürger leisten, zu deren erlesenem Kreis auch Jack Lang, Malrauxs Nachfolger als Kultusminister, gehört.

Das Marais ist auch bekannt als das jüdische Viertel von Paris. Zudem hat in den letzten Jahrzehnten eine andere, ebenfalls oft verfolgte Minderheit ihre Liebe für das Marais entdeckt: Die Pariser Gay-Community trifft sich vorzugsweise in den Bars und Kneipen links und rechts der Rue Sainte-Croix de la Bretonnerie.

Wer ein „gay-freundliches" Café oder Restaurant sucht, orientiert sich am besten an den gut sichtbar angebrachten Regenbogenfahnen. Bei so viel einvernehmlichem Nebeneinander von Schwulen und Juden verwundert es auch nicht, dass die jüdische Schwulengruppe „Beit Haverim„ zu den aktivsten homosexuellen Organisationen gehört. Lohnend ist auch ein Abstecher am Sonntag, denn dann haben die meisten Boutiquen und Geschäfte im Marais geöffnet.

Marais
Karte S. 97

Jüdisches Paris

Zwischen Centre Pompidou und Bastille befindet sich das jüdische Viertel von Paris, dessen Ursprünge bis in das frühe 13. Jahrhundert zurückreichen. Zu den alteingesessenen Familien aus dem Elsass und dem Midi sind im Laufe der Zeit zahlreiche Juden aus Osteuropa und Nordafrika gestoßen. Nur ein kleines Stück abseits der großen Boulevards taucht man in den engen Gassen rund um die gewissermaßen als jüdische „Hauptstraße" fungierende Rue des Rosiers in eine eigene Welt mit besonderem Flair ein. Streng orthodoxe Juden mit Hüten, Schäfchenlocken, langen Bärten und bis zu den Füßen reichenden Kaftanen schlendern zwischen orientalischen Spezialitätengeschäften, koscheren Metzgereien und Läden mit hebräischen Kultgegenständen umher. Das Restaurant Jo Goldenberg war bis vor kurzem eine in ganz Paris bekannte Adresse für Liebhaber der jüdischen Küche, erlesene – selbstverständlich koschere – Feinkost findet man bei Florence Finkelsztajn. Nur am Samstag, dem Sabbat, ist das jüdische Viertel verwaist und die Geschäfte sind geschlossen; die Straßen füllen sich erst wieder nach Einbruch der Dunkelheit mit Leben, denn der Sonnenuntergang, und nicht die Uhrzeit, läutet traditionsgemäß das Ende der Sabbat-Ruhe ein.

Place des Vosges: Beliebter Treff für ein Sonnenbad

Spaziergang

Die Tour durch das altertümliche Marais beginnt am Hôtel de Ville. Vom Pariser Rathaus aus führt die Rue François Miron an der klassizistischen Fassade der Kirche St-Gervais-et-St-Portas vorbei in Richtung Osten. Aufmerksamkeit verdienen das spätgotische Kircheninnere und einige noch aus dem Spätmittelalter stammende Häuser in der Rue François Miron, so beispielsweise die Fachwerkbauten Nr. 11 und 13. In einer Seitenstraße befindet sich das **Mémorial de la Shoa**; an einer von der Rue Saint Antoine abzweigenden Straße liegt das **Maison Européenne de la Photographie**, ein Mekka der Photokunst. Vorbei an einem spätmittelalterlichen Adelspalais, dem **Hôtel de Sens**, gelangt man zum **Pavillon de l'Arsenal**, der über die aktuellen städtebaulichen Projekte von Paris informiert. Für einen kurzen erholsamen Zwischenstopp bietet sich die Place du Marché-Sainte-Catherine mit ihren einladenden Straßencafés an. Wer will, kann anschließend einen Abstecher zu den Trödlern im *Village Saint-Paul* unternehmen. Um sich auf das Marais einzustimmen, empfiehlt sich ein Abstecher zum repräsentativen **Hôtel de Sully**, dessen Garten einen direkten Zugang zur **Place des Vosges** besitzt. Der von Häusern aus roten Ziegeln und weißen Bruchsteinen gesäumte Platz strahlt eine faszinierende Atmosphäre aus. Die kleinen, intimen Arkaden ziehen sich wie Logen um das grüne Geviert, das einst als Turnierfeld diente. Viele Schriftsteller wie Alphonse Daudet, Georges Simenon und Victor Hugo haben an der Place des Vosges gewohnt; dem Gedenken an den Autor des „Glöckners von Notre-Dame“ widmet sich das **Maison de Victor Hugo**. Das altehrwürdige Marais ist sicherlich das richtige Viertel für ein Museum über

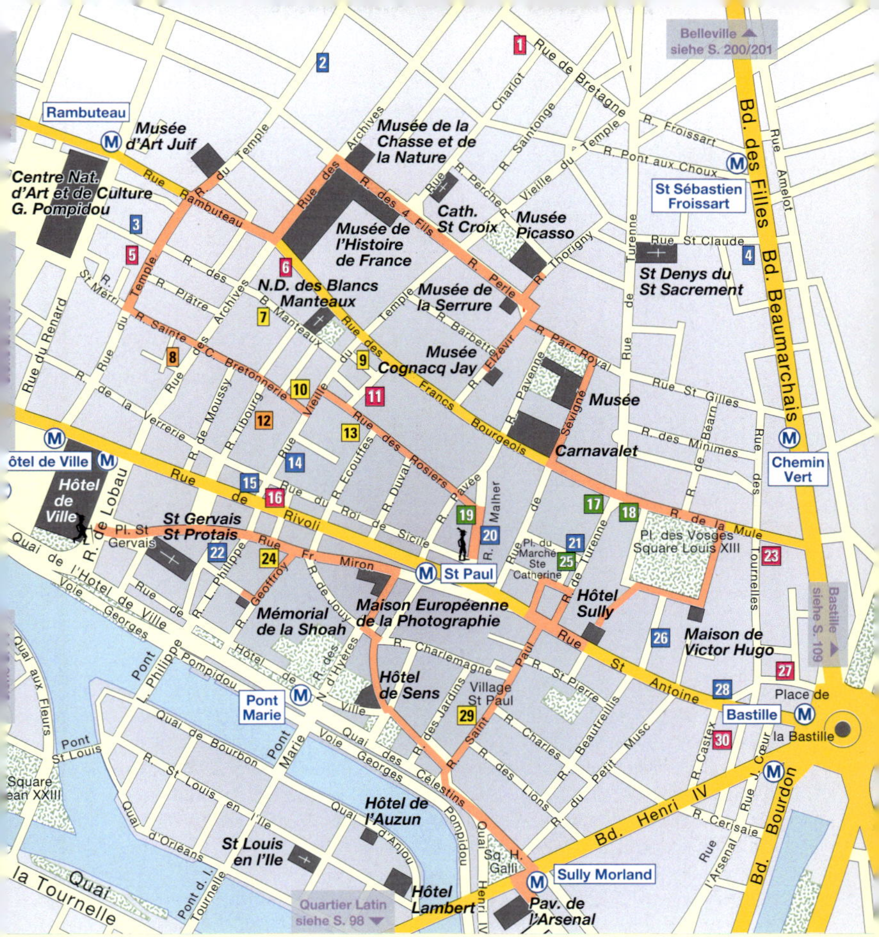

Übernachten

2 Bourg Tibourg (S. 50)
3 Beaubourg (S. 51)
4 Villa Beaumarchais (S. 50)
14 Caron de Beaumarchais (S. 50)
15 De Nice (S. 53)
20 Hôtel Sévigné (S. 52)
21 Grand Hôtel Jeane d'Arc (S. 53)
22 MIJE Maubuisson (S. 55)
26 De la Place des Vosges (S. 52)
28 Hôtel de la Herse d'Or (S. 53)

Essen & Trinken (S. 103-105)

1 Chez Omar
4 L'Orangeraie
5 The Studio
6 Le Dôme du Marais
11 Chez Marianne
16 L'Alivi
23 La Baracane
27 Bofinger
30 Napoli Food

Cafés (S. 103-105)

5 The Studio
17 La Locandièra
18 Ma Bourgogne
19 La Loir dans la Théière
25 Le Bistrot de la Place

Nachtleben (S. 103-105)

8 Open Café
12 Lizard Lounge

Einkaufen (S. 105)

7 Infobuch
9 Muji
10 Les Mots à la Bouche
13 Florence Finkelsztajn
24 Izraël
29 Village Saint-Paul

die Pariser Stadtgeschichte (**Musée Carnavalet**). Nur einige Häuser weiter beherbergt das **Musée Cognacq-Jay** eine erlesene Privatsammlung; hochkarätige moderne Kunst wird in dem im Hôtel Salé untergebrachten **Musée National Picasso** präsentiert, dessen Besuch auf keinen Fall versäumt werden sollte.

Während man durch das Marais schlendert, lohnt es sich – falls die Möglichkeit

Spätmittelalterliches Paris – Hôtel de Sens

besteht –, einen Blick in die „Hinterhöfe“ der Stadtpaläste zu werfen, die gelegentlich fast die Größe eines Parks einnehmen. Das **Musée de la Chasse et de la Nature** befindet sich ebenso in einem der typischen Adelspaläste wie das **Musée de l'Histoire de France**. Letzteres liegt an der Rue des Francs-Bourgeois, die der Beatnik Jack Kerouac als „the street of the outspoken middle classes“ charakterisierte. In der Rue de Temple, deren Name noch an den bis 1314 hier ansässigen Orden der Tempelritter erinnert, befindet sich das **Musée d'Art et d'Histoire du Judaisme**; es informiert auf sehr ansprechende Weise über die Geschichte und Kultur der jüdischen Gemeinde von Paris. Rund um die Rue Sainte-Croix de la Bretonnerie ist die Pariser Gay-Szene zu Hause. Neben einschlägigen Bars, Restaurants und Sexshops gibt es auch Friseure, Modeboutiquen und Reisebüros, die ihr Angebot speziell auf ihre schwule Klientel abgestimmt haben. In der lang gestreckten Rue de Rosiers, der Hauptstraße des jüdischen Marais, sind traditionell Feinkosthändler und Juweliere ansässig.

Sehenswertes

Mémorial de la Shoah: Nach umfangreichen Umbau- und Erweiterungsarbeiten ist jetzt in Paris das Mémorial de la Shoah (früher Mémorial du Martyr Juif Inconnu) als größtes europäisches Holocaust-Museum wieder eröffnet worden. Insgesamt wurden 23 Millionen Euro investiert, um das Museum um 4000 Quadratmeter zu erweitern. Neu ist auch das Mahnmal: Auf meterhohen Marmorwänden wurden die Namen aller 76.000 Juden eingraviert, die während der deutschen Besetzung Frankreichs bis zum August 1944 in die Vernichtungslager deportiert wurden. Eine 30 Meter lange „Mauer der Gerechten“ erinnert zudem an 2693 Franzosen, die während der Nazi-Besatzung Juden gerettet und geschützt haben.

Adresse: 17, rue Geoffroy-l'Asnier, 75003. Ⓜ Saint-Paul – Pont Marie (Linie 1 oder 7). ⌚ Tgl. außer Sa sowie an jüdischen Feiertagen 10–18 Uhr, Do bis 22 Uhr. Eintritt: frei! www.memorialdelashoa.org.

Maison Europeéenne de la Photographie: Verteilt auf sieben Ebenen, wird im Hôtel Hénault de Cantobre, einem weiteren Adelspalast aus dem 18. Jahrhundert, anspruchsvolle Photokunst präsentiert. Neben themenbezogenen Ausstellungen aus dem 15.000 Arbeiten umfassenden Fundus (Mapplethorpe, Helmut Newton, Irving Penn, Nan Goldin, Hervé Guibert etc.) finden regelmäßig Retrospektiven statt, die sich dem Werk eines renommierten Photographen widmen. Eine Buchhandlung und ein nettes kleines Café, das der Architekt Nestor Perkal entworfen hat, sind ebenfalls vorhanden.

Adresse: 5–7, rue de Fourcy, 75003. Ⓜ Saint-Paul (Linie 1). ⌚ Mi–So 11–20 Uhr. Eintritt: 6 €, erm. 3 €; Mi ab 17 Uhr: Eintritt: frei! www.mep-fr.org.

Pavillon de l'Arsenal: Im Pavillon, einer für das 19. Jahrhundert typischen Glas-Eisen-Konstruktion, wird mit Hilfe von Modellen, Photos und Zeichnungen über die gegenwärtigen Veränderungen des Pariser Stadtbilds sowie den Einfluss der Stadtgeschichte auf den Urbanismus informiert.

Adresse: 21, boulevard Morland, 75004. Ⓜ Sully Morland (Linie 7). ⌚ Tgl. außer Mo 10.30–18.30 Uhr, So 11–19 Uhr. Eintritt: frei! www.pavillon-arsenal.com.

Hôtel de Sens: Zusammen mit dem Hôtel de Cluny (Quartier Latin) gehört das Hôtel de Sens zu den einzigen erhaltenen Stadtpalästen aus dem Spätmittelalter. Typisch für diese Zeit ist der unregelmäßige Grundriss sowie der wuchtige, fast festungsartige Charakter des Gebäudes, das heute die Bibliothek Forney beherbergt. Entspannung bietet der kleine Garten an der Rückseite des Palastes.

Pavillon de l'Arsenal

Adresse: 1, rue du Figuier, 75003. Ⓜ Saint-Paul (Linie 1). ⌚ Tgl. außer Mo und So 13.30–20.30 Uhr, Sa ab 10.30 Uhr. Eintritt zur Bibliothek ist frei! Bei Sonderausstellungen: 4 €, erm. 2 €.

Hôtel de Sully: Der einstige Stadtpalast des Herzogs von Sully gehört zu den imposantesten Adelspalais des Marais. Glücklicherweise befindet sich das Hôtel de Sully im Besitz der öffentlichen Hand, so dass eine Besichtigung problemlos möglich ist. Die Anlage zeigt typische Merkmale für die Palais im Marais: Hinter dem Eingangsportal öffnet sich der repräsentative Ehrenhof (*Cour d'Honneur*), der den Palast der Straße entrückt und dem Empfang der Gäste diente. Hinter dem breit gelagerten Haupttrakt schließt sich ein Garten

Pompös: Hôtel Sully

an, der von einer Orangerie begrenzt wird. Ein Teil der Räumlichkeiten wird heute von der Nationalen Denkmalschutzbehörde genutzt, der andere steht für wechselnde Photoausstellungen des Jeu de Paume zur Verfügung, die sich zumeist historischen und sozialkritischen Themen widmen. Im Erdgeschoss befindet sich zudem eine gut sortierte Buchhandlung mit Schwerpunkt Pariser Kunst und Kultur. Der Garten besitzt einen direkten Zugang zur Place des Vosges.

Adresse: 62, rue Saint-Antoine, 75004. Ⓜ Saint-Paul (Linie 1). ⌚ Tgl. außer Mo 10–19 Uhr. Eintritt zu den Ausstellungen: 5 €, erm. 2,50 €.

Place des Vosges: Dieses regelmäßige, auf Symmetrie bedachte Ensemble steht in dem Ruf, der schönste Platz von ganz Paris zu sein. Der rechteckige Platz wird von 36 identischen zweistöckigen Pavillons mit roten Ziegelsteinfassaden und hoch aufragenden Schieferdächern eingerahmt. Nur der Pavillon des Königs an der Südseite und der gegenüberliegende Pavillon der Königin überragen die anderen Häuser als Ausdruck des hierarchischen Standesbewusstseins um ein Stück. Benannt sind die herrschaftlichen Häuser nach ihren früheren Besitzern, wie beispielsweise das Hôtel de Rohan-Guéménée und das Hôtel Richelieu. Angesichts dieser aristokratischen Eleganz erscheint es kaum mehr vorstellbar, dass die Häuser an der Place des Vosges zu Beginn des 20. Jahrhunderts völlig heruntergekommen waren und einem Armenquartier glichen. 1924 fand hier ein junger, fast mittelloser Belgier namens Georges Simenon im Haus Nummer 21, das einst Kardinal Richelieu bewohnt hatte, eine günstige Parterrewohnung. Simenons Nachbar soll übrigens ein Pfeife rauchender und Hut tragender Doktor gewesen sein, der unter seinem richtigen Namen Maigret wenig später als kleinbürgerlicher Kommissar in die Literaturgeschichte einging.

Maison de Victor Hugo: Victor Hugo, einer der berühmtesten französischen Schriftsteller, lebte von 1832–1848 im Hôtel Rohan-Guéménée an der Place des Vosges. Das ihm zu Ehren eingerichtete Museum bietet die Möglichkeit, ein Haus an der Place des Vosges von innen kennenzulernen. Präsentiert werden neben Originalmanuskripten und persönlichen Erinnerungsgegenständen auch Bilder, die Hugo gesammelt hat. Zudem beweisen mehrere Gemälde, dass Victor Hugo nicht nur als Schriftsteller Talent besaß. Wer kein ausgewiesenes Faible für die französische Literatur hegt, wird nach dem Besuch des Museums eventuell enttäuscht sein.

Adresse: 6, place des Vosges, 75004. Ⓜ Bastille (Linie 1, 5 und 8). ⌚ Tgl. außer Mo 10–17.40 Uhr. Eintritt: frei! www.paris.fr/musees/maison_de_victor_hugo.

Musée Carnavalet: Die absolut sehenswerten Schätze des Pariser Stadtmuseums sind seit 1989 auf zwei benachbarte Adelspaläste verteilt. Da ist einmal das namensgebende Hôtel Carnavalet; es widmet sich den Anfängen der Pariser Stadtgeschichte von der Frühzeit über das Mittelalter bis zur Aufklärung. Erinnert wird auch an Madame de Sévigné, die hier zwischen 1677 und 1696 gewohnt hat und durch ihre Briefe, die Einblicke in die gesellschaftlichen Verhältnisse am Hof des Sonnenkönigs geben, berühmt geworden ist. Das benachbarte Hôtel Le Peletier de Saint-Fargeau dokumentiert die Stadtgeschichte seit der Revolution. Eine Nachbildung von Marcel Prousts Zimmer mit dem Originalbett, in dem Proust große Teile seiner „Suche nach der verlorenen Zeit" geschrieben hat, gehört ebenfalls zum Fundus.

Adresse: 23, rue de Sévigné, 75003. Ⓜ Saint-Paul (Linie 1). ⌚ Tgl. außer Mo 10–17.40 Uhr. Eintritt: frei! Bei Sonderausstellungen: 5 €, erm. 4 €. www.paris.fr/musees.

Musée Cognacq-Jay: Das nach Ernest Cognacq und Louise Jay, dem Gründerehepaar des Kaufhauses La Samaritaine, benannte Museum zeigt wertvolle Gemälde aus dem 18. Jahrhundert. Das aus dem 16. Jahrhundert stammende Adelspalais ist mit erlesenen Möbeln, Porzellan und diversem Nippes eingerichtet, so dass die Werke von Watteau, Fragonard, Boucher und Rubens in einem würdigen Rahmen präsentiert werden. Beachtlich ist das Aufgebot der Museumswärter, in jedem zweiten Raum steht eine in ein rotes Jackett gehüllte Aufsichtsperson.

Adresse: 8, rue Elzévir, 75003. Ⓜ Saint-Paul (Linie 1). ⌚ Tgl. außer Mo 10–18 Uhr. Eintritt: frei!

Musée National Picasso: Der damalige Kultusminister André Malraux verabschiedete ein Gesetz, wonach die Erbschaftssteuer auch in Form von Kunstwerken entrichtet werden konnte. Als Pablo Picasso 1973 starb, kam der französische Staat auf diese Weise in den Besitz von 203 Gemälden, 158 Skulpturen, 88 Keramiken sowie unzähligen Zeichnungen, Photos und anderen wertvollen Dokumenten. Das weiträumige, im Marais gelegene Hôtel Salé wurde auserkoren, die einzigartige Sammlung zu beherbergen. Den Auftrag, den ehemaligen Palast des königlichen Salzsteuereintreibers umzubauen, erhielt der Architekt Roland Simounet. Ein Glücksgriff, denn Simounet verstand es meisterhaft, den alten Stadtpalast seiner neuen Bestimmung zuzuführen. Fragmentierte Räume und verwinkelte Raumfolgen sorgen für eine überraschende Entdeckungsreise durch Picas-

Skulptur im Musée National Picasso

Marais
Karte S. 97

sos Œuvre; Rampen und Schwellen markieren die Hauptphasen von Picassos künstlerischem Werdegang. Gezeigt werden zudem Werke aus Picassos privater Sammlung (Miró, Cézanne, Matisse, Braque etc.). Im zweiten Stockwerk finden regelmäßig Ausstellungen statt, die sich mit dem Werk Picassos auseinander setzen. Fazit: Absolut sehenswert!

Adresse: 5, rue de Thorigny, 75003. Ⓜ Saint-Paul (Linie 1). ⊙ Tgl. außer Di 9.30–18 Uhr (Sommer) und 9.30–17.30 Uhr (Winter). Eintritt: 6,50 €, sonntags und erm. 4,50 € (Sonderausstellungen 9,50 €, erm. 7,50 €). www.musee-picasso.fr.

Musée de la Chasse et de la Nature: Das Museum befindet sich im einstigen Hôtel de Guénégaud des Brosses und beherbergt eine ansehnliche Sammlung zur Jagdgeschichte. Neben einer umfangreichen Waffensammlung kann man noch allerhand ausgestopftes Getier bewundern, das unglücklicherweise irgendwo in Afrika, Asien oder Amerika einem stolzen Jäger vor die Flinte gelaufen ist. Überzeugten Jagdgegnern und Pazifisten ist von einem Besuch daher dringend abzuraten. Daran können auch Gemälde von Chardin, Desportes, Vernet und anderen renommierten Künstlern, die sich im 18. Jahrhundert romantisierend dem Thema Jagd genähert haben, nichts ändern. Da das Hôtel de Guénégaud das einzige noch gut erhaltene Palais ist, das der Architekt François Mansart entworfen hat, lohnt sich aber ein Blick in den Innenhof. Als Schöpfer der nach ihm benannten Mansardendächer hat er den französischen Klassizismus maßgeblich geprägt.

Adresse: 60, rue des Archives, 75003. Ⓜ Hôtel-de-Ville (Linie 1 und 11). ⊙ Tgl. außer Mo 11–18 Uhr. Eintritt: 5 €, erm. 2,50 €. www.chassenature.org.

Musée de l'Histoire de France: Das Historische Museum von Frankreich residiert im Hôtel de Soubise, das durch eine weitläufige, von einem Peristyl aus 56 Säulen umgebene Gartenanlage mit dem Nationalarchiv verbunden ist. Im vornehmen Rokokointerieur sind größtenteils Schriftstücke ausgestellt, die wichtige Ereignisse der französischen Geschichte dokumentieren. Eindrucksvoll ist das reich verzierte Treppenhaus; der Museumsfundus ist leider genauso mager wie die Form der Darbietung. Lohnend nur bei Sonderausstellungen.

Adresse: 60, rue des Francs-Bourgeois. Ⓜ Hôtel-de-Ville (Linie 1 und 11). ⊙ Tgl. außer Di 10–12.30 Uhr und 14–17.30 Uhr, am Wochenende erst ab 14 Uhr. Eintritt: 3 €, erm. 2,30 €.

Musée d'Art et d'Histoire du Judaisme: Mit dem erst 1998 eröffneten jüdischen Museum ist das Marais um eine Topatt-

Jüdisches Feinkostgeschäft

raktion reicher. Untergebracht im Hôtel de Saint-Aignan, einem 1640 errichteten Adelspalast, bietet das Museum einen umfassenden Einblick in die Geschichte und Kultur des Judentums. Neben zahllosen Kultgegenständen (Thora-Rollen, Chanukka-Leuchter etc.) sowie mittelalterlichen Grabsteinen wird auch die Bedeutung der Hofjuden in der Frühen Neuzeit dargestellt. Die Affäre Dreyfus, die dem jüdischen Offizier Alfred Dreyfus 1894 zu Unrecht die Verurteilung wegen angeblichen Verrats militärischer Geheimnisse an Deutschland einbrachte sowie der Holocaust werden ebenfalls ausführlich behandelt. Der postmoderne Anbau ist den modernen jüdischen Künstlern gewidmet, gezeigt werden beispielsweise Originalgemälde von Chagall, Lipchitz und Soutaine; eine Photoausstellung, unter anderem mit Bildern von Robert Capa, dokumentiert jüdisches Leben nach dem Holocaust.

Adresse: 71, rue du Temple, 75003. Ⓜ Rambuteau (Linie 11). ⌚ Tgl. außer Sa sowie an jüdischen Feiertagen 11–18 Uhr, So ab 10 Uhr. Eintritt: 6,80 €, erm. 5,50 €. www.mahj.org.

Die Affäre Dreyfus – eine endlose Geschichte?

Jahrzehntelang spaltete die Dreyfus-Affäre die französische Gesellschaft in Gegner und Anhänger des Hauptmanns, in Militaristen und Antimilitaristen. Auf der einen Seite standen Republikaner, Radikale, Sozialisten und Freimaurer, die, angeführt von Emile Zola („J'accuse"), die Rehabilitierung Dreyfus' erreichten, auf der anderen Seite klerikale Reaktionäre und Royalisten. Mehr noch, die Affäre Dreyfus markiert nicht nur die Geburtsstunde des engagierten linken Humanismus, sondern auch den Beginn des europäischen Faschismus.

Der französische Antisemitismus, der ebenfalls in der Affäre Dreyfus wurzelt, wurde und wird in den öffentlichen Diskussionen bis in die jüngste Gegenwart hinein gerne verdrängt. Es verwundert daher auch nicht, dass sich die französischen Militärs aus fadenscheinigen Gründen weigerten, ein 1985 von dem Bildhauer Louis Mittelberg gefertigtes Dreyfus-Denkmal auf dem symbolträchtigen Hof der Pariser Kriegsschule aufzustellen. Im Jahre 1994 sorgte die Dreyfus-Affäre für den vorerst letzten Eklat: In einem Aufsatz zum 100. Jahrestag der Verurteilung von Alfred Dreyfus bezeichnete Oberst Paul Gaujac, der Leiter der Historischen Abteilung des Heeres, Dreyfus' Unschuld nur als eine „These" und bezichtigte ihn indirekt, eine Mitschuld an der französischen Niederlage im Ersten Weltkrieg zu tragen, da er die Integrität der französischen Armee zerstört habe. Der französische Verteidigungsminister François Léotard reagierte unverzüglich und entließ Gaujac trotz heftiger Proteste von Seiten der Militärs, ohne ihn auch nur angehört zu haben.

Praktische Infos

Essen, Trinken, Nachtleben

Bofinger (27), die alteingesessene Brasserie präsentiert sich als glänzender Palast mit üppigem Dekor der Belle Epoque. Ein Klassiker ist das *Choucroute de la mer*, Sauerkraut mit Meeresfrüchten. Samstag- und Sonntagmittag geschlossen. Menüs zu 22,90 (mittags) und 29,90 €. Leider hat sich auch hier die Unsitte eingeschlichen, dass die Tische am Abend zweimal vergeben werden. Etwas günstiger ist das im Stil der fünfziger Jahre eingerichtete **Petit Bofinger** auf der gegenüberliegenden Straßenseite (Menüs zu 19,90 (mittags) und 28,50 €). 5, rue de la Bastille, 75004, ✆ 0142728782. Ⓜ Bastille. (Linie 1, 5 und 8) www.bofingerparis.com.

Le Dôme du Marais (6), in einem fast schwülstig anmutenden Ambiente sitzt man unter einer großen Glaskuppel aus dem 18. Jahrhundert. Serviert wird klassische französische Küche, die auf einen ambitionierten Küchenchef hinweist. Menüs zu 32 € und 45 €. So und Mo geschlossen sowie zwei Wochen Ende Aug. Betriebsferien. 53bis, rue des Francs Bourgeois, 75004, ✆ 0142745417. Ⓜ Rambuteau (Linie 11).

Napoli Food (30), gilt derzeit als der beste Italiener im Marais-Viertel. Trattoriaflair. Mittagsmenü 15 €, Hauptgerichte zwischen 11 und 24 €. So und Montagmittag geschlossen, im Aug. Betriebsferien. 6, rue Castex, 75004, ✆ 01445 40661. Ⓜ Bastille (Linie 1, 5 und 8).

L'Alivi (16), empfehlenswertes korsisches Restaurant, das unverputzte Mauerwerk sorgt für eine angenehme Atmosphäre. Hervorragend schmecken das Kaninchen und das Hühnchen mit korsischem Honig. Da würde selbst Napoléon staunen. Menü zu 22 €. Straßenterrasse. 27, rue du Roi de Sicile, 75004, ✆ 0148879020. Ⓜ Saint-Paul (Linie 1).

Koscheres Gebäck

Le Bistrot de la Place (25), im Sommer ist die Terrasse des Bistrots ein wunderbarer Ort, um schöne Stunden zu verbringen. Glücklicherweise steht die provenzalisch inspirierte Küche nicht hinter dem Ambiente zurück. Mittagsmenü zu 13,50 €. 2, place du Marché Sainte-Catherine, 75004, ✆ 0142782132. Ⓜ Saint-Paul (Linie 1).

Chez Marianne (11), in zwei nebeneinander liegenden Gasträumen werden großzügig bemessene Portionen koscherer Speisen serviert. Delikat sind das Tamaras sowie das Hühnerleber-Haché. Hauptgerichte zwischen 14 und 18 €. Lobenswert ist die große Weinauswahl. Tgl. 11–24 Uhr. 2, rue des Hospitalières-Saint-Gervais, 75004. ✆ 0142721886. Ⓜ Saint-Paul (Linie 1).

Chez Omar (1), das noble Szenerestaurant mit ausgezeichneter nordafrikanischer Küche (z. B. Couscous) ist unweit der Place de la République gelegen. Keine Menüs, Hauptgerichte 14–20 €. Sonntagmittag geschlossen. 47, rue de Bretagne, 75003, ✆ 0142723626. Ⓜ République (Linie 3, 5, 7 und 9).

La Baracane (23), eine kulinarische Einladung nach Südwestfrankreich. Aufgetischt werden beispielsweise *cassoulet aux confits* oder ein exquisites *gigot d'agneau au romarin*. Menüs zu 16,50 und 23 € (mittags) sowie zu 32 und 39 €. Samstagmittag und Sonntag geschlossen. 38, rue des Tournelles, 75004, ✆ 0142714333. Ⓜ Bastille (Linie 1, 5 und 8).

Ma Bourgogne (18), Café-Bistro in traumhafter Lage unter den Arkaden der Place des Vosges. Gute Weinauswahl, viele Salate, Plat du jour um die 20 €. Tgl. 8–1.30 Uhr geöffnet, im Februar Betriebsferien. 19, Place des Vosges, 75004, ✆ 0142784464. Ⓜ Saint-Paul.

The Studio (5), das Restaurant mit einem reizvollen Innenhof – hier sitzt man im Sommer besonders schön – bietet mexikanische Küche und leckere Salate (ca. 15 €). Als Hintergrundmusik hört man manchmal das Geklapper eines Flamencotanzkurses oder klassische Musik. ⌚ Tgl. 12–24 Uhr, Mo erst ab 19.30 Uhr. 41, rue du Temple, 75004, ✆ 0142741038. Ⓜ Hôtel-de-Ville (Linie 1 und 11).

Izraël – Gewürzbasar mit orientalischem Flair

Marais
Karte S. 97

La Locandièra (17), liebenswerte und sehr preisgünstige Kreuzung zwischen Café und italienischem Imbiss. Es gibt Panini, Salate und verschiedene Nudelgerichte, die allerdings nur in der Mikrowelle erwärmt werden (4–6 €). Für Pariser Verhältnisse günstig ist der Capuccino: ab 2,50 € ! Kleine Straßenterrasse. Nur tagsüber geöffnet. 27, rue de Turenne, 75004, ✆ 0140279310. Ⓜ Saint-Paul (Linie 1).

La Loir dans la Théière (19), beliebtes Tagescafé mit viel Patina. Auf den zerschlissenen Sofas und alten Stühlen sitzt viel junges Publikum. Serviert werden leckeres Gebäck und ansprechende Kuchen, die allerdings oft schon am frühen Nachmittag ausverkauft sind. ⌚ Tgl. von 11–19 Uhr, am Wochenende ab 10 Uhr. 3, rue des Rosiers, 75004, ✆ 0142 729061. Ⓜ Saint-Paul (Linie 1).

Lizard Lounge (12), beliebte Kneipe mit viel englischsprachigen Publikum. Tgl. von 12–2 Uhr. 18, rue du Bourg-Tibourg, 75004, ✆ 0142 728134. Ⓜ Saint-Paul (Linie 1).

Open Café (8), der beliebteste Treff der Gay-Szene in der Rue Sainte-Croix de la Bretonnerie (Ecke Rue des Archives), während sich die Lesbenszene abends ab 18 Uhr vorzugsweise im **3 W Kafé** trifft (um die Ecke, Adresse: 8, rue des Ecouffes). 75004. Ⓜ Hôtel de Ville (Linie 1 und 11). www.opencafe.fr.

Einkaufen

Izraël (24), Gewürzbasar mit orientalischem Flair. Egal, ob Nüsse aus Brasilien oder Pistazien aus dem Iran – hier gibt es beinahe nichts, was es nicht gibt. So und Mo geschlossen. 30, rue François Miron, 75004. Ⓜ Saint-Paul (Linie 1).

Village Saint-Paul (29), rund 50 Antiquitäten-, Trödel- und Nippeshändler, versammelt in mehreren, ineinander verschachtelten Hinterhöfen. Di und Mi geschlossen. ⌚ 11–19 Uhr. 23–27, rue Saint-Paul, 75004. Ⓜ Saint-Paul (Linie 1).

Infobuch (7), kleine deutsche Buchhandlung. 23, rue des Blancs Manteaux, 75004. Ⓜ Hôtel de Ville (Linie 1 und 11).

Les Mots à la Bouche (10), schwul-lesbische Spezialbuchhandlung im Marais. 6, rue Saint Croix de la Bretonnerie, 75004. Ⓜ Hôtel de Ville (Linie 1 und 11).

Florence Finkelsztajn (13), exzellente jüdische Feinkosthandlung. Im August Betriebsferien. 24, rue des Escouffes, 75004. Ⓜ Saint-Paul (Linie 1). Gleiches gilt für Sacha Finkelsztajn in der 29, rue des Rosiers.

Muji (9), Klamotten, Einrichtungsgegenstände und Accessoires im minimalistischen Design. 47, rue des Francs Bourgeois. 75004. Ⓜ Saint-Paul (Linie 1).

Markt auf der Place d'Aligre

Bastille

Einst bliesen die Revolutionäre zum Sturm auf die Bastille, heute sind es die Szenegänger, die allabendlich zur Place de la Bastille strömen und das Viertel im „Sturm" erobern. Natur und Erholung findet man im weiter südöstlich gelegenen Bois de Vincennes.

Optischer Fixpunkt des Bastilleviertels ist die an der Place de la Bastille gelegene Opéra de la Bastille. Für den Bau der gigantischen Volksoper wurde der alte Bahnhof von Vincennes abgerissen, denn François Mitterrand konnte sich anlässlich der bevorstehenden Feierlichkeiten des 200. Revolutionsjubiläums keinen symbolkräftigeren Ort vorstellen als die Place de la Bastille, wo 200 Jahre zuvor die Französische Revolution ihren spektakulären Anfang genommen hatte. Fast jede große Demonstration, die in Paris zum Thema „Freiheit" oder „Bürgerrechte" stattfindet, beginnt noch heute an der Place de la Bastille. Zudem galt die Gegend als volkstümliches Viertel, also genau der richtige Platz für eine Oper ohne elitären Charakter.

Durch den Bau der Oper wurde das Flair des Bastilleviertels nachhaltig verändert: Bestimmten früher fast ausschließlich kleine Handwerksbetriebe das Straßenbild rund um die Place de la Bastille, so gilt die Gegend seit einigen Jahren als *branché*, das einstige Arbeiterviertel mutierte zum Montparnasse der neunziger Jahre. Einst gab es viele Kohle- und Holzhandlungen in den schmalen, unregelmäßigen Gassen des Bastilleviertels, stammte doch ein großer Teil der Bewohner aus der bäuerlichen Auvergne. Dann haben Künstler die in den verwinkelten Hinterhöfen leerstehenden Fabrikhallen zu Ateliers umfunktioniert, Szenekneipen und Galerien sind nachgezogen und verdrängten Zug um Zug die alteingesessenen Möbelschreinereien und Tapisserien.

Inzwischen können sich aber auch die Künstler die Mieten für ihre Ateliers kaum mehr leisten, da es in Yuppiekreisen als chic gilt, im 12. Arrondissement ein Loft zu besitzen. Es verwundert auch nicht, dass kein Geringerer als Jean-Paul Gaultier in der Rue du Faubourg Saint Antoine ein Atelier betreibt.

Als die Apachen im Pariser Osten herrschten

An der Wende vom 19. zum 20. Jahrhundert gaben in den Arbeitervierteln des Pariser Ostens die „Apachen“ den Ton an. Es handelte sich dabei aber nicht um mit Pfeil und Bogen bewaffnete indianische Krieger, sondern um kleine Gauner mit tief in die Stirn gezogenen Schlägermützen, die zwischen Bastille und Belleville ihr Auskommen in der Schieber- und Zuhälterei fanden. Wegen ihres ruppigen und respektlosen Auftretens waren die Apachen in ganz Paris berüchtigt.

Spaziergang

Von der mächtigen Bastille-Festung, die die Revolutionäre am 14. Juli 1789 gestürmt hatten, zeugen heute nur noch Markierungen auf dem Straßenpflaster und ein paar Fundamente, die beim Bau der Métrostation freigelegt wurden. Und auch die markante, mitten auf der Place de la Bastille stehende Colonne de Juillet weist nicht auf die glorreiche Französische Revolution von 1789 hin, sondern erinnert an den Aufstand von 1830, der den Bürgerkönig Louis-Philippe auf den Thron brachte. In einer Krypta am Fuß der Säule fanden rund 700 „Aufständische“ ihre letzte Ruhestätte, wohl bewacht von dem auf der Spitze der 47 Meter hohen Säule thronenden „Genius der Freiheit“. Am Quai de la Bastille liegen Hausboote und schicke Yachten vertäut, der nach Norden verlaufende Canal Saint Martin verschwindet unter der Erde, um am Square Frédérick Lemaître wieder ans Tageslicht zu treten. Die Überbauung des Kanals geht noch auf Baron Haussmann zurück, der, die Aufstände im proletarischen Osten fürchtend, die leicht zu verteidigenden Kanalbrücken durch den breiten Boulevard Richard Lenoir ersetzte, um die Wirksamkeit eines Eingriffs von Polizei und Militär zu erhöhen.

Wuchtig schiebt sich auch die gläserne Fassade der **Opéra de la Bastille** dem Platz entgegen. Besonders eindrucksvoll ist die Oper abends, wenn sie be-

Julisäule, Place de la Bastille

Promenade plantée

leuchtet ist. Dann herrscht auch im ganzen Viertel Hochstimmung, vor allem in der nahen Rue de la Roquette und der Rue de Lappe, die mit ihrer Mischung aus gestylten Cafés und urwüchsigen Bars beste Voraussetzungen für ausgedehnte Kneipentouren bieten. Tagsüber präsentiert sich die Rue de Lappe allerdings öde und trist. Lebhafter geht es in der benachbarten Rue de Charonne und der Rue du Faubourg-St-Antoine zu. In den gelegentlich begrünten Hinterhöfen, die weit in das Häusergewirr hineinreichen, findet man zwar noch einige Möbelmanufakturen, doch zumeist sind schicke Ateliers und großzügige Lofts an die Stelle der ursprünglichen Handwerksbetriebe getreten.

In den Räumen einer ehemaligen Kohlenhandlung gibt sich abends das Szenepublikum ein Stelldichein. Die zahlreichen Passagen und Hinterhöfe des Viertels laden regelrecht zu Entdeckungstouren ein. Von der Rue du Faubourg-St-Antoine Nummer 50 erstreckt sich die Passage Boule-Blanche zur Rue de Charenton (ein paar Häuser weiter bei Nummer 64 zweigt die Passage du Chantier, die ihr altertümliches Flair noch bewahren konnte, ebenfalls zur Rue de Charenton ab). Letztere ist eine typische Vorstadtstraße, in der sich das 12. Arrondissement noch immer von seiner kleinbürgerlichen Seite zeigt. Wer beispielsweise am Vormittag über den *Marché d'Aligre* – er wird seit 1643 auf dem gleichnamigen Platz abgehalten – schlendert, trifft zwischen den Käse-, Obst- und Fischständen ein ganz anderes Publikum als in den Kneipen der Rue de Lappe. Nur zwei Fußminuten weit entfernt, verläuft die Avenue Daumesnil, die von einem alten Eisenbahnviadukt gesäumt wird, das gleich mit zwei Attraktionen aufzuwarten weiß: Der einstige Gleisbereich wurde bepflanzt und zur *Promenade plantée*, einem linearen Garten, umgestaltet, der mit Treppen und Aufzügen erreicht werden kann, während unter den insgesamt 71 Backsteinbögen Einrichtungsdesigner und Kunsthandwerker ihre teilweise schrillen Kreationen zu happigen Preisen feilbieten. Wer nach dem Spaziergang noch einen Café- oder Restaurantbesuch plant, kehrt entweder in das *Viaduc*

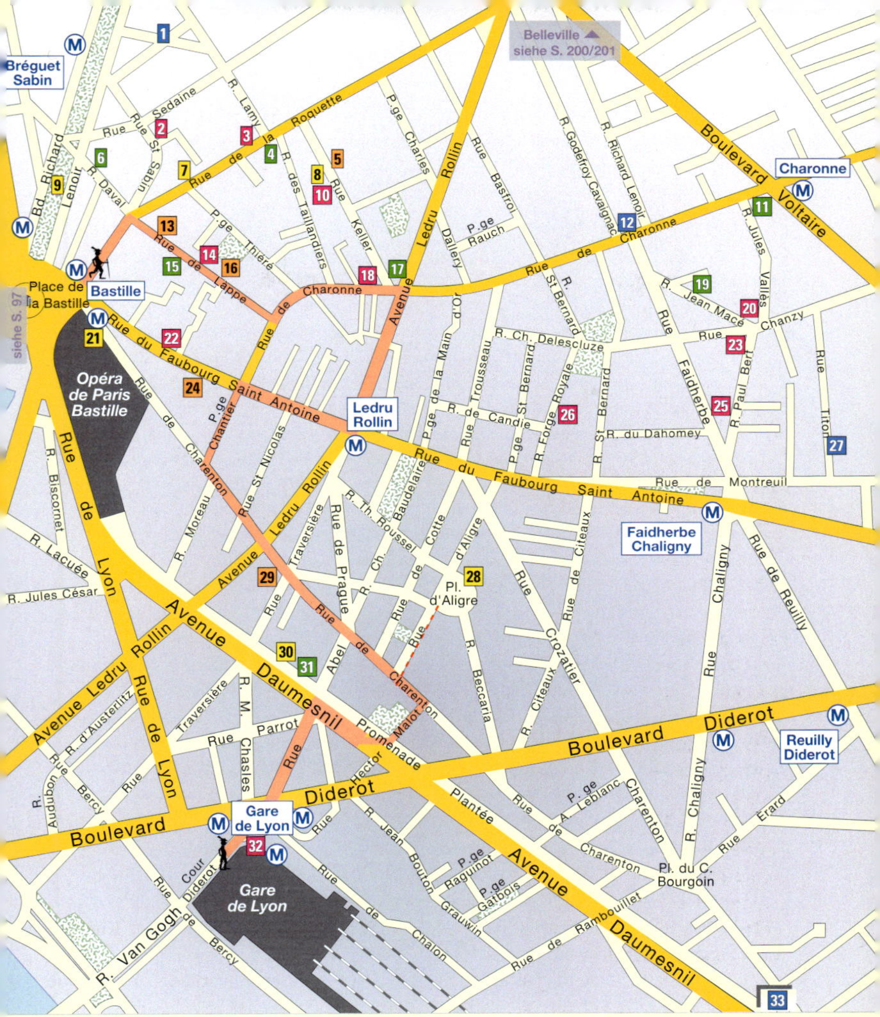

Übernachten

1 Ibis Bastille (S. 53)
12 Hôtel des Arts (S. 53)
27 Maison Internationale des Jeunes (S. 55)
33 Pavillon Bercy Gare de Lyon (S. 50)

Cafés (S. 111-113)

4 Café des Anges
6 Au Lèche-Vin
11 L'Armagnac
15 Bar à Nénette
17 Pause Café
19 Pure Café
22 Sans Sans
31 Viaduc Café

Nachtleben (S. 111-113)

5 La Luna
6 Au Lèche-Vin
13 Le Balajo
16 Chapelle des Lombards
24 Barrio Latino
26 La Casbah
29 China Club

Einkaufen (S. 113)

7 Naturalia
8 Black Label
9 Marché de la Bastille
21 FNAC
28 Marché d'Aligre
30 Viaduc des Arts

Essen & Trinken (S. 111-113)

2 Café de l'Industrie
3 Blue Elephant
10 Café Moderne
14 Les Sans-Culottes
18 Bar à Soupes
20 Chardenoux
22 Sanz Sans
23 Restaurant de la Réunion
25 Le Temps au Temps
26 La Casbah
32 Le Train Bleu

200 m

Bastille

Café ein oder steuert die Gare de Lyon an, deren opulent ausgestattetes Restaurant *Le Train Bleu* mit Recht als das schönste „Bahnhofsrestaurant" der Welt gerühmt wird.

Der göttliche Marquis

Es gab nur einen einzigen berühmten Gefangenen, der sowohl in der Bastille als auch im Chateau de Vincennes einsaß. Die Rede ist vom berüchtigten Marquis de Sade, der heute weniger wegen seiner radikalen Denkansätze als vielmehr wegen gewisser persönlicher Neigungen bekannt ist. Seitdem die Sexualpathologie den Begriff Sadismus geprägt hat, gilt der einem alten provenzalischen Geschlecht entstammende Edelmann als der Inbegriff des Bösen. Dabei hat sich de Sade anfangs ganz im Geist der Aufklärung engagiert und sich entschieden gegen die Todesstrafe ausgesprochen. Aber seine sexuellen Vorlieben, die er als „unabänderlich" und „unheilbar" ansah, brachten den überzeugten Atheisten immer wieder mit dem Gesetz in Konflikt: Mehr als ein Drittel seines Lebens musste der 1740 in Paris geborene Marquis de Sade hinter Gittern verbringen. Über die Entbehrungen der Haft half er sich mit phantastisch-erotischen Gedankenspielen hinweg, deren Veröffentlichung ihn wiederum ins Gefängnis brachte, denn ob Inzest, Ehebruch oder Sodomie – de Sade kannte in seinen Büchern kein Tabu. Doch de Sade war sich sicher: „Nicht meine Art zu denken hat mir Unglück gebracht, sondern die der anderen."

In der Bastille kritzelte er seinen berühmtesten Roman „Die 120 Tage von Sodom oder Die Schule der Ausschweifung" auf eine zwölf Meter lange Papierrolle, um ihn besser vor seinen Bewachern verbergen zu können. Da de Sade am 9. Juli 1789 in das Hospiz von Charenton eingewiesen wurde, glaubte er seine Aufzeichnungen verloren, als die Bastille zehn Tage später im revolutionären Eifer gestürmt wurde und vergoss „blutige Tränen". Erst zu Beginn des 20. Jahrhunderts tauchte das Manuskript wieder auf und konnte publiziert werden. Dies rief allerdings erneut die Richter auf den Plan: Noch 1956 wurde de Sades Verleger Jean-Jacques Pauvert von einem Pariser Strafgericht verurteilt, da diese Literatur „etwas Abscheuliches enthalte, von dem eine zersetzende Wirkung auf die guten Sitten ausgehe".

Sehenswertes

Opéra de la Bastille: Die Pläne zu dem wuchtigen Opernkomplex stammten von dem kanadischen Architekten *Carlos Ott*, der versucht hat, dem Bau durch verschiedene Höhen und Tiefen etwas von seiner Monumentalität zu nehmen. Von seinen Kritikern wird das Musiktheater mit den insgesamt 2700 Zuschauerplätzen dennoch verächtlich als gestrandeter Ozeandampfer tituliert. Bei der Ausführung fehlte es allerdings gelegentlich an der handwerklichen Sorgfalt. So verhindern Netze, dass Passanten durch die herabfallende Fassadenverkleidung verletzt werden. Wie dem auch sei, für 460 Millionen Euro schuf Ott eine imposante Opernarena, die man entweder abends bei einer der jährlich rund 200 Aufführungen oder einer geführten Besichtigungen kennen lernen kann.

Adresse: Place de la Bastille, 75012. Ⓜ Bastille (Linie 1, 5 und 8). Führungen um 17 Uhr, Eintritt: 10 €, erm. 8 bzw. 5 €. www.opera-de-paris.fr.

Monumental – Opéra de la Bastille

Bastille
Karte S. 109

Praktische Infos

Essen, Trinken, Nachtleben

Le Train Bleu (32), das in der Gare de Lyon untergebrachte Restaurant besticht durch seinen üppigen Dekor im Stil der Belle Epoque. Überzeugte Gourmets behaupten, die Küche habe schon bessere Zeiten gesehen. Menüs zu 45 € und 73 €, Wein inklusive. ⌚ Tgl. bis 23 Uhr. 20, boulevard Diderot, 75012, ✆ 0143430906. Ⓜ Gare de Lyon (Linie 1 und 14).

Chardenoux (20), charmantes Bistro mit faszinierendem, unter Denkmalschutz stehendem Jugendstilambiente. Küchenchef Bernard Passavant verhilft auch anspruchsvollsten Zeitgenossen zu wahren Gaumenfreuden. Mit Vorspeise, Hauptgericht und Nachtisch beläuft sich die Rechnung auf mindestens 40 €. Kein Ruhetag. 1, rue Jules Vallès, 75011, ✆ 0145620407. Ⓜ Charonne (Linie 9).

Blue Elephant (3), es gibt zwar in Paris zahllose günstige asiatische Restaurants, doch das Blue Elephant besticht durch seine exquisite Thaiküche und ein phantasievolles Pflanzendekor mit Wasserfall. Dies macht sich dann allerdings auch auf der Rechnung bemerkbar ... Am günstigsten speist man unter der Woche mittags für 16 und 22 €; abends kostet das Menü 46 €. Samstagmittag geschlossen. 43, rue de la Roquette, 75011, ✆ 0147004200. Ⓜ Bastille (Linie 1, 5 und 8).

Restaurant de la Réunion (23), die bei Madagaskar liegende Insel Réunion ist bekanntlich ein französisches Département. Eine kulinarische Reise durch die Insel kostet beim zweigängigen Mittagsmenü nur 11,90 €. Prädikat: Absolut delikat. Samstagmittag, Sonntag und Montagabend geschlossen, Mitte Aug. bis Anfang Sept. Betriebsferien. 23, rue Paul-Bert, 75011, ✆ 0143 709411. Ⓜ Faidherbe-Chaligny (Linie 8).

L'Armagnac (11), in dem zeitlos klassischen Bistro lässt sich bequem der ganze Tag verbringen. Bereits ab 7.30 Uhr geöffnet, kann man hier Frühstücken, Mittagessen und bis 2 Uhr in der Nacht auf ein Glas Wein vorbeischauen. Moderates Preisniveau, Hauptgerichte etwa 10 €. 24, rue Jules-Vallès, 75011, ✆ 0143714943. Ⓜ Charonne (Linie 9).

Pure Café (19), wenn man die Eckkneipe mit ihrem dominierenden Tresen sieht, kann man sich gut vorstellen, wie die Gäste hier das Ende des Ersten Weltkriegs gefeiert haben. Doch dann holt einen das Schild „Maison fondée en 2002" wieder aus den Träumen. Das Pure Café ist eine gelungene Neueröffnung im alten Stil! Das Café war einer der Hauptdrehorte für den Film „Before Sunset" (2004) mit Ethan Hawke und Julie Delpy in den Hauptrollen. Straßenterrasse. Gute Küche, Hauptgerichte 10 €, zweigängiges Mittagsmenü 14,50 €. Tgl. außer So bis 2 Uhr geöffnet. 14, rue Jean-Macé, 75011, ✆ 0143795040. Ⓜ Charonne (Linie 9).

Les Sans-Culottes (14), die beste Adresse, wenn man ein gutes Restaurant mitten in der Rue de Lappe sucht. Bistroatmosphäre, südwestfranzösische Küche. Mittagsmenü 18 € (inkl. einem Glas Wein), sonst 23 €. Mo Ruhetag. 27, rue de Lappe, 75011, ✆ 0148 054292. Ⓜ Bastille (Linie 1, 5 und 8).

Bar à Nénette (15), Bistro mit viel Patina und Gay-Publikum. Tgl. 17–2 Uhr geöffnet. 28, rue de Lappe, 75011, ✆ 0148070818. Ⓜ Bastille (Linie 1, 5 und 8).

Viaduc Café (31), gestyltes Café unter den Bögen eines alten Eisenbahnviadukts. Schöne Straßenterrasse, sonntags gibt es Jazz-Brunch von 12–16 Uhr (25 €). Mittagsmenü 17 €. ⌚ Tgl. von 9–4 Uhr. 43, avenue Daumesnil, 75012, ✆ 0144747070. Ⓜ Gare de Lyon (Linie 1 und 14).

Café de l'Industrie (2), geräumige Szenekneipe unweit der Bastille-Oper. Vor allem abends sind die einfachen Holztische gut besucht. Lockere Atmosphäre, serviert werden leckere Salate, Nudel- und wechselnde Tagesgerichte, die allerdings von unterschiedlicher Qualität sind. Der Laden läuft so gut, dass es seit kurzem eine „Filiale" auf der anderen Straßenseite gibt. Hauptgerichte 8–15 €. ⌚ Tgl. 10–2 Uhr. 16, rue St. Sabin, 75011. Ⓜ Bréduet-Sabin (Linie 5).

Le Temps au Temps (25), es gibt nur ein Dutzend Tische in dem kleinen, sehr preisgünstigen Restaurant. Dennoch besteht kein Zweifel: Hier wird klassische französische Küche auf anspruchsvollem Niveau serviert! Menüs zu 10 € und 12 € (jeweils mittags inkl. Wein) oder für 27 € am Abend. Sonntag und Montag geschlossen. 13, rue Paul-Bert, 75011.
Ⓜ Faidherbe-Chaligny (Linie 8).

Café Moderne (10), Szenerestaurant mit lang gestrecktem Tresen. Serviert werden Couscous und andere Hauptgerichte zwischen 12 und 17 €. Sonntagmittag und Mo geschlossen. 19, rue Keller, 75011. Ⓜ Bastille (Linie 1, 5 und 8).

Café des Anges (4), schönes Café mit kleiner, beliebter Straßenterrasse. Bis spät in die Nacht trifft sich hier ein buntes Publikum. 68, rue de la Roquette, 75011. Ⓜ Bastille (Linie 1, 5 und 8).

Bar à Soupes (18), das erste Pariser Suppenlokal serviert täglich außer Sonntag wechselnd sechs köstliche Suppen für 5–6 €. Beispielsweise eine leckere indische Linsensuppe. Auch zum Mitnehmen. Mittagsmenü mit Wein, Kaffee und Käseteller 9 €. 33, rue de Charonne, 75011. Ⓜ Bastille (Linie 1, 5 und 8). www.lebarasoupes.com.

Pause Café (17), nicht erst seit dem Film *Chacun cherche son chat* („Jeder sucht sein Kätzchen") ist die bis spät nachts geöffnete Kneipe einer der beliebtesten Treffs der (Lebens-) Künstler im Bastilleviertel. Man sitzt entweder hinter den großen Schaufensterscheiben oder auf der sonnigen Straßenterrasse. Mo–Sa 8–2 Uhr, So 9–2 Uhr. 41, rue de Charonne, 75011. Ⓜ Ledru Rollin (Linie 8).

La Casbah (26), phantasievolle Mischung aus marokkanischem Restaurant und Diskothek (im Untergeschoss). Ein Hauch von Marrakesch liegt in der Luft. ⌚ Di–So 20–6 Uhr (Disko Do–So ab 23 Uhr, Eintritt mit Getränkegutschein ab 16 €). Im Aug. Betriebsferien. 20, rue de la Forge-Royale, 75011. Ⓜ Ledru Rollin (Linie 8).

Au Lèche-Vin (6), beliebte Szenebar mit schrillem, religiös-kitschigem Ambiente und – für Pariser Verhältnisse – erstaunlich günstigen Preisen. ⌚ Tgl. von 18.30–1.15 Uhr, So 17–24 Uhr. 13, rue Daval, 75011. Ⓜ Bastille (Linie 1, 5 und 8).

Sanz Sans (22), ein ansprechendes Szenecafé im Bastille-Viertel mit bunt gemischtem Publikum. Tagsüber trifft man sich hier auch zum Essen (auch vegetarisch), abends lockere Kneipenstimmung. Kleine Straßenterrasse. ⌚ Tgl. außer So von 9–2 Uhr, Di, Mi, Fr und Sa bis 5 Uhr! 49, rue du Faubourg-St-Antoine, 75011. Ⓜ Bastille (Linie 1, 5 und 8). www.sanzsans.com.

La Luna (5), Gay Bar mit vielen Spiegeln und schönen Jungs. Mi–So von 11–6 Uhr. 28, rue Keller, 75011. Ⓜ Bastille (Linie 1, 5 und 8).

China Club (29), ein wenig fernöstlich angehauchte Bar mit Restaurantbetrieb. Nicht gerade billig, aber dennoch recht beliebt. Tgl. ab 19 Uhr geöffnet, um 22 Uhr finden Konzerte (meist Jazz) statt. Im August Betriebsferien. 50, rue de Charenton, 75012. Ⓜ Bastille (Linie 1, 5 und 8).
www.chinaclubb.cc.

Le Balajo (13), traditionsreicher Tanzpalast, in dem bereits Arletty und die Piaf tanzten. Donnerstagnachmittag ist für ältere Herrschaften Rétro-Musette angesagt, abends trifft sich das Szenepublikum. Mi ab 21 Uhr,

„Before Sunset" im Pure Café

Bastille
Karte S. 109

Do ab 22.30 Uhr Salsa, Fr und Sa von 23 Uhr bis zum Morgengrauen Disko, So ab 21 Uhr, Do 15–19 Uhr Tanztee. Eintritt mit Getränk ab 8 € bzw. 17 € (abends), Do bis 0.30 Uhr ist der Eintritt für Frauen frei. 9, rue de Lappe, 75011. Ⓜ Bastille (Linie 1, 5 und 8). www.balajo.fr.

Chapelle des Lombards (16), eine der beliebtesten Adressen, um durch die Nacht zu tanzen. Aufgelegt werden Afro-Latino-Rhythmen. Di–So 23–7 Uhr geöffnet. Fr finden oft um 20 Uhr Konzerte statt. Eintritt ab 15 €. 19, rue de Lappe, 75011. Ⓜ Bastille (Linie 1, 5 und 8).
www.chapelledeslombards.com.

Barrio Latino (24), jeden Tag von 12 Uhr bis 2 Uhr früh trifft man sich auf drei Etagen eines ehemaligen Möbelhauses zu latino-kubanischen Klangwelten. Ab 22 Uhr legen DJs auf. Sonntagsbrunch. 46, rue du Faubourg-Saint-Antoine, 75012. Ⓜ Bastille (Linie 1, 5 und 8).

Einkaufen

Marché de la Bastille (9), jeden Donnerstag- und Sonntagvormittag wird auf dem Boulevard Richard-Lenoir zwischen der Place de la Bastille und der Rue St-Sabin eine Art Bauernmarkt abgehalten. 75011. Ⓜ Bastille/Bréguet-Sabin (Linie 1, 5 und 8).

FNAC (21), das Medienkaufhaus unterhält direkt neben der Bastille-Oper eine Filiale, allerdings beschränkt sich das Angebot auf CDs. Place de la Bastille, 75011. Ⓜ Bastille (Linie 1, 5 und 8).

Marché d'Aligre (28), die Markthalle an der Place d'Aligre fasziniert durch ihr authentisches Flair. Eine multikulturelle Käuferschar schiebt sich von Dienstag bis Sonntag durch die Gänge zwischen den Gemüse-, Fleisch- und Fischständen; in der anschließenden Marktstraße (Rue d'Aligre) geht es recht orientalisch zu. Ein Bummel ist besonders am Wochenende zu empfehlen, denn dann lässt sich auf dem Flohmarkt so manches Schnäppchen ergattern. 75012. Ⓜ Ledru Rollin (Linie 8).

Viaduc des Arts (30), unter den Bögen eines Eisenbahnviadukts haben sich zahlreiche Designer, Kunsthandwerker und innovative Einrichtungshäuser niedergelassen. Avenue Daumesnil, 75012. Ⓜ Gare de Lyon (Linie 1 und 14).

Black Label (8), selbst Profi-DJs kommen in den kleinen Plattenladen, um sich die neuesten Vinyl-Scheiben anzuhören und auf ihre Tanztauglichkeit zu prüfen. Mo–Sa 14–20 Uhr. 25, rue Keller, 75011. Ⓜ Bastille (Linie 1, 5 und 8).

Naturalia (7), die beliebte Naturkostkette unterhält auch im Bastille-Viertel eine große Filiale. Wer will, kann sich mit Ökobrot oder Ökoobst eindecken. 33, rue de la Roquette, 75011. Ⓜ Bastille (Linie 1, 5 und 8).

Wie eine Brücke in der Seine – das Finanzministerium

Bercy

Ein Abstecher ins südöstlich der Gare de Lyon gelegene Bercy lohnt sich in erster Linie für Liebhaber moderner Architektur. Das **Ministère des Finances** sowie der **Parc de Bercy** mit dem angrenzenden **Palais Omnisports** und dem **American Center** stehen für die ambitionierte Pariser Stadtplanung der letzten beiden Jahrzehnte. Bercy lag einst vor den Toren der Stadt; eine Lage, die die Weinhändler zu schätzen wussten, konnten sie doch hier ihren Rebensaft unter Umgehung des städtischen Zolls verkaufen und ausschenken. In den achtziger Jahren wurde das traditionelle Viertel der Pariser Weinhändler abgerissen und ein Park angelegt. Die Struktur hat sich vollkommen verändert, Eventcenter wie der **Club Med World** zogen nach Bercy.

Sehenswertes

Ministère des Finances: Das 1988 von den Architekten Borja Huidobro und Paul Chemetoff errichtete Finanzministerium ist ein postmoderner Bau, der von seinen Kritikern gelegentlich als „Lego-Architektur" verspottet wird. Der Komplex will Tor und Brücke zugleich sein: Mit zwei Beinen reicht das Ministerium in die Seine und überspannt die Uferstraßen als imposanter Torbogen. Ironischerweise steht der Bau just an jener Stelle, an der sich im 18. Jahrhundert die Mauer der zur Steuereintreibung ermächtigten Generalpächter befunden hatte.

Adresse: 8, boulevard de Bercy, 75012. Ⓜ Bercy (Linie 14).

Parc de Bercy: Der 13,3 Hektar große Landschaftsgarten ist eine der jüngsten Grünanlagen von Paris. Die Architekten integrierten noch vorhandene Gleisanlagen und Weindepots. Der süd-östliche Teil des Parks mit seinem Romantischen Garten und dem künstlichem Teich wird bei Sonnenuntergang geschlossen. Architektonisch interessant ist das sich am östlichen Rand des Parks erstreckende 700 Meter lange „Quartier de Bercy“ von Jean Pierre Buffi, der die Wohneinheiten in separate Blocks teilte und sie mit Hilfe von Terrassen und Balkonen verband. Die einfallsreich gestaltete Gartenanlage erstreckt sich parallel zur Seine.

Adresse: Rue de Bercy, 75012. Ⓜ Bercy (Linie 14).

Palais Omnisports: Der Palais Omnisports, der von einem gewagten Glasdach gekrönt ist und 17.000 Zuschauer Platz bietet, wird hauptsächlich für Popkonzerte sowie diverse Sportveranstaltungen genutzt. Bei Bedarf kann die Multifunktionshalle sogar in ein Eisstadion verwandelt werden. Markant sind die grasbewachsenen Außenseiten der Tribünen, die künstlich bewässert und mit einem Spezialrasenmäher gepflegt werden müssen.

Adresse: 2, boulevard de Bercy, 75012. Ⓜ Bercy (Linie 14).

American Center: Das von dem kalifornischen Architekten Frank Gehry in postmoderner Manier entworfene American Center gehört sicherlich nicht zu den gelungensten Beispielen postmoderner Architektur. Es wirkt ein wenig so, als hätte ein kleines Erdbeben die verschiedensten Baukörper wahllos durcheinander gewirbelt. Unlängst wurde das American Center für 60 Millionen Euro umgebaut und beherbergt seit 2006 das Musée du Cinéma.

Adresse: 51, rue de Bercy, 75012. Ⓜ Bercy (Linie 14). ⌚ Mo–Fr 12–19 Uhr, am Do bis 22 Uhr, Sa und So 10–20 Uhr. Eintritt: 6 €. www.cinematheque.fr.

Club Med World: Der Club Méditerranée ist das Flaggschiff der französischen Tourismusindustrie. Was liegt da näher, als den Parisern die Möglichkeit zu geben, für einen Tag die berühmte Clubatmosphäre zu schnuppern. Restaurants, Boutiquen und eine Reisebibliothek mit tollen Bildbänden durften in dem Eventcenter nicht fehlen.

Adresse: Emilion (Linie 14). ⌚ Tgl. außer Di 12–24 Uhr. www.clubmedworld.fr.

Bercy

Postmoderne Spielerei – American Center

Bois de Vincennes

Zusammen mit dem Bois de Boulogne ist der Bois de Vincennes das beliebteste Naherholungsgebiet der Pariser Bevölkerung. Der aus einem königlichen Jagdrevier hervorgegangene Park mit seinen Wiesen und Wäldern bietet auf einer Fläche von 995 Hektar reichlich Gelegenheit zum Spazierengehen, Radfahren und Joggen. Auf dem Lac Daumesnil sowie auf dem Lac de Minimes kann man kleine Bootstouren unternehmen. Bei Kindern beliebt sind der **Parc Zoologique** und die Ferme de Georges Ville, ein „echter" bewirtschafteter Bauernhof mit allem, was dazugehört. Reizvoll ist auch der Parc Floral, ein 31 Hektar großer Botanischer Garten mit integriertem Skulpturenpark. Im Hippodrome finden Pferderennen statt und das **Château de Vincennes** kündet vom Glanz des Mittelalters. Empfehlenswert ist auch ein Besuch des nahen **Palais de la Porte Dorée**.

Sehenswertes

Parc Zoologique: Der anlässlich der Kolonialausstellung von 1931 angelegte Zoo gilt – trotz seiner geringen Größe von 15 Hektar – als der schönste von Frankreich. Sein Wahrzeichen ist ein 72 Meter hoher, künstlicher Steinbockfelsen. Neben Giraffen, Elefanten, Eisbären und Nilpferden tummeln sich auch Tiger und Löwen in den Gehegen.

Adresse: 53, avenue de Saint-Maurice, 75012. Ⓜ St-Mandé de Tourelle, Porte Dorée (Linie 8 oder 1). ⌚ 9–17 Uhr. Eintritt: 8 €, erm. 5 €.

Château de Vincennes: Das von mächtigen Gräben und Wallanlagen umgebene Château de Vincennes ist eine der wenigen Möglichkeiten, mittelalterliche Baukunst in der französischen Hauptstadt zu bewundern. Wer aus der Métro emporsteigt, glaubt sich unverhofft ein paar Jahrhunderte zurückversetzt. Das ehemalige Jagdschloss der französischen Könige wird von einem mächtigen, 52 Meter hohen Donjon beherrscht, der wiederholt als Staatsgefängnis diente. Zu den prominentesten Häftlingen gehörten die Aufklärer Mirabeau und Diderot sowie der für seine Ausschweifungen berüchtigte Marquis de Sade. Während die dem Donjon gegenüberliegende Königskapelle (Sainte-Chapelle) deutlich vom spätgotischen Flamboyant-Stil geprägt ist, atmet der vom Pavillon de Roi und vom Pavillon de la Reine eingefasste Ehrenhof den Geist des Klassizismus. Die Burganlage ist übrigens frei zugänglich, die Kapelle ist nur im Rahmen einer Führung zu besichtigen; der Donjon bleibt wegen anstehender Renovierungsarbeiten noch für mehrere Jahre geschlossen.

Adresse: 53, avenue de Saint-Maurice, 75012. Ⓜ Château de Vincennes (Linie 1). Führungen (45 Min.) tgl. 10–12 und 13.15–18 Uhr, im Winter bis 17 Uhr. Eintritt: 6,10 €, erm. 4,60 €.

Palais de la Porte Dorée – Aquarium tropical: Das am westlichen Rand des Bois de Vincennes gelegene tropische Aquarium wurde 1931 anlässlich einer Kolonialausstellung eröffnet. In den rund 100 Aquarien tummeln sich Piranhas, Muränen, Kugelfische, Zitterrochen und diverse Haiarten, zudem gibt es ein Krokodilterrarium.

Adresse: 293, avenue Daumesnil, 75012. Ⓜ Porte Dorée (Linie 8). ⌚ Tgl. außer Di 10–17.20 Uhr. Eintritt: 4 €, erm. 2,60 €.

Shakespeare & Company – der Klassiker unter den Antiquariaten

Quartier Latin

Das linke Ufer der Seine ist das traditionelle Viertel der Dichter und Denker. Auf den Grundmauern des antiken Lutetia wurde im Mittelalter die erste französische Universität gegründet. Für exotisches Flair sorgen die Mosquée de Paris, das Institut du Monde Arabe und die Chinatown im nahen 13. Arrondissement.

Die einstige Gelehrtensprache des Mittelalters gab dem Quartier Latin seinen Namen. Eine Tradition, die bis heute lebendig geblieben ist: Wer in Frankreich die höchsten akademischen Weihen erhalten will, muss das Quartier Latin nicht einmal verlassen. Die berühmtesten Lehranstalten des Landes sind nur einen Steinwurf weit voneinander entfernt: angefangen von den Elitegymnasien Lycée Henri IV und Lycée Louis le Grand über die Ecole Normale Supérieure in der Rue d'Ulm bis hin zur altehrwürdigen Sorbonne und dem Collège de France, in dem Michel Foucault und Claude Lévi-Strauss lehrten. Ihre letzte Ruhestätte finden die großen Denker im Panthéon, dem hehren Ruhmestempel der Grande Nation, wo neben vielen anderen auch Voltaire, Rousseau und Zola begraben liegen. Im legendären Mai '68 war die Sorbonne das Zentrum der studentischen Unruhen, Barrikaden brannten und Pflastersteine flogen durch die Luft. Durch verschiedene Reformen wurde die Pariser Universität auf insgesamt dreizehn Standorte verteilt, wodurch zweifellos auch das Quartier Latin etwas von seiner einstigen Atmosphäre verloren hat.

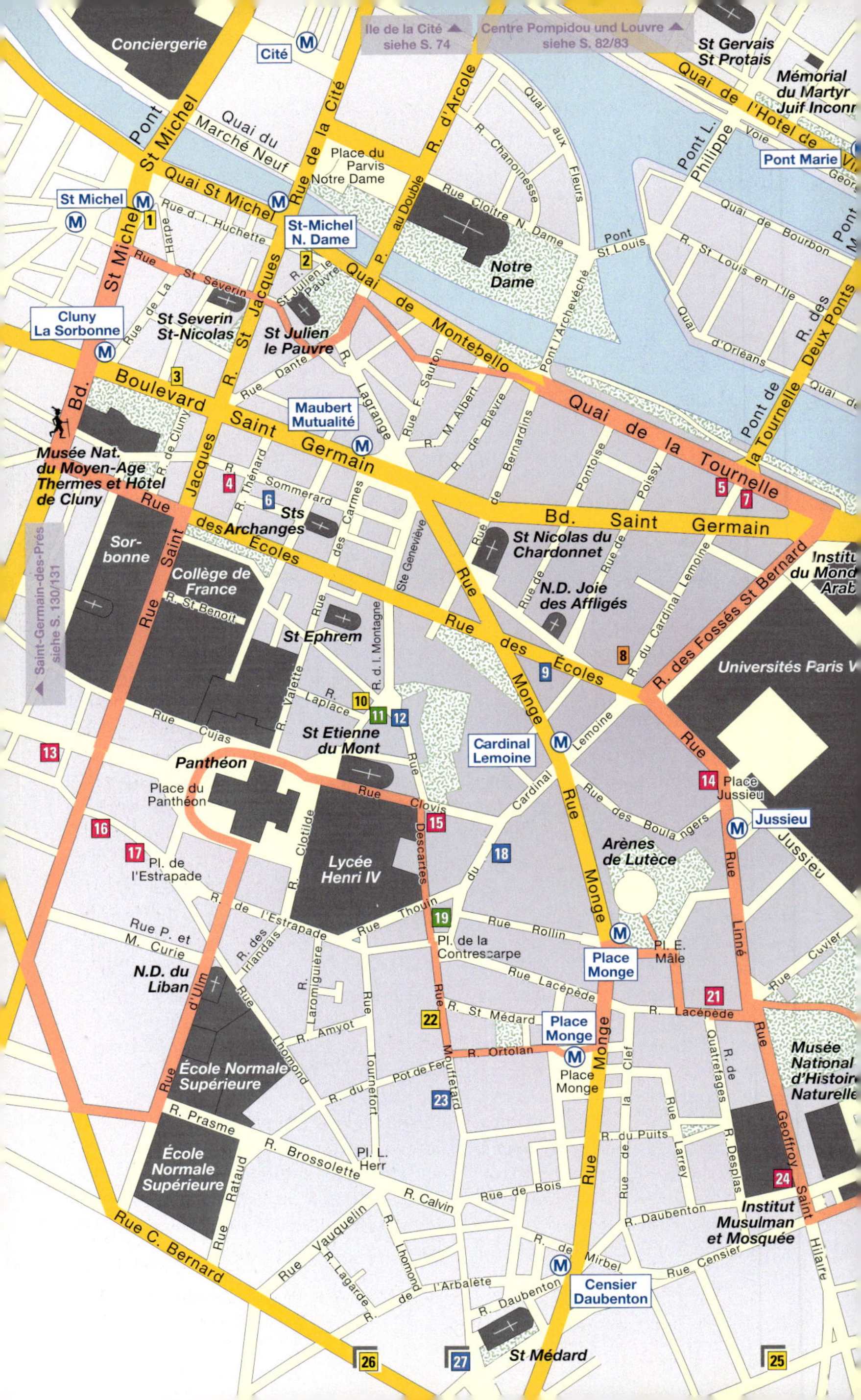
Ile de la Cité siehe S. 74
Centre Pompidou und Louvre siehe S. 82/83
Saint-Germain-des-Prés siehe S. 130/131
Conciergerie
Cité
St Gervais St Protais
Mémorial du Martyr Juif Inconn
Quai de l'Hôtel de Vi
Pont Marie
Pont St Michel
Quai du Marché Neuf
Rue de la Cité
R. d'Arcole
Place du Parvis Notre Dame
Quai aux Fleurs
R. Chanoinesse
Rue Cloitre N. Dame
Notre Dame
Pont St Louis
Pont L. Philippe
Quai de Bourbon
R. St Louis en l'Ile
Quai d'Orléans
R. des Deux Ponts
Pont de la Tournelle
Quai de la Tournelle
St Michel
Quai St Michel
Rue d. l. Huchette
Harpe
St-Michel N. Dame
P. au Double
Quai de Montebello
Bd. St Michel
Rue St Séverin
St Severin St-Nicolas
St Julien le Pauvre
R. St Julien le Pauvre
R. St Jacques
Cluny La Sorbonne
Rue de la Harpe
Boulevard Saint Germain
Rue Dante
R. Lagrange
Rue F. Sauton
R. M. Albert
R. de Bièvre
R. de Bernardins
Pont l'Archevêché
Maubert Mutualité
Musée Nat. du Moyen-Age Thermes et Hôtel de Cluny
R. de Cluny
Rue St Jacques
R. Thénard
Rue Sommerard
Sts Archanges
Rue des Carmes
Ste Geneviève
Rue de Pontoise
Rue de Poissy
Bd. Saint Germain
St Nicolas du Chardonnet
Rue des Écoles
Sorbonne
Collège de France
R. St Benoit
Rue Saint Jacques
N.D. Joie des Affligés
R. du Cardinal Lemoine
R. des Fossés St Bernard
Institu du Mond Arab
Universités Paris V
St Ephrem
R. d. l. Montagne
Rue Monge
R. Valette
R. Laplace
Rue Cujas
St Etienne du Mont
Cardinal Lemoine
Panthéon
Place du Panthéon
Rue Clovis
Place Jussieu
Jussieu
Rue Jussieu
Rue des Boulangers
Rue Descartes
Lycée Henri IV
R. Clotilde
Pl. de l'Estrapade
R. de l'Estrapade
Rue Thouin
Rue Rollin
Arènes de Lutèce
Rue Linné
Rue P. et M. Curie
R. des Irlandais
Pl. de la Contrescarpe
Rue Lacépède
Place Monge
Pl. E. Mâle
Rue Cuvier
N.D. du Liban
Rue d'Ulm
R. Laromiguière
Rue Lhomond
R. Amyot
Rue Tournefort
Rue Mouffetard
R. St Médard
R. Ortolan
Rue de la Clef
R. de Quatrefages
Musée National d'Histoire Naturelle
École Normale Supérieure
R. du Pot de Fer
R. Prasme
Rue Rataud
R. Brossolette
Pl. L. Herr
R. Calvin
Rue de Bois
R. du Puits
Rue Larrey
R. Desplas
Rue Geoffroy Saint Hilaire
Institut Musulman et Mosquée
R. Daubenton
R. de Mirbel
Rue Censier
Censier Daubenton
Rue Vauquelin
R. Lagarde
R. Lhomond
R. de l'Arbalète
St Médard
Rue C. Bernard
1 2 3 4 5 6 7 8 9 10 11 12 13 14 15 16 17 18 19 21 22 23 24 25 26 27

Spaziergang

Der Boulevard Saint-Michel, der das Quartier Latin von Saint-Germain-des-Prés trennt, führt vom gleichnamigen Brunnen hinauf zum **Musée National du Moyen Age et des Thermes de Cluny**. Wem der *Boul' Mich'* mit seinen billigen Boutiquen und Schnellrestaurants zu hektisch ist, kann auch durch das bei Touristen und Studenten beliebte Viertel Saint-Séverin zum Museum schlendern. In den kleinen Gassen rund um die Pfarrkirche Saint-Séverin haben sich zahllose griechische und asiatische Lokale niedergelassen. Anspruchsvolle kulinarische Kost darf man jedoch nicht erwarten, eher muss man sich vor Kommerz und Nepp in Acht nehmen. Nur einen Steinwurf weit vom Hôtel de Cluny entfernt, befinden sich mit der **Sorbonne** und dem benachbarten **Collège de France** zwei der bekanntesten Pariser „Lehranstalten". Nicht nur Biologen empfiehlt sich ein Besuch des **Centre de la Mer et des Eaux**. Wer noch weiter auf den Spuren der französischen Geistesgeschichte wandeln will, kann einen Abstecher in die Rue d'Ulm unternehmen. Im Haus Nr. 45 „residiert" die *Ecole Normale Supérieure*, eine der renommiertesten Lehranstalten, die unter anderem von Jean-Paul Sartre und Georges Pompidou besucht wurde. Kaum zu übersehen ist das Panthéon, dessen Architektur sowohl von antiken, als auch von gotischen Bautraditionen geprägt ist. Hier ruhen die großen Denker der Grande Nation. Danach geht es zwischen dem Lycée Henri IV und der Saint-Etienne-du-Mont, einer prachtvollen Kirche mit Stilelementen der Renaissance und Gotik, hindurch, bis rechter Hand die Rue Descartes abzweigt; im Haus Nr. 37 starb 1896 Paul Verlaine und der junge, damals noch unbekannte Ernest Hemingway wohnte

Quartier Latin
Karte S. 118/119

von 1921 bis 1925 hier. An dem von Cafés gesäumten abendlichen Szenetreffpunkt Place de la Contrescarpe beginnt die *Rue Mouffetard*, eine farbenprächtige Marktstraße, in der sich zahlreiche griechische Restaurants angesiedelt haben. Nach dem Marktbummel führt der Weg über die Rue Ortolan und die Rue Monge zu den inmitten eines Parks gelegenen Resten des römischen Amphitheaters (**Arènes de Lutèce**). In unmittelbarer Nähe liegt die **Mosquée de Paris**, das Zentrum der Pariser Muslimengemeinde. Ruhe und Entspannung findet man im **Jardin des Plantes**, während das angrenzende **Musée National d'Histoire Naturelle** mit einem beeindruckenden multimedialen Zugang zum Thema Evolutionsgeschichte aufwartet. Hinter der in der Universität Jussieu untergebrachten naturwissenschaftlichen Fakultät liegt das **Institut du Monde Arabe**, das durch seine orientalisch-futuristische Architektur begeistert. Zwischen dem Quai Saint-Bernand und der Seine kann man im *Musée de Sculpture en plein air* zeitgenössische Skulpturen bewundern oder ein Sonnenbad am Ufer der Seine nehmen. Zuletzt sollte ein Besuch der berühmten Buchhandlung *Shakespeare and Company* nicht versäumt werden. Die Gegend rund um die aus dem 12. Jahrhundert stammende Kirche Saint-Julien-le-Pauvre (heute griechisch-orthodox) blieb glücklicherweise von den städtebaulichen Maßnahmen des Baron Haussmann verschont, so dass viele Gassen ihr altertümliches Aussehen bis in die Gegenwart bewahren konnten. Von den zahlreichen, auf Massenabfertigung ausgerichteten griechischen Restaurants des Viertels ist aber abzuraten.Wenn noch Zeit bleibt, bieten sich vom Quartier Latin aus Erkundungen durch die nahe Pariser **Chinatown**, eine Besichtigung der **Bibliothèque Nationale de France** oder ein Spaziergang durch das geplante Quartier **Masséna** an.

Wo Hemingway Bücher borgte

Die ursprünglich in Saint-Germain-des-Prés (12, rue de l'Odéon) gelegene Buchhandlung *Shakespeare and Company* war das Zentrum des literarischen Lebens im Paris der zwanziger und dreißiger Jahre. Sylvia Beachs legendäre Buchhandlung war eine Institution, in deren angeschlossener Leihbücherei sich der damals genauso unbekannte wie mittellose Ernest Hemingway Bücher borgte und 1922 „Ulysses" von James Joyce verlegte wurde. Zu den Kunden von *Shakespeare and Company* gehörten unter anderem André Gide, T.S. Eliot, Samuel Beckett, Anäis Nin, Henry Miller, Erza Pound und Scott Fitzgerald. Als die Deutschen 1941 Paris besetzten, musste Sylvia Beach ihre amerikanische Buchhandlung schließen; sie selbst wurde für sechs Monate in ein Internierungslager gesteckt.

Heute befindet sich die Buchhandlung *Shakespeare and Company* (37, rue de la Bûcherie) im Quartier Latin; sie wurde nach dem Krieg von George Whitman, dem Enkel des Dichters Walt Whitman, wieder gegründet, der Teile der privaten Bibliothek nach dem Tod von Sylvia Beach (1962) übernommen hatte. Die Buchhandlung ist eine phantastische Bücherhöhle, in der man stundenlang stöbern und schmökern kann. Darüber hinaus dient die Buchhandlung als Kommunikationszentrum für literarisch interessierte Studenten, vorzugsweise aus dem angelsächsischen Sprachraum. Gegen Mithilfe besteht sogar die Möglichkeit, kostenlos in der Buchhandlung zu wohnen. Am Schwarzen Brett werden Zimmer, Flugtickets und Jobs angeboten.

METROPOLITAIN
PALAIS-ROYAL
MUSÉE DU LOUVRE
354, rue Saint-Honoré
M° Tuileries
11, rue Tronchet
M° Madeleine
DESTRAY
OPTICIENS
24 et 26, av. Champs-Elysées
M° Franklin-Roosevelt
96, av. Victor-Hugo
M° Victor-Hugo

Sehenswertes

Musée National du Moyen Age et des Thermes de Cluny: Das Nationalmuseum für das Mittelalter befindet sich in den Räumen des Hôtel de Cluny, dem ältesten privaten Wohnhaus von Paris. Gezeigt wird ein breites Sammelsurium mittelalterlicher Kunst. Neben romanischen und gotischen Skulpturen, darunter auch die fälschlicherweise während der Revolution an der Westfassade von Notre Dame abgeschlagenen „Königsköpfe", finden sich auch Fayencen, Goldschmiedearbeiten und Glasmalereien sowie kostbare Wandteppiche. Um die berühmte Tapisserie *Dame à la Licorne* (Dame mit dem Einhorn) entsprechend präsentieren zu können, wurde im ersten Stock extra ein Rundsaal konzipiert.

Im Garten und Untergeschoss des Museums sind noch die Überreste der antiken Thermen zu bewundern. Zu der ausgedehnten Anlage gehörten ein *Caldarium* (Warmwasserbad), *Frigidarium* (Kaltwasserbad), *Tepidarium* (lauwarmes Bad), zwei Gymnastikhallen und ein Schwimmbecken. Das 15 Meter hohe *Frigidarium* ist übrigens der einzige römische Bau Frankreichs, der noch eine intakte Gewölbedecke besitzt.

Adresse: 6, place Paul Painlevé, 75005. Ⓜ Cluny, Odéon, Saint-Michel (Linie 4 oder 10). ⌚ Tgl. außer Di 9.15–17.45 Uhr. Eintritt: 6,50 €, erm. 4,50 €. www.musee-moyenage.fr.

Sorbonne: Der Name der ältesten und renommiertesten Pariser Universität erinnert an den Hofkaplan Robert de Sorbon, der 1257 ein Kolleg für mittellose Theologiestudenten gegründet hat. Innerhalb kürzester Zeit wurde die Sorbonne zur angesehensten Universität des Abendlandes, an der Albertus Magnus, Thomas von Aquin und Bonaventura lehrten. Die heutige Sorbonne – das Universitätsgebäude entstand gegen Ende des 19. Jahrhunderts – hat zwar noch einen ausgezeichneten Ruf, aber keine theologische Fakultät mehr. Nicht angehende Theologen, sondern angehende Sprach- und Literaturwissenschaftler erwerben sich hier die akademischen Weihen. Im Inneren steht die Kapelle Sainte-Ursule-de-la-Sorbonne, in der Kardinal Richelieu seine letzte Ruhestätte fand.

Adresse: 17, rue de Sorbonne, 75005. Ⓜ Saint-Michel (Linie 4).

Collège de France: Das von König Franz I. 1530 gegründete Collège de France ist Frankreichs ungewöhnlichste „Bildungseinrichtung". Die Vorlesungen sind für jedermann frei zugänglich, es finden keine Prüfungen statt und es können keine Diplome erworben werden. Die Professoren sind nur verpflichtet, jährlich einen Vorlesungszyklus zu einem neuen Thema zu halten. Ansonsten können sie sich, befreit von „lästigen" Prüfungen und Seminaren, in vollkommener akademischer Freiheit ihrem Forschungsgegenstand widmen. Zu den bekanntesten Geisteswissenschaftlern, die am Collège de France lehrten, gehören der Historiker Jules Michelet, der Psychoanalytiker Jacques Lacan, der Strukturalist Roland Barthes, der Ethnologe Claude Lévi-Strauss, der Philosoph Michel Foucault sowie die Historiker Lucien Febvre und Fernand Braudel. Dabei gibt es am Collège de France keine fest umrissenen Lehrstühle, sondern spezielle Disziplinen, die auf die von den Mitgliedern berufenen Kandidaten zugeschnitten wurden. Michel Foucault beispielsweise lehrte nicht Philosophie, sondern die „Geschichte der Denksysteme".

Adresse: Rue des Ecoles, 75005. Ⓜ Saint-Michel (Linie 4).

Centre de la Mer et des Eaux: Das im Institut Océanographique untergebrachte Museum lädt zu einer Entdeckungsreise in die Tiefe des Ozeans ein. Die Bedeutung und die Funktion der Meere für das Leben auf der Erde werden mittels rekonstruierter Unterwasserlandschaften und Aquarien interaktiv erklärt.

Adresse: 195, rue Saint-Jacques, 75005. RER: Luxembourg. ⌚ Tgl. außer Mo 10–12.30 Uhr und 13.30–17.30 Uhr, Sa und So 10–17.30 Uhr. Eintritt: 4,60 €, erm. 3 €. www.oceano.org.

Panthéon: Der Ruhmestempel der *Grande Nation* war von Ludwig XV. eigentlich als Gotteshaus zu Ehren der heiligen Genoveva in Auftrag gegeben worden. Der Architekt Soufflot entwarf einen von vier Schiffen eingerahmten Zentralbau in Form eines griechischen Kreuzes. Aus Geldmangel zogen sich die Arbeiten aber Jahrzehnte lang hin, und als die Kirche mit ihrer markanten, 83 Meter hohen Kuppel im Jahr 1791 schließlich fertig wurde, herrschten die Revolutionäre über Paris. Statt eines schnöden Gotteshauses sehnten sie sich nach einem nationalen Ruhmestempel: „Den großen Männern des dankbaren Vaterlandes", verkündet eine Inschrift über dem Säulenportikus. An weibliche Helden hatte man nicht gedacht, das wäre wohl zu „revolutionär" gewesen. Selbst als Marie Curie mit großer Verspätung als zweite (!!!) Frau in den Panthéon einzog, musste sie die Gruft mit ihrem Mann teilen. Im dämmrig weihevollen Licht der Krypta, die sich unter der gesamten Fläche des Bauwerks erstreckt, liegen Rousseau, Voltaire, Victor Hugo, Zola und weitere 66 „große Männer". Zuletzt kam Alexandre Dumas hinzu. Unter der Kuppel trat 1851 das Foucault'sche Pendel den eindrucksvollen Beweis an, dass sich die Erde dreht. Jean-Bernand-Léon Foucault konstruierte ein Pendel, bestehend aus einem 67 Meter langen Drahtseil und einer 38 Kilogramm schweren Messingkugel, das sich keineswegs gleichmäßig um die eigene Achse dreht, sondern in Folge der Erdrotation auf der Nordhalbkugel nach rechts abgelenkt wird. Lohnenswert ist es auch, die 261 Stufen zur Aussichtsplattform emporzusteigen; ein toller Panoramablick entschädigt für die kurze Anstrengung!

Adresse: Place du Panthéon, 75005. Ⓜ Cardinal-Lemoine (Linie 10). ⌚ 10–18.30 Uhr (Sommer) und 10–18 Uhr (Winter). Eintritt: 7 €, erm. 5 €.

Und sie dreht sich doch – das Foucault'sche Pendel

Arènes de Lutèce: Das Profil eines abschüssigen Hanges geschickt nutzend, errichteten die Römer im 2. Jahrhundert ein Amphitheater für rund 15.000 Zuschauer. Im Mittelalter war das Amphitheater vollkommen überbaut; erst 1869 wurde es wiederentdeckt und freigelegt. Statt Gladiatorenspielen und Tierhatzen dient das 52 Meter lange und 46 Meter breite Oval heute zum Ausspannen – eine beschauliche Oase inmitten des Quartier Latin.

Adresse: 47, rue Monge, 75005. Ⓜ Cardinal-Lemoine (Linie 10). ⌚ Tgl. 8–17.30 Uhr (Winter) sowie 8–22 Uhr (Sommer).

Ein Besuch des Teesalons lohnt sich

La Mosquée de Paris: Mit dem Bau der Moschee würdigte Frankreich den aufopferungsvollen Einsatz der Nordafrikaner im Ersten Weltkrieg. Von 1922 bis 1925 im maurischen Stil errichtet, weht über der Moschee mit ihrem der Alhambra nachempfundenen Innenhof und dem 33 Meter hohen Minarett ein Hauch von Morgenland. Heute finanziert die algerische Regierung rund 80 Prozent der laufenden Kosten. Ein Besuch des Teesalons oder des nahen türkischen Dampfbades (*Hammam*) bietet sich an.
Adresse: 2, place du Puits-de-l'Ermite, 75005. Ⓜ Place Monge (Linie 7). ⌚ Tgl. außer Fr 9–12 Uhr und 14–18 Uhr. Eintritt: 3 €, erm. 2 €. www.mosquee-de-paris.com. Hammam: 39, rue Geoffroy-Saint-Hilaire. ⌚ Für Frauen Mo, Mi, Do und Sa 10–21 Uhr, Fr 14–21 Uhr, Männer Di 14–21 Uhr, So 10–21 Uhr. Eintritt: 15 €.

Jardin des Plantes: Der 24 Hektar große Jardin des Plantes kann auf eine bewegte Geschichte zurückblicken. Als „königlicher Garten für Heilpflanzen" gegründet, entstand hier 1795 der erste Pariser Zoo, in dem die Bevölkerung Elefanten und Giraffen bewundern konnte. Die Hungersnot während der deutschen Belagerung von Paris ließ im Winter 1870/71 allerdings zahlreiche exotische Tiere in den Kochtopf wandern. Selbst die beiden Lieblinge der Pariser, die Elefanten Castor und Pollux, mussten ihr Leben lassen. In den nostalgischen Gewächshäusern des Parks wuchern heute zahllose Farne, Orchideen und seltene Palmen. Im Park gibt es außerdem noch ein kleines Zooareal und eine Ménagerie.
Adresse: 27, rue Cuvier, 75005. Ⓜ Jussieu oder Place Monge (Linie 7 oder 10). ⌚ Tgl. 9.30–18 Uhr (Sommer), im Winter bis 17 Uhr. Eintritt in den Zoo: 6 €, erm. 3,50 €.

Die „schöne Ägypterin"

Als der durch Sklavenhandel reich gewordene türkische Statthalter von Ägypten, Mehmet Ali, mit Griechenland Krieg führte, wollte er den französischen König Karl X. milde stimmen und machte ihm ein graziles Wesen namens Zarafa zum Geschenk. Nachdem die langbeinige Schöne in Marseille 1827 erstmals französischen Boden betreten hatte, wurde sie in einem wahren Triumphzug nach Paris gebracht. Zehntausende säumten ihren Weg, um einen Blick zu erhaschen, denn Zarafa war nicht etwa eine reizvolle Haremsdame, sondern die erste Giraffe, die nach Frankreich kam.

Die überschwängliche Begeisterung der Bevölkerung lässt sich damit erklären, dass bereits Napoléons Ägypten-Expedition in Frankreich eine Welle der Ägyptomanie ausgelöst hat, die sich 1822 durch die Hieroglyphen-Entzifferung durch Jean-François Champollions noch steigerte. Selbst Schriftsteller wie Balzac, Flaubert und Stendhal verehrten die Giraffe, die zeitlebens die Hauptattraktion des Jardin des Plantes war. Nur als diplomatischer Geniestreich verfehlte Zarafa ihre Wirkung: Frankreich vernichtete Mehmet Alis Flotte.

Musée National d'Histoire Naturelle: Das 1889 bei seiner Eröffnung als „Louvre der Naturwissenschaften" gerühmte Museum wurde 1994 vollkommen renoviert und neu konzeptioniert. Das war auch notwendig, denn bis dahin wurden unter der gusseisernen Skelettkonstruktion ausgestopfte Tiere in antiquierter Manier gezeigt. Seit der Renovierung steht das Thema Evolution im Mittelpunkt, wobei mit Hilfe audiovisueller Medien ein lebendiges Szenario entfaltet wird. Gelegentlich fühlt man sich noch immer in ein Kuriositätenkabinett der Frühen Neuzeit versetzt, doch wird der reiche Fundus des Museums dank neuer Zwischengeschosse und Brücken heute in wesentlich ansprechenderer Form präsentiert. In der großen Ausstellungshalle strebt eine zusammengewürfelte Tierherde einer imaginären Arche entgegen.

Adresse: 36, rue Geoffroy Saint-Hilaire, 75005. Ⓜ Place Monge (Linie 7). ⌚ Tgl. außer Di 10–18 Uhr. Eintritt: 7 €, erm. 5 €. www.mnhn.fr.

Auf dem Weg in die Arche

Orientalische Formensprache

Institut du Monde Arabe: Jean Nouvel, einer der Pariser Stararchitekten, schuf 1987 das Institut du Monde Arabe als „Gebäude des Dialogs". Glas und Stahl sind die vorherrschenden Materialien, die klar strukturierte Fassade spielt mit den orientalischen Bautraditionen. Der Clou sind die 35.000 Metall-Ornamente an der Südfassade; sie sorgen für ein morgenländisches Flair und schützen die Innenräume vor der Sonne, da sie sich je nach Lichtintensität öffnen und schließen. Dem Institut, zu dem ein Museum, ein Filmarchiv und eine Bibliothek gehören, ist eine Vermittlerrolle zwischen Frankreich und der arabischen Welt zugedacht. Das sich über mehrere Etagen erstreckende *Musée du Monde Arabe* gibt einen Einblick in die arabisch-islamische Kunst und Kultur von den Anfängen bis zur Gegenwart. Nicht versäumen sollte man die phantastische Aussicht von der Dachterrasse (frei zugänglich), wo sich auch das libanesischen Restaurant Le Ziryab befindet.

Adresse: 1, rue des Fossés – St.-Bernard, 75005. Ⓜ Jussieu, Cardinal Lemoine (Linie 7 oder 10). ⌚ Museum: Tgl. außer Mo 10–18 Uhr. Eintritt: 4 €, erm. 3 €. www.imarabe.org.

Chinatown: Das Viertel zwischen Porte d'Italie, Porte d'Ivry und Place d'Italie ist das „goldene Dreieck" von Paris. Ursprünglich war das von Hochhäusern geprägte Wohnviertel des 13. Arrondissements für die junge städtische Mittelschicht konzipiert, doch diese ver-

Quartier Latin Karte S. 118/119

Hinter der Straßenschlucht lockt das Panthéon

schmähte den Hochhauspark „Les Olympiades". In den leer stehenden Wohnungen fanden dann Mitte der siebziger Jahre zahlreiche Vietnamesen, Laoten und Kambodschaner Zuflucht, die durch die Kriegswirren aus den einstigen französischen Kolonien Indochinas vertrieben worden waren. Einwanderer aus Thailand, Hongkong und China folgten nach und verwandelten „Les Olympiades" innerhalb kürzester Zeit in ein schrilles, buntes Chinatown mit buddhistischen Girlanden und asiatischen Werbetafeln. In einer unterirdischen Ladenpassage (*Galeries marchandes des Olympiades*) verlocken einige auf die traditionelle Küche Vietnams spezialisierte Restaurants zur Einkehr. Die größte Dichte an asiatischen Restaurants und Einkaufszentren findet sich an der Ecke der Avenue de Choisy und der Avenue d'Ivry. Ein anderes, beschauliches Paris findet sich rund um die Butte-aux-Cailles, nur wenige hundert Meter westlich der Place d'Italie.

Bibliothèque Nationale de France François Mitterrand: Die von dem Architekten Dominique Perrault auf einem lang gezogenen Pyramidenstumpf errichtete Nationalbibliothek ist der neue Glanzpunkt des 13. Arrondissements. In Form von vier aufgeschlagenen Büchern rahmen vier 78 Meter hohe, gläserne Türme einen tiefer gelegenen Innenhof ein, der mit einem kleinen Kiefernwäldchen bepflanzt ist, aber nicht betreten werden darf. Eine originelle Idee, denn, obwohl von gläsernen Fensterfronten eingeschlossen, wirkt das Terrain wie aus einer anderen, imaginären Welt. Es handelt sich gewissermaßen um eine spielerische Weiterentwicklung des mittelalterlichen Kreuzgangs. Rund um den Innenhof verläuft eine riesige Esplanade aus wetterfestem Teakholz. Die Entscheidung für das Holz aus den tropischen Regenwäldern löste sogar im nicht gerade umweltbewussten Frankreich Proteste aus – aber was kümmerte dies schon die Verantwortlichen, bauten sie doch zum Ruhme der Grande Nation. Bei aller gläsernen Transparenz vergaß der Architekt beinahe, dass Sonnenstrahlen der Bücher Tod sind, und musste das Glas von innen mit Holzjalousien abdecken. Von den Kosten für die Klimatisierung ganz zu schweigen. Von der Sonne geschützt sind hingegen die Mitarbeiter: Unverständlicherweise müssen nämlich zahlreiche Büros ohne Tageslicht auskommen. Vielleicht hätte man auch einen Bibliothekar in die Wettbewerbsjury aufnehmen sollen ...

Weit über 1,25 Milliarden Euro wurden insgesamt investiert, um den elf Millionen Büchern, die sich auf 400 Regalkilometern aneinander reihen, eine neue Heimat zu geben. Für die Wissenschaftler stehen 2000 Leseplätze zur Verfügung, weitere 1700 warten auf interessierte Leser, die unter 380.000 frei zugänglichen Büchern auswählen können. Für den reibungslosen Ablauf tragen 2850 Mitarbeiter Sorge. Zwei Rolltreppen führen zu den beiden Eingängen des Allerheiligsten hinunter. Wer will, kann durch die mit karminroten Teppichen ausgelegten Gänge der Bibliothek schlendern, einen Café trinken oder sich eine der Wechselausstellungen ansehen. Ein jährliches Budget von 152 Millionen Euro sorgt dafür, dass die Nationalbibliothek auch in Zukunft ihre führende Rolle behält.

Adresse: Quai François-Mauriac, 75013. Ⓜ Bibliothèque François Mitterrand oder Quai de la Gare (Linie 14). ⌚ Mo 14–19 Uhr, Di–Sa 9–19 Uhr, So 12–18 Uhr. Eintritt: Lesesäle 3 €, Ausstellungen 5 €. www.bnf.fr.

Quartier Masséna: Südöstlich der Gare d'Austerlitz entsteht im 13. Arrondissement ein neues Stadtviertel, das Paris des 21. Jahrhunderts lässt grüßen. Auf einer Fläche von 130 Hektar, die sich über drei Kilometer links der Seine bis zum Boulevard Périphérique erstreckt, wird bis zum Jahr 2025 im großen Stil abgerissen, gebaggert und gebaut. Die Bibliothèque Nationale de France ist bereits fertig gestellt, südlich davon ist ein neues Wohnviertel geplant. Dem Stararchitekten Christian de Portzamparc, der den Wettbewerb für das neue Quartier Masséna gewonnen hat, schwebt ein Wohnviertel vor, das die faszinierende Dichte der historischen Pariser Quartiere besitzt. Mithilfe eines flexiblen Parzellenrasters und maximal achtgeschossigen Bauten soll Platz für städtische Erlebnisräume bleiben: öffentliche Freiflächen verschiedener Größe, Durchgänge, Abkürzungen sowie von der Straße uneinsehbare private Gärten. Über den zur Gare d'Austerlitz führenden Gleisanlagen wird die Avenue de France in zehn Metern Höhe als moderner Prachtboulevard errichtet. Nun, die nächsten Jahrzehnte werden zeigen, ob und inwieweit sich Portzamparcs urbane Träume in die Realität umsetzen lassen ...

Quartier Latin
Karte S. 118/119

Praktische Infos

Essen, Trinken, Nachtleben

Le Petit Journal (13), traditionsreiche Adresse im Pariser Nightlife. Tagsüber ein gewöhnliches Café, abends wird ab 21.30 Uhr anspruchsvoller Jazz gespielt. Eintritt und ein Getränkebon: 18 €. So und im Aug. geschlossen. 71, boulevard Saint-Michel, 75005, ✆ 0143262859. Ⓜ Cluny-La Sorbonne (Linie 10). www.petitjournalsaintgermain.com.

Les Vignes du Panthéon (17), das Restaurant ermöglicht eine kulinarische Reise durch die verschiedenen französischen Regionen; der Schwerpunkt liegt auf Fisch. Sehr zu empfehlen sind *persillade de lotte provençale* oder *raie aux câpres*. Hauptgerichte 15–20 €. Samstagmittag, Sonntag sowie 3 Wochen in Aug. geschlossen. 4, rue des Fossés-Saint-Jacques, 75005, ✆ 0143548081. Ⓜ Cluny-La Sorbonne (Linie 10). RER: Luxembourg.

Le Pré Verre (4), sehr beliebtes Bistro in unmittelbarer Nähe der Sorbonne. Klar, dass sich unter den Gästen auch der eine oder andere Professor befindet. Die abwechslungsreiche Küche ist gut und der Service ist schnell und zuvorkommend. Preislich sehr attraktiv ist das Mittagsmenü für 12,50 €, wobei man allerdings Vorspeise sowie Hauptgericht nicht wählen darf. Das „andere" Menü kostet 25,50 €. Sonntag und Montagmittag geschlossen, im August Betriebsferien. 8, rue Thénard, 75005, ✆ 014354 5947. Ⓜ Maubert-Mutualité (Linie 10).

Tashi Dèlèk (16), das erste tibetische Restaurant Frankreichs bietet einen authentischen Einblick in die Küche Tibets. Lecker ist z. B. *mamok* (Ravioli mit Rindfleischfüllung), dazu trinkt man einen *thé au beurre salé*. Menüs zu 9,90 (mittags) und 19 €. So und im Aug. geschlossen. 4, rue des Fossés-Saint-Jacques, 75005, ✆ 0143265555. Ⓜ Cluny-La Sorbonne (Linie 10). RER: Luxembourg.

La Madeleine de Proust (11), einladendes Café mit Straßenterrasse an einem netten, kleinen Platz. Ansprechende Salate 9–11,50 €. 4, rue Descartes, 75005. Ⓜ Cardinal-Lemoine (Linie 10).

Savannah Café (15), ansprechendes „multikulturelles" Restaurant in der Nähe der Rue Mouffetard. Der Wirt stammt aus dem Libanon, es gibt aber auch Carpaccio oder Lammcurry mit Koriander und thailändischem Reis. Moderates Preisniveau. So geschlossen. 27, rue Descartes, 75005, ✆ 0143294577.
Ⓜ Cardinal-Lemoine (Linie 10).

Le Jardin des Pâtes (21), exquisite frische Nudeln zu moderaten Preisen (um die 12 €), mit frischen, biologisch angebauten Zutaten. Einfaches, freundliches Ambiente. Kleine Straßenterrasse. 4, rue Lacépède, 75005, ✆ 01433 15071. Ⓜ Place Monge (Linie 7).

Café de la Mosquée (24), ein Ausflug nach Nordafrika: Pfefferminztee, Couscous (10–15 €) und süße Kuchen, serviert im maurischen Ambiente. Es werden übrigens nur alkoholfreie Getränke ausgeschenkt. ⌚ Tgl. 9–23 Uhr. 39, rue Geoffroy-Saint-Hilaire, 75005, ✆ 0143311814. Ⓜ Censier-Daubenton (Linie 7).

Au Buisson Ardent (14), kreative französische Küche, die nicht überteuert ist. Ausgezeichnet ist das *filet de daurade aux légumes provençale*. Menüs zu 12 (mittags) und 29 €. Kleine Straßenterrasse. Samstagmittag, Sonntag und im Aug. geschlossen. 25, rue Jussieu, 75005, ✆ 0143549302. Ⓜ Jussieu (Linie 7 und 10).

La Tour d'Argent (7), das Gourmetrestaurant liegt direkt am Ufer der Seine und ist berühmt für seine Ente à la Tour d'Argent. Seit 1890 wird jede Ente, die in einer Sauce aus Blut, Cognac, Burgunder und Gewürzen zubereitet wird, nummeriert. Ein Klassiker, der seinen Preis allerdings nur wert ist, wenn man einen der beliebten Tische vor den großen Fenstern mit Blick auf die Seine ergattern kann. Mittagsmenü 70 €. Mo und Dienstagmittag geschlossen. 15–17, quai de la Tournelle, 75005, ✆ 0143542331. Ⓜ Maubert Mutalité (Linie 10).

Rôtisserie du Beaujolais (5), anspruchsvolle Rôtisserie mit gepflegtem Ambiente. Empfehlenswert ist *pied de cochon au saint-pourçain*. Kein Menü, Hauptgerichte zwischen 15 und 20 €. Mo Ruhetag. 19, quai de la Tournelle, 75005, ✆ 0143541747. Ⓜ Maubert Mutalité (Linie 10).

Café Delmas (19), die Place Contrescarpe zählt zu den schönsten Plätzen im Quartier Latin und es gibt keinen besseren Ort als die große Terrasse dieses Cafés, um das Treiben zu beobachten. 2–4, place Contrescarpe, 75005, ✆ 0143265126. Ⓜ Cardinal-Lemoine (Linie 10).

Paradis Latin (8), kleineres Revuetheater mit ansprechender Show, allerdings nicht so bombastisch wie im Lido. Di geschlossen. 28, rue du Cardinal-Lemoine, 75005, ✆ 0143252828. Ⓜ Cardinal-Lemoine (Linie 10). www. paradis-latin.com.

Le Batofar (20), angesagtes Restaurant mit einem Nachtclub, der sich im Maschinenraum eines ehemaligen Seine-Schiffes befindet. ⌚ Mo–Mi 21–2 Uhr, Do bis 3 Uhr, Fr bis 5 Uhr. Wer will, kann zudem am Samstag die ganze Nacht hindurch bis 12 Uhr tanzen, bis durch die Bullaugen die Sonne über der Seine aufgeht und die Türme der nahen Bibliothèque Nationale deutlich zu sehen sind. Eintritt: je nach Veranstaltung etwa 5–12 €. 11, quai François Mauriac, 75013. Ⓜ Bibliothèque François Mitterrand oder Quai de la Gare (Linie 6 oder 14). www.batofar.org.

Einkaufen

Shakespeare & Company (2), die Neugründung von Sylvia Beachs legendärer Buchhandlung gehört längst zu den Klassikern unter den Pariser Antiquariaten. In den unergründlichen Tiefen der Bücherhöhle kann man stundenlang nach verborgenen Schätzen stöbern. Das schwarze Brett des Ladens ist eine beliebte Kontaktbörse. ⌚ Tgl. 12–24 Uhr. 37, rue de la Bûcherie, 75005. Ⓜ Maubert-Mutualité (Linie 10).

Gibert Jeune (1), auf Studenten spezialisierte Buchhandlung mit mehreren Filialen. 5, place Saint-Michel, 75005. Ⓜ Saint-Michel (Linie 4).

Album (3), ein Eldorado für Comic-Fans. 84, boulevard Saint-Germain, 75005. Ⓜ Saint-Michel (Linie 4).

Crocojazz (10), Jazz, Jazz und nochmals Jazz. 64, rue de la Montagne-Sainte-Geneviève, 75005. Ⓜ Maubert Mutualité (Linie 10).

Rue Mouffetard (22), der Markt in der Rue Mouffetard (tgl. außer Mo), die von den Einheimischen liebevoll „Mouffe" genannt wird, gilt als einer der letzten authentischen Pariser Märkte (ein Besuch ist besonders am Sonntagvormittag empfehlenswert). 75005. Ⓜ Censier-Daubenton (Linie 7).

Les Abeilles (26), ein Muss für Honigliebhaber. Mehr als 50 Sorten aus allen Teilen der Welt. 21, rue de la Butte-aux-Cailles, 75013. Ⓜ Corvisart (Linie 6).

Tang Frères (25), billiger asiatischer Supermarkt in einer ehemaligen Lagerhalle. Das riesige Angebot geht weit über das normaler Asia-Shops hinaus. 48, avenue d'Ivry, 75013. Ⓜ Porte d'Ivry (Linie 7).

Künstlerviertel Saint-Germain

Saint-Germain-des-Prés

Noch immer zehren die berühmten Cafés von Saint-Germain-des-Prés von ihrem Ruf, ein Hort geistiger Unruhe und avantgardistischer Umtriebe zu sein. Doch wer genau hinsieht, wird feststellen können, dass das Viertel mittlerweile von Edelboutiquen und Galerien „unterwandert" wurde.

Bereits die Aufklärer trafen sich in den Cafés von Saint-Germain, später veranstaltete Delacroix in seinem Hinterhofatelier Musikabende mit seinem Freund Fréderic Chopin, bei denen auch dessen Muse George Sand nicht fehlte. In den dreißiger Jahren wanderte die surrealistische Künstler- und Literatenszene vom Montparnasse in die Cafés am Boulevard Saint-Germain.

Nach Ende des Zweiten Weltkriegs traf sich in Saint-Germain die intellektuelle Avantgarde Europas. Die Existentialisten um Jean-Paul Sartre und Simone de Beauvoir diskutierten im Flore, während Boris Vian, der „Prinz von Saint-Germain", und Juliette Gréco für die nötige Stimmung in den Jazz-Kellern des Viertels sorgten: *Il n'y a plus d'après / A Saint-Germain-des-Prés / Plus d'après-demain / Plus d'après-midi / Il n'y a qu' aujourd'hui*, dröhnte es aus dem *Tabou*. Dunkle Kleidung und schwarze Rollkragenpullover wurden zum Erkennungsmerkmal einer zwischen Verzweiflung und Lebensfreude hin- und hergeworfenen Generation.

Die Nähe zur Sorbonne, zur Kunsthochschule und zur medizinischen Fakultät belebte bis in die sechziger Jahre hinein das volkstümliche Viertel, die reichen Pariser zogen das rechte Seineufer vor. Erst in den letzten beiden Jahrzehnten wurde es chic, in Saint-Germain zu wohnen. Die Mieten stiegen ins Unermessliche, selbst eine schlichte Dienstbotenkammer unter dem Dach ist heute für den Durchschnitts-

Übernachten
3 Verneuil Saint-Germain (S. 51)
4 Montalembert (S. 50)
5 Lenox Saint Germain (S. 51)
8 Angleterre Saint Germain des Prés (S. 51)
9 La Villa Saint-Germain (S. 50)
21 Saint André des Arts (S. 53)
27 Du Globe (S. 53)
32 Lutetia (S. 49)
33 Grand Hotel des Balcons (S. 52)
35 De l'Abbaye (S. 50)
36 Michelet Odéon (S. 52)
Essen & Trinken (S. 135-137)
1 Six Huit
6 L'Atelier de Joël Robuchon
13 Le Petit Zinc
14 L'Alcazar
20 Lipp
24 Le Procope
25 Via Palissy
34 La Mediterranée
Cafés (S. 135-137)
10 La Palette
15 Le Flore
18 Les Deux Magots
22 Les Etages Saint-Germain
23 La Jacobine
38 Jardin du Luxembourg
Nachtleben (S. 135-137)
11 La Villa
12 Cavern Café
Einkaufen (S. 137)
2 Librairie 7L
7 Pâtisserie Ladurée
16 Sonia Rykiel
17 La Hune
19 Taschen
26 Marché Saint-Germain
28 La Chambre Clair
29 Poilâne
30 Muji
31 Marché biologique de Boulevard Raspail
37 Librairie du Moniteur
Centre Pompidou und Louvre siehe S. 82/83
Vom Musée d'Orsay zum Eiffelturm siehe S. 146/147
Montparnasse siehe S. 141
Musée d'Orsay
Solférino
Rue du Bac
Musée Maillol
St Thomas d'Aquin
Pl. St Thomas d'Aquin
École Nat. Sup. des Beaux Arts
Institut de France
Pl. de l'Institut
St Vladimir
Musée Delacroix
St Germain des Prés
Pl. St Germain des Prés
Mabillon
Sèvres Babylone
Square Boucicaut
Square Chaise Récamier
St Sulpice
Pl. St Sulpice
St Ignace
Pl. A. Deville
Institut Catholique de Paris
St Joseph des Carmes
Rennes
St Placide
N.-D. des Champs
N.D. des Champs
Palais du Luxembourg
Sénat
Jardin du Luxembourg
Musée Zadkine
Pl. A. Honnorat
Quai Voltaire
Quai Malaquais
Boulevard Saint Germain
Boulevard Raspail
Blvd. Raspail
Rue de Rennes
Rue du Four
R. de Sèvres
Rue de Vaugirard
Rue de Grenelle
Rue de l'Université
Rue de Lille
Rue de Verneuil
Rue du Bac
Rue de Beaune
Rue des Saints Pères
Rue Jacob
Rue Bonaparte
R. des Beaux Arts
Rue Visconti
Rue de l'Abbaye
Rue de Seine
Rue Mazarine
R. de l'Échaudé
R. St Benoît
R. du Pré aux Clercs
Rue St Guillaume
R. du Dragon
R. de la Chaise
Rue du Cherche Midi
R. du Vieux Colombier
R. Mabillon
R. Clément
Rue Guisarde
R. Canettes
R. Palatine
Rue Garancière
Rue de Tournon
R. Férou
R. de Mézières
R. Coetlogon
Rue Cassette
Rue Madame
Rue d'Assas
Rue du Regard
Rue de Fleurus
R. Huysmans
Rue Notre Dame des Champs
Rue Vavin
R. du Montparnasse
R. Stanislas
Rue Guynemer
Rue Auguste Comte
Rue de Villersexel
R. de St Simon
Rue de Grenelle
R. Luynes
R. J. Callot

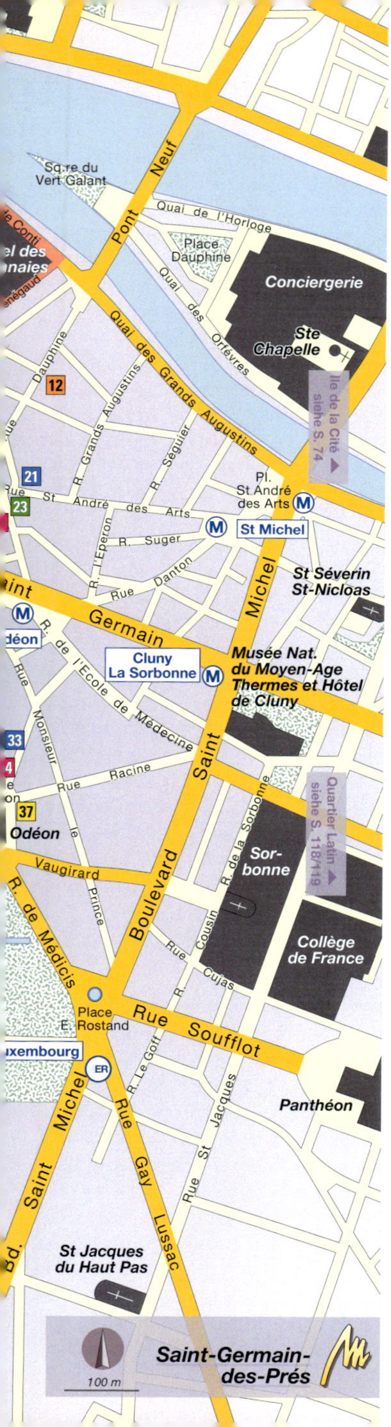

studenten nicht zu finanzieren. Nichtsdestotrotz ist Saint-Germain-des-Prés immer noch das Pariser Viertel, in dem die meisten Schriftsteller und Intellektuellen wohnen. Die Kaffeepreise im *Flore* sowie im benachbarten *Les Deux Magots* sind allerdings nur noch Bestsellerautoren zuzumuten. Die alteingesessenen Buchhandlungen kämpfen ums Überleben, Edelboutiquen und Luxusläden drängen ins Viertel. Wo sich in der Buchhandlung Le Divan unlängst noch philosophische Literatur auf den Präsentiertischen stapelte, preist nun Dior seine neueste Kollektion an. Der Modemacher ist in guter Gesellschaft: Cartier, Armani, Gucci und Louis Vuitton machen im Schatten der Kirche Saint-Germain-des-Prés ebenfalls stattliche Umsätze. Quo vadis Saint-Germain?

Spaziergang

Der Boulevard Saint-Germain ist „für viele Paris, für manchen Frankreich, der freundliche Boulevard Saint-Michel ist Europa, er ist die Antike, das Mittelalter, die Aufklärung und immer die Revolution, er ist der Traum der bücherverschlingenden Schulkinder von Lille, Bordeaux, Lyon, Marseille, ... er bedeutet noch immer die intellektuelle und politische Zukunft unserer Welt". Nachdem man im Café Flore noch ein wenig über Wolfgang Koeppens Gedanken sinniert hat, steht eine Besichtigung der Kirche **Saint-Germain-des-Prés** auf dem Programm. Im schräg gegenüberliegenden Eckhaus in der Rue Bonaparte (Nr. 67) wohnte Sartre einige Zeit im dritten Stock. Durch die an der Ecole des Beaux Arts vorbeiführende Rue Bonaparte geht es in Richtung Seine zum **Institut de France**, an der auch die *Académie française* ihren Sitz hat. Nicht mit geistigen Pfunden, sondern mit handfestem Materialismus lockt

Saint-Germain-des-Prés
Karte S. 130/131

das benachbarte **Musée de la Monnaie**. Auf der zum Louvre führenden Brücke *Pont des Arts* finden immer wieder anspruchsvolle Kunstausstellungen unter freiem Himmel statt. Rund um die platanenbestandene Place du Furstemberg zeigt sich Saint-Germain ganz malerisch. Dies hat wahrscheinlich schon Delacroix so empfunden, dessen einstiges Atelier heute ein Museum (**Musée Delacroix**) beherbergt. Die Rue de Buci mit ihrem bunten Straßenmarkt und die lang gestreckte Rue Saint-André-des-Arts gehören zu den lebendigsten des Viertels. In einer Nebenstraße, der Rue des Grand Augustins, hatte Picasso im Haus Nr. 7 sein Atelier, in dem er „Guernica" malte. Picasso gehörte zu den zahllosen Künstlern, die sich, angezogen von der dörflichen Atmosphäre, in den engen, Kopfstein gepflasterten Gassen des Viertels niederließen. Die nahe gelegene Rue de l'Odéon, in der einst Sylvia Beach ihre berühmte Buchhandlung Shakespeare and Company führte (Nr.12), bekam übrigens 1782 als eine der ersten Pariser Straßen ein Trottoir. An ihrem Ende steht das Théâtre de l'Odéon, in dem einst Jean-Louis Barrault („Kinder des Olymp") Regie führte. Der verspielte **Jardin du Luxembourg** bietet sich für ein paar erholsame Mußestunden an, Kunstfreunde besuchen das an seinem südwestlichen Rand gelegene **Musée Zadkine**. Vorbei an **Saint-Sulpice** und den eleganten Geschäften der Rue Bonaparte gelangt man wieder zurück zum Ausgangspunkt.

Skulptur in Saint-Germain

Sehenswertes

Saint-Germain-des-Prés: Saint-Germain-des-Prés geht auf ein Kloster zurück, das der Frankenkönig Childebert im 6. Jahrhundert vor den Toren der Stadt inmitten von Wiesen und Feldern (*prés*) gründete und zur Grablege der Merowinger bestimmte. Mehrfach zerstört und zwischenzeitlich von den Benediktinern übernommen, entstand um das Jahr 1000 die heutige Kirche. Das Kloster gehörte im Hochmittelalter zu den größten und reichsten in ganz Frankreich: Mehr als 120 Mönche lebten in der Abtei, die über einen Grundbesitz von 30.000 Hektar verfügte. Zu den ältesten Teilen des Sakralbaus zählt der romanische Westturm, im 1163 geweihten Chor bedienten sich die unbekannten Baumeister bereits der frühgotischen Formensprache. 1790 wurde die Abtei nach einem blutigen Massaker säkularisiert; die einstige Klosterkirche führte man nach einer kurzen „Zwischennutzung" als Salpeterfabrik wieder ihrer ursprünglichen Bestimmung zu. Neben zahlreichen anderen herausragenden Persönlichkeiten hat auch der Philosoph René Descartes hier seine letzte Ruhestätte gefunden.

Adresse: Place de Saint-Germain, 75006, Ⓜ Saint-Germain-des-Prés (Linie 4).

Institut de France: Das Institut de France ist eine der renommiertesten akademischen Einrichtungen Frankreichs; fünf Akademien sind hier vereint, die sich der Pflege der französischen Sprache, den Naturwissenschaften, den Altertumswissenschaften, der Kunst sowie den Sozialwissenschaften widmen. Die berühmteste und älteste ist die 1635 von Kardinal Richelieu gegründete *Académie française*. Zu den Aufgaben „der alten Dame vom Quai Conti", wie die Akademie liebevoll-spöttisch genannt wird, gehört die Redaktion des *Dictionnaire de la Langue Française*. In dieser Funktion entscheiden die Mitglieder auf ihrer wöchentlichen Sitzung am Donnerstag, welche Wörter offiziell in die französische Sprache aufgenommen werden.

Adresse: Quai Conti, 75006, Ⓜ Pont-Neuf (Linie 7).

Die Unsterblichen

Die vierzig Mitglieder der *Académie française* amtieren auf Lebenszeit, weswegen sie gerne auch als „die Unsterblichen" bezeichnet werden. Nach dem Tod eines Mitglieds suchen die anderen nach einem geeigneten Kandidaten, der per Wahl in den erlauchten Kreis aufgenommen werden soll. Ebenso lang wie die Liste berühmter Zeitgenossen, die zur Akademie gehörten, darunter Victor Hugo und Jean Cocteau, ist die Liste der Nichtberufenen. Dieses „Schicksal" teilen sich unter anderem Descartes, Pascal, Rousseau, Balzac, Zola, Proust und Sartre. Lange Zeit war die *Académie française* ein reiner Männerklub. Es dauerte bis zum Jahr 1980, als mit Marguerite Yourcenar die erste Frau für würdig befunden wurde. Ihrer Aufnahme ging eine Kampfabstimmung voraus, bei der das Akademiemitglied Jean Dutourd erklärte: „Ich bin gegen die Aufnahme einer Frau in die Académie. Was Marguerite Yourcenar im Besonderen betrifft: Sie hat zu viel gelesen, um gut schreiben zu können ..."

Musée de la Monnaie: Das in der ehemaligen königlichen Münzprägestätte untergebrachte Museum gibt einen Einblick in das Münzwesen von der Antike bis in die Gegenwart. Ausgestellt sind Medaillen, Münzen, Prägestempel sowie historische Maschinen und Werkzeuge.

Adresse: 11, quai Conti, 75006, Ⓜ Pont-Neuf (Linie 7). ⌚ Di–Fr 11–17.30 Uhr, Sa und So 12–17.30 Uhr. Eintritt: 8 €, erm. 6 €. www.monnaiedeparis.fr.

Musée Delacroix: Die Wohnung und das Atelier von Eugène Delacroix (1798–1863) beherbergen Dokumente, mehrere Gemälde und Zeichnungen des wohl bekanntesten Vertreters der französischen Romantik, der die letzten Jahre seines Lebens hier verbracht hat. Atmosphäre strahlt vor allem das Atelier aus, das nach Delacroix' Plänen im Hinterhof errichtet wurde.

Adresse: 6, rue Furstenberg, 75006. Ⓜ Saint-Germain-des-Prés (Linie 4). ⌚ Tgl. außer Di 9.30–17 Uhr. Eintritt: 5 €, erm. 3 €. www.musee.delacroix.fr.

Jardin du Luxembourg: Nicht nur aufgrund seiner zentralen Lage und seiner Größe, sondern vor allem wegen seines heiteren Flairs gehört der Jardin du Luxembourg zu den beliebtesten Parkanlagen der Stadt. Schon Diderot soll dem Charme des – liebevoll „Luco" genannten – Gartens verfallen gewesen sein, Rousseau wandelte, den Vergil auswen-

Saint-Germain-des-Prés
Karte S. 130/131

Gepflegte Idylle – Jardin du Luxembourg

dig lernend, auf seinen Pfaden, während Guy de Maupassant und Anatole France ihn auf ihrem täglichen Schulweg durchquerten. Nur Balzac hatte wenig für die grüne Idylle übrig, die er ein „Stelldichein des langweiligen und sauertöpfischen Alltags und der zudringlichen schreienden Kinderwelt" nannte, „das Elysée der Gichtkranken, das Paradies der Ammen".

Der 23 Hektar große Park verdankt seine Entstehung Königin Maria von Medici, die sich von 1612 bis 1622 ein klassizistisches Schloss mit Garten als Witwensitz am linken Ufer der Seine errichten ließ. In dem später umgebauten **Palais du Luxembourg** tagt heute der Senat, der zusammen mit der Nationalversammlung das französische Parlament bildet.

Adresse: 75006, RER: Luxembourg, Ⓜ Odéon (Linie 4 und 10).

Musée Zadkine: Das Museum im ehemaligen Wohnhaus und Atelier des russischen Bildhauers Ossip Zadkine (1890–1967) gefällt durch seine authentische Atmosphäre. Vieles wirkt so, als hätte Zadkine das Haus nur für ein paar Stunden verlassen.

Adresse: 100 bis, rue d'Assas, 75006. Ⓜ Notre-Dame-des-Champs, Vavin (Linie 4 oder 12). Ⓛ Tgl. außer Mo 10–18 Uhr. Eintritt: frei! Sonderausstellungen: 4 €. www.paris.fr/musees/zadkine.

Saint-Sulpice: Mit ihrer zweigeschossigen Schaufassade zählt Saint-Sulpice zu den eindrucksvollsten klassizistischen Kirchenbauten in Paris. Der 1645 begonnene, sich stets verzögernde Bau sollte ursprünglich im Rokokostil ausgeführt werden, dann erhielt aber der Florentiner Giovanni Nicolò Servandoni den Auftrag, seinen klassizistischen Entwurf auszuführen. Der Innenraum wirkt trotz seiner imposanten Ausmaße von 118 Metern Länge und 57 Metern Breite wohl proportioniert. Mit viel Phantasie kann man sich vorstellen, wie hier 1799 für den aus Ägypten heimgekehrten Napoléon ein Bankett gegeben wurde, an dem 750 Gäste teilnahmen. Die Fresken der ersten Kapelle des rechten Seitenschiffs stammen übrigens von Eugène Delacroix.

Adresse: Place Saint-Sulpice, 75006. Ⓜ Odéon (Linie 4 und 10).

Praktische Infos

Essen, Trinken, Nachtleben

L'Atelier de Joël Robuchon (6), Feinschmecker aus ganz Paris feierten 2003 die Rückkehr von Joël Robuchon. Der zum „Koch des Jahrhunderts" gewählte Robuchon, der mit seinen früheren Restaurants wiederholt mit drei Michelin-Sternen ausgezeichnet worden war, überraschte allerdings mit einem neuen Konzept. Das in schwarz gehaltene „Atelier" besitzt die ungezwungene Atmosphäre einer Sushi-Bar und bietet durchgehend von 11.30–15.30 Uhr und 18.30–24 Uhr morgens französische Küchenfreuden auf allerhöchstem Niveau. Weltberühmt ist Robuchon übrigens für seinen Kartoffelbrei, der zu vielen Gerichten als Beilage gereicht wird (und einen besseren haben wir auch noch nirgends gegessen)! Preislich ist das Ganze angesichts der Leistung relativ moderat: Mit Vorspeise, Hauptgang, Dessert und einem Glas Wein öffnet sich der Gourmethimmel ab 70 €. Lohnend ist vor allem das Degustationsmenü für 98 €. Reservierung nur für 11.30 und 18.30 Uhr möglich. 5–7, rue de Montalembert, 75007, ✆ 0142225656. Ⓜ Rue-du-Bac (Linie 12).

Lipp (20), die Brasserie gilt trotz nachlassender Küchenleistungen seit Jahrzehnten als „der" Prominenten- und Politikertreff am linken Seineufer. Schon Hemingway kam hierher und trank als „Aperitif" einen Liter Bier, wie man in seinem Buch „Paris – ein Fest fürs Leben" nachlesen kann. Wer einen Platz im bevorzugten unteren Saal bekommt, gehört dazu ... Allerdings muss man hierfür mindestens 45 € pro Person investieren. Die Küche ist durchgehend von 12–1 geöffnet. 151, boulevard Saint-Germain, 75006, ✆ 01454 85391. Ⓜ Saint-Germain-des-Prés (Linie 4).

Das älteste Café der Welt

Am Anfang der Pariser Café-Kultur stand das „Procope", das von sich gar behauptet, das älteste der Welt zu sein. Der aus Acireale stammende Sizilianer Francesco Procopio dei Coltelli ahnte als einer der ersten, welchen Anklang der in Europa damals noch kaum verbreitete Kaffee finden würde. Gegenüber der Comédie Française eröffnete er 1686 ein noch heute existierendes Café, zu dessen Stammgästen Montesquieu, Voltaire und Rousseau genauso zählten wie später Victor Hugo, Emile Zola und Honoré de Balzac, der das Café als „das Parlament des Volkes" charakterisierte. Auch die Tradition des Cafés als öffentliche Schreibstube soll im „Procope" begründet worden sein, denn dort arbeiteten bereits Diderot und d'Alembert an ihrer berühmten Enzyklopädie.

Karte S. 130/131

Designer am Werk – Restaurant L'Alcazar

Le Flore (15), genießt den Ruf, ein Philosophen- und Literatencafé zu sein. Das Café de Flore war der Treffpunkt der Existentialisten um Simone de Beauvoir, Jean-Paul Sartre und Albert Camus. Während des Zweiten Weltkriegs schrieb Sartre: „Simone de Beauvoir und ich haben uns im Flore mehr oder weniger häuslich niedergelassen." Nostalgiker gedenken der Existentialisten bei einer Tasse *Café crème* für 5 €. 172, boulevard Saint-Germain, 75006, ✆ 01454 85526. Ⓜ Saint-Germain-des-Prés (Linie 4). www.cafe-de-flore.com.

Les Deux Magots (18), ein paar Häuser weiter befindet sich der zweite Klassiker unter den Cafés von Saint-Germain, in dem bereits Oscar Wilde allmorgendlich frühstückte und Picasso die Bekanntschaft von Dora Maar machte. Stilvolles Ambiente, schöne Straßenterrasse und happige Preise. 6, place de Saint-Germain, 75006, ✆ 0145 485525. Ⓜ Saint-Germain-des-Prés (Linie 4).

L'Alcazar (14), in dem von dem englischen Edeldesigner Sir Terence Conran entworfenen Restaurant – ehemals ein Cabaret – steht die Küche dem lichtdurchfluteten Ambiente glücklicherweise nicht nach. Das Mittagsmenü für 19, 25 und 29 € (jeweils inkl. einem Glas Wein und Café) bietet eine sehr große Auswahl und lässt sich, was das Preis-Leistungs-Verhältnis betrifft, nur schwer übertreffen. Abends kostet das Menü 39 €. Bis 2 Uhr geöffnet. Ab 22 Uhr legen DJs die neuesten Clubbeats auf, allerdings in respektvoller Lautstärke, so dass man sich noch gut unterhalten kann. 62, rue Mazarine, 75006, ✆ 0153101999. Ⓜ Odéon (Linie 4 und 10).

La Jacobine (23), angenehmer altertümlicher Teesalon in einer kopfsteingepflasterten, vom Boulevard Saint-Germain abzweigenden Passage. Salate und Hauptgerichte ca. 15 €. ⏲ Tgl. 12–19.30 Uhr. 59, rue St-André des Arts. 75005. Ⓜ Odéon (Linie 4 und 10).

Via Palissy (25), kleiner, sympathischer Italiener am Ende einer unscheinbaren Gasse. *Plat du jour* 9 €, mit Café und Dessert 13 €. Die hausgemachten Gnocchi und Pasta sowie die ansprechenden Hauptgerichte kosten etwa 10 €. So, Mo und drei Wochen im Aug. geschlossen. 13, rue Bernard Palissy, 75006, ✆ 0145440252. Ⓜ Saint-Germain-des-Prés. (Linie 4)

Le Petit Zinc (13), das schöne Jugendstilambiente ist leider nicht echt, sondern nur ein gutes Imitat, das Flair aber toll. Klassische französische Küche ohne Anspruch, irgendwie wird man den Verdacht nicht los, dass man das Ambiente mitbezahlt. Mittagsmenü 23,50 €, sonst 35 €. 11, rue Saint-Benoît, 75006, ✆ 0142612060. Ⓜ Mabillon (Linie 10).

La Villa (11), kühn designte Jazzbar. Von Mo bis Sa gibt es jeden Abend um 22.30 Uhr Live-Musik. Die faszinierend geformten Tischbeine lenken allerdings fast von der Musik ab ... 29, rue Jacob, 75006, ✆ 0143266000. Ⓜ Saint-Germain-des-Prés (Linie 4).

Le Procope (24), das „älteste Café von Paris" präsentiert sich als ein von seinem Ruf zehrendes, nicht gerade günstiges Restaurant. Menüs zu 19 € (mittags), 24 und 29 €. 13, rue Ancienne Comédie, 75006, ✆ 0143269920. Ⓜ Odéon (Linie 4 und 10).

La Palette (10), schönes, altertümliches Café mit dem Flair eines einstigen Künstlercafés. Große Straßenterrasse. ⌚ Tgl. außer So 8–2 Uhr morgens. 43, rue de Seine, 75006, ✆ 0143266815. Ⓜ Mabillon (Linie 10).

La Méditerranée (34), angenehm leichte mediterrane Küche auf hohem Niveau zu mehr als akzeptablen Preisen. Schließlich schmeckt eine *Bouillabaisse* nicht nur am Hafen von Marseille... Menüs zu 27 € und 32 €. 2, place de l'Odéon, 75006, ✆ 0143260230. Ⓜ Odéon (Linie 4 und 10).

Jardin du Luxembourg (38), nettes, kleines Café im Jardin du Luxembourg unweit des Senatsgebäudes. Im Sommer sitzt man unter Schatten spendenden Bäumen, serviert werden Kleinigkeiten und Salate (5–12 €). Jardin du Luxembourg, 75006. Ⓜ Odéon (Linie 4 und 10).

Six Huit (1), wie wäre es zur Abwechslung einmal mit einem Café auf einem Seineboot? Das Six Huit liegt am Quai Malaquais, direkt neben dem Pont des Arts. 75006, Ⓜ Pont Neuf (Linie 7).

Les Etages Saint-Germain (22), lockerer, ungezwungener Treff inmitten von Saint-Germain. Schöne Straßenterrasse mit alten Metalltischen. Tgl. von 11 bis 2 Uhr morgens trifft sich auf den zwei Etagen viel junges Volk. Ausgesprochen günstige Preise, dafür wirkt alles ein wenig heruntergekommen. 5, rue de Buci, 75006, ✆ 0146342626. Ⓜ Mabillon (Linie 10).

Cavern Café (12), beliebte Adresse für die Freunde von Live-Musik. Abwechslungsreiches Programm, coole Stimmung. Unter der Woche 19–2 Uhr, Fr und Sa bis 5 Uhr. So und Mo geschlossen. 21, rue Dauphine, 75006, ✆ 0146342626. Ⓜ Odéon (Linie 4 und 10). www.lecavern.com.

Einkaufen

Marché Saint-Germain (26), in der Markthalle und in der angrenzenden Rue Mabillon wird auf den Ständen frisches Obst und Gemüse gestapelt. 3ter, rue Mabillon, 75006. Ⓜ Mabillon (Linie 10).

Marché biologique de Boulevard Raspail (31), der größte Biomarkt von Paris! Jeden Sonntagvormittag gibt es hier ein großes Angebot an Obst, Gemüse, Käse, Fleisch und Backwaren aus ökologischem Anbau. Wochentags findet hier ebenfalls ein kleiner Markt – allerdings ohne Bioprodukte – statt. 75006. Ⓜ Sèvres Babylone (Linie 10 und 12).

La Hune (17), eine der bekanntesten Buchhandlungen des Viertels mit Schwerpunkt auf Kunst- und Bildbänden. Jean Genet soll hier übrigens des öfteren Bücher gestohlen haben. Tgl. 10–23.45 Uhr, So 11–19.45 Uhr. 170, boulevard Saint-Germain, 75006. Ⓜ Saint-Germain-des-Prés (Linie 4).

Librairie 7L (2), die Buchhandlung von Karl Lagerfeld ist auf Kunst- und Bildbände spezialisiert. Große Zeitschriftenauswahl. 7, rue de Lille, 75007. Ⓜ Saint-Germain-des-Prés (Linie 4).

La Chambre Clair (28), ein Eldorado für Photoliebhaber mit über 3500 Titeln. 14, rue Saint-Sulpice, 75006. Ⓜ Odéon (Linie 4 und 10).

Librairie du Moniteur (37), die bestsortierte Fachbuchhandlung für Architektur und Design. 7, place de l'Odéon, 75006. Ⓜ Odéon (Linie 4 und 10).

Taschen (19), die opulenten Bildbände aus dem Kölner Taschen Verlag werden hier besonders eindrucksvoll präsentiert. 4, rue de Buci, 75006. Ⓜ Mabillon (Linie 10).

Sonia Rykiel (16), Nobelboutique von einer der bekanntesten Pariser Modeköniginnen. 175, boulevard Saint-Germain, 75006. Ⓜ Saint-Germain-des-Prés (Linie 4).

Pâtisserie Ladurée (7), die 1862 gegründete Konditorei gilt als eine der schönsten von Paris. Lecker sind die Makronen. 21, rue Bonaparte, 75006. Ⓜ Saint-Germain-des-Prés (Linie 4).

Poilâne (29), Lionel Poilâne ist der wohl berühmteste Bäcker von Paris. Allerdings backt er keine Baguettes, sondern graues Weißbrot mit Nüssen und einer dunklen, bemehlten Kruste. Nur billig ist es nicht: Zwei Pfund können leicht 9 € kosten. Sonntag geschlossen. 8, rue du Cherche-Midi, 75006. Ⓜ Sèvres Babylone (Linie 10 und 12).

Muji (30), die japanische Muji-Kette unterhält in London mehrere Shops. Das Konzept setzt auf minimalistisches, funktionales Design (schlichter ist schöner), gute Qualität und günstige Preise. Von der Klobürste bis zum Fahrrad ist hier alles zu haben. Der Schwerpunkt liegt allerdings auf Kleidung und Wohnaccessoires. Tgl. außer So 10–20 Uhr. 27, rue Saint-Sulpice, 75006. Ⓜ Odéon (Linie 4 und 10).

Karte S. 130/131

Hinter dem Jardin Atlantique ragt die Tour Montparnasse empor

Montparnasse

Dem Montparnasse ist leider nur der klingende Name geblieben, das Viertel selbst ist durch mangelnde Sensibilität zu Tode saniert worden. Als abschreckendes Beispiel der Architektur der siebziger Jahre beherrscht die Tour Montparnasse mit ihren 59. Stockwerken den „Parnassos-Hügel".

Den poetischen Namen soll der einstige Steinbruch von den Studenten aus dem Quartier Latin erhalten haben, die sich auf dem Berg der Musen trafen, um Gedichte zu rezitieren. Abgesehen von ein paar Klöstern und Ausflugsgaststätten war am Montparnasse nicht viel los, bis zu Beginn des 20. Jahrhunderts allmählich die Künstler vom Montmartre abwanderten und sich der Montparnasse zum kulturellen Nabel von Paris entwickelte. Man Ray, Henry Miller, Anäis Nin und Ernest Hemingway saßen stundenlang diskutierend in den Cafés. In den Nachtclubs, so im 1927 eröffneten *La Jungle*, spielten Pianisten Ragtime und Blues, die Fratellini-Clowns traten im *Cirque Médrano* auf, während sich die Lesbenszene im *Le Monocle* traf. Zu den Klassikern am Boulevard de Montparnasse gehörten auch das 1897 als bescheidene „Trinkhalle" eröffnete „Café du Dôme", das auch Sinclair Lewis und Walter Bondy aufsuchten, und das „La Rotonde", in dem sich Lenin und Trotzki während des Ersten Weltkriegs ihren politischen Visionen hingaben. Und über allem herrschte Kiki; die ungekrönte Königin vom Montparnasse sang „Canaille-Lieder" voller unanständiger Doppeldeutigkeiten und stellte ihre legendären Reize zur Schau. Für die Surrealisten war Kiki Muse und Modell: Kisling, Pascin und Derain malten sie, Man Ray hat sie mit seinem berühmten Photo *Le Violon d'Ingres* unsterblich gemacht. Dass es in den berühmten literarischen Cafés früher bei weitem nicht so vornehm zuging wie heute, beweist Henry Millers surrealistische Schilderung des „Café du Dôme" in seinem „Wendekreis des Krebses": „Wenn Ebbe ist und nur ein paar syphilitische Nixen im Schlamm gestrandet zurückbleiben, sieht das Dôme wie eine vom Wirbelwind heimgesuchte Schießbude aus. Alles verrinnt langsam im Abzugskanal. Etwa eine Stunde lang herrscht Totenstille, während das Erbrochene aufgewischt wird. Plötzlich beginnen die Bäume zu zwitschern. ... Der Augenblick ist gekommen, die letzte Blase voll Urin auszuleeren. Der Tag kommt geschlichen wie ein Aussätziger."

Infolge der deutschen Besetzung kam das unbeschwerte Leben am Montparnasse im Zweiten Weltkrieg zum Erliegen, den Todesstoß versetzten dem Viertel allerdings die städtebaulichen Maßnahmen der Ära Pompidou, die im Abriss des alten Bahnhofs und dem Bau der Tour Montparnasse gipfelten. Zwar entstanden auch ein paar architektonisch ansprechende Projekte, wie beispielsweise die Häuser an der Place de Catalogne und der Jardin Atlantique auf dem Dach des neuen Bahnhofs, doch das vielbeschworene Flair vom Montparnasse ist unwiderruflich dahin.

Spaziergang

Der Boulevard Montparnasse, an dessen Kreuzung zum Boulevard Raspail das Balzac-Denkmal von Rodin steht, ist lang nicht mehr so prächtig wie einst. Diese Misere bleibt auch trotz der berühmten Literatencafés am Boulevard Montparnasse offensichtlich. Vielleicht sind Äußerlichkeiten auch nur nebensächlich, wie Samuel Beckett demonstrierte, als er sich nach dem Erfolg von „Warten auf Godot" zwei Appartements in dem hässlichen Hochhaus am nahen Boulevard Saint-Jacques (Hausnummer 38) kaufte. Ästheten sollten sich lieber der nahe gelegenen **Fondation Cartier pour l'Art Contemporain** zuwenden. Die Stiftung ist ein lobenswerter Versuch des Juweliers Cartier, der Kunst wieder einen Platz am Montparnasse einzuräumen. Ein paar Schritte weiter trifft man auf den Eingang zu den **Catacombes de Paris**. Eine „angenehmere" Möglichkeit, sich mit den Pariser Toten zu beschäftigen, bietet aber sicherlich ein Spaziergang über den **Cimetière de Montparnasse**. Auf dem Weg dorthin lohnt ein Abstecher durch die Marktstraße Rue Daguerre. Den Friedhof muss man wieder durch den südlichen Eingang verlassen, um zur Place de Catalogne zu gelangen, wo der Spanier Ricardo Bofill mit postmodernen Formen für den sozialen Wohnungsbau experimentierte und eine Wohnanlage mit beschwingten Fronten und gläsernen Halbsäulen geschaffen hat. Der Weg zur Tour Montparnasse führt durch den **Jardin Atlantique**, der auf dem Dach des Bahnhofs Montparnasse an eine surreale Oase in der Großstadtwüste erinnert. Den Vorplatz der Gare de Montparnasse dominiert die dunkel glänzende **Tour Montparnasse** (Panoramablick!), die anstelle des alten Bahnhofs errichtet wurde. Letzterer ist durch einen spektakulären Unfall weltberühmt geworden, als eine Lokomotive durch die Fensterfront des Sackbahnhofs auf die Straße stürzte. In unmittelbarer Nähe des Bahnhofs, wo sich traditionell viele Bretonen niedergelassen haben, liegt das **Musée Bourdelle**, das mit seinen überdimensionalen Bronzeskulpturen lockt. Für Naturwissenschaftler bietet sich noch ein Besuch des **Musée Pasteur** an, während Kunstenthusiasten das Künstleratelier **La Ruche** aufsuchen.

Montparnasse
Karte S. 141

Sehenswertes

Fondation Cartier pour l'Art Contemporain: Durch die 1994 eröffnete Fondation Cartier hat der Montparnasse wieder an seine Vergangenheit als Hort der Kunst anknüpfen können. In dem von Jean Nouvel errichteten postmodernen Gebäude sind hochkarätige Wechselausstellungen zeitgenössischer Kunst zu sehen. Zur Fondation gehört auch der angrenzende kleine Park, der von Lothar Baumgarten gestaltet wurde.

Adresse: 261, boulevard Raspail, 75014. Ⓜ Raspail (Linie 4 und 6). Bei Ausstellungen tgl. (außer Mo) 12–20 Uhr geöffnet. Eintritt: 6,50 €, erm. 4,50 €. www.fondation-cartier.fr.

Catacombes de Paris: Als Ende des 18. Jahrhunderts zahlreiche innerstädtische Friedhöfe geschlossen wurden, überführte man die Gebeine von rund sechs Millionen Toten in die unterirdischen Steinbrüche, die fortan Katakomben hießen. Die dekorativ aufgeschlichteten Knochen und Schädel entwickelten sich schnell zu einer vielbesuchten Sehenswürdigkeit. Heute besuchen alljährlich 200.000 Menschen den makabren Museums-Friedhof. Im Zweiten Weltkrieg erfuhren die Katakomben eine andere Nutzung: Während der deutschen Besatzung nutzte die Résistance den Untergrund als Kommandozentrale für ihre Sabotageakte. Später trafen sich die *Cataphiles*, um im Untergrund verbotene Kunst-Happenings, Partys oder Schwarze Messen zu veranstalten.

Adresse: 1, place Denfert-Rochereau, 75014. Ⓜ Denfert-Rochereau (Linie 4 und 6). ⌚ Tgl. außer Mo 10–16 Uhr. Eintritt: 5 €.

Im Tod vereint: Beauvoir und Sartre

Cimetière de Montparnasse: Der nach dem Père Lachaise zweitgrößte Pariser Friedhof steht diesem an Berühmtheiten und stimmungsvoller Aura kaum nach. An erster Stelle sind Jean-Paul Sartre und Simone de Beauvoir zu nennen, die rechts vom Haupteingang unter einer schlichten Grabplatte, im Tod vereint, ruhen. Zwischen den teilweise pompösen Grabmälern liegen auch zahlreiche Künstler und Literaten wie Samuel Beckett und Eugène Ionesco, Baudelaire und Serge Gainsbourg begraben; ungewöhnlich ist das mit Photos verzierte Grab des Cineasten Henry Langlois. Ein Tipp: An der Eingangspforte ist die Kopie eines Lageplans der bekanntesten Gräber erhältlich.

Adresse: Boulevard Edgar Quinet, 75014. Ⓜ Edgar Quinet (Linie 6). ⌚ Tgl. 8–18 Uhr, So ab 9 Uhr, im Winter nur bis 17.30 Uhr.

Tour Montparnasse: Die 1973 errichtete Tour de Montparnasse ist der einzige Wolkenkratzer im Pariser Zentrum. Schon mehrfach wurde vergeblich gefordert, das 209 Meter hohe Scheusal abzureißen. Doch wie schrecklich das Hochhaus auch immer sein mag, vom

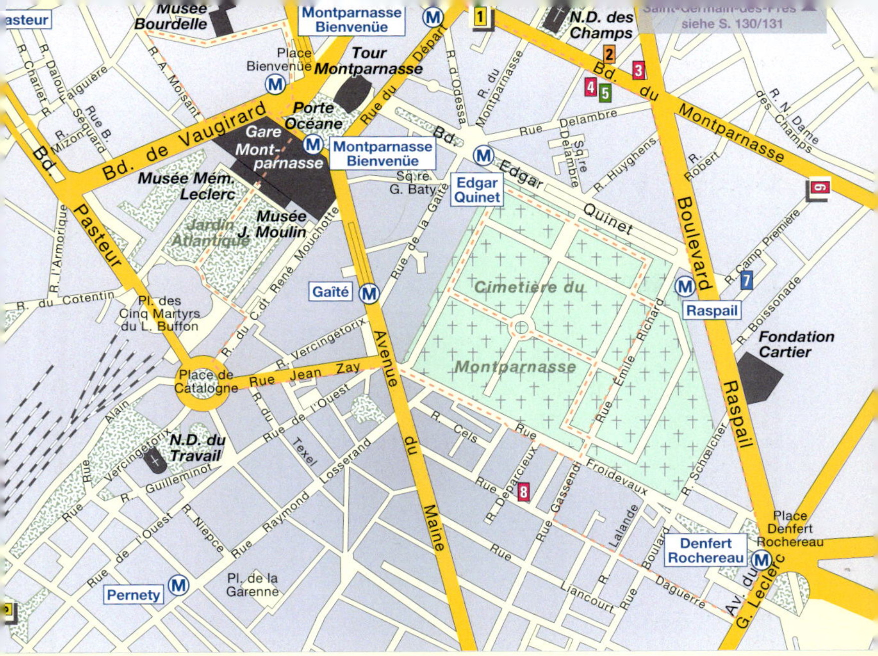

Übernachten
7 Istria (S. 52)

Cafés (S. 143)
5 Café du Dôme
6 La Closerie des Lilas

Essen & Trinken (S. 143)
3 La Rotonde
4 La Coupole
6 La Closerie des Lilas
8 Chez Enzo

Nachtleben (S. 143)
2 Le Sélect
5 Café du Dôme

Einkaufen (S. 143)
1 FNAC
9 Marché du Livre Ancien et d'Occasion

Montparnasse

56. (Panoramarestaurant) beziehungsweise 59. Stockwerk (Freiluftterrasse), das man in 38 Sekunden mit dem schnellsten Aufzug Europas erreicht, bietet sich ein phantastischer Panoramablick.
Adresse: Tour Montparnasse, 75015. Ⓜ Montparnasse-Bienvenue (Linie 4, 6 und 13). ⌚ 9.30–22.30 Uhr, im Sommer bis 23.30 Uhr. Eintritt: 9 €, erm. 6,50 € und 5,50 €. www.tourmontparnasse56.com.

Jardin Atlantique: Exakt 18 Meter über den Gleisen des Bahnhofs Montparnasse wurde ein drei Hektar großer, futuristisch anmutender Park mit Spielplätzen und Sporteinrichtungen (Tennis) angelegt. Eine Rolltreppe führt hinauf zu dem experimentellsten der Pariser Gärten. Die gesamte Anlage spielt mit dem Thema Meer, wobei steinerne Wellen sich am Ufer brechen und Gräser Dünen imitieren sollen.
Adresse: 75015, Ⓜ Gaîté – Pasteur (Linie 6 und 12).

Musée Bourdelle: Emile-Antoine Bourdelle, ein Schüler Rodins, lebte und arbeitete bis zu seinem Tod 1929 in diesem Gebäude, das seine Hinterbliebenen zusammen mit einem Teil der Sammlung der Stadt Paris schenkten.

Bereits Henry Miller zählte zu den Gästen im Café Le Dôme

Trotz der musealen Nutzung geht von Bourdelles Atelier noch immer eine persönliche Atmosphäre aus. Auch der von der Straße nicht zu erkennende moderne Erweiterungsbau von Christian de Portzamparc stört den Gesamteindruck nicht. Ausgestellt sind vor allem monumentale Plastiken aus Gips und Bronze.

Adresse: 16, rue Antoine Bourdelle, 75015. Ⓜ Montparnasse-Bienvenüe (Linie 4, 6, 12 und 13). Ⓞ Tgl. außer Mo 10–17.40 Uhr. Eintritt: frei! Sonderausstellungen: 4,50 €.

Musée Pasteur: Für Chemiker, Biologen und Mediziner gehört ein Besuch des Museums selbstverständlich zum Pflichtprogramm. In der einstigen Wohnung von Louis Pasteur werden im Rahmen einer sehr persönlichen Führung das nachgestellte Labor sowie wissenschaftliche und persönliche Dokumente gezeigt, die einen guten Einblick in das Werk des großen Gelehrten geben. Mehrere Gemälde beweisen, dass der junge Pasteur auch über ein beachtliches künstlerisches Talent verfügte. Recht pompös ist das mit allegorischen Mosaiken verzierte Grabmal Pasteurs, das sich im Keller befindet.

Adresse: 25, rue du Docteur Roux, 75015. Ⓜ Pasteur (Linie 6 und 12). Ⓞ Mo–Fr 14–17.30 Uhr, im Aug. geschlossen. Eintritt: 3 €, erm. 1,50 €. www.pasteur.fr.

La Ruche: „Der Bienenkorb" ist eines der legendärsten Künstlerateliers von Paris. Chagall, Léger, Modigliani, Zadkine und Soutine arbeiteten hier. Der Maler und Bildhauer Alfred Boucher ließ 1902 den Weinpavillon der Weltausstellung hier wiedererrichten und führte ihn einer neuen Nutzung als Atelierkomplex zu. Sozial engagiert, wollte er es auch finanzschwachen Künstlern ermöglichen, in einem eigenen Atelier zu arbeiten. Nach einem steten Niedergang in der Nachkriegszeit, entging das Gebäude in den siebziger Jahren nur knapp dem Abbruch und wird heute wieder als Atelier genutzt, so dass eine Besichtigung nur von außen möglich ist.

Adresse: Passage de Dantzig, 75015. Ⓜ Convention, Porte de Versailles (Linie 12).

Sartre und Beauvoir – eine Caféhausbeziehung

Jean-Paul Sartre und Simone de Beauvoir gelten als das Musterbeispiel einer intellektuellen Beziehung. Da die beiden niemals zusammen eine Wohnung besaßen, spielte sich das gemeinsame Leben von Sartre und Beauvoir vorzugsweise in den Pariser Cafés ab. „Als Lehrer mit nur wenig Geld lebte ich in einem Hotel", erinnerte sich Jean-Paul Sartre, „und wie alle Leute, die in Hotels wohnten, verbrachte ich den größten Teil des Tages im Café." Und als sich Sartre im Zweiten Weltkrieg in deutscher Kriegsgefangenschaft befand, waren die Pariser Cafés für Simone de Beauvoir ein zweites Zuhause, denn dort hatte sie „das Gefühl, zu einer Familie zu gehören, und das bewahrt vor Depressionen". Nach Kriegsende trafen sich Jean-Paul Sartre und Simone de Beauvoir mit Albert Camus und Maurice Merleau-Ponty vorzugsweise im „Café de Flore" oder in der gegenüberliegenden „Brasserie Lipp" und begründeten dadurch den Ruf von Saint-Germain-des-Prés als Treffpunkt der intellektuellen Elite.

Praktische Infos

Essen, Trinken, Nachtleben

La Closerie des Lilas (6), von Hemingway als „eines der besten Cafés von Paris" gelobt, erinnert noch ein Messingschild an der Bar an den berühmten Gast. Das angeschlossene Restaurant genießt auch in Feinschmeckerkreisen einen ausgezeichneten Ruf. Mittagsmenü 45 € (inkl. Wein). 171, boulevard du Montparnasse, 75006, ✆ 0140513450. Ⓜ Montparnasse Bienvenüe (Linie 4, 6, 12 und 13).

La Rotonde (3), ein weiterer Pariser Klassiker. Die Künstler und Literaten sind verschwunden und auch die Leistungen des Küchenchefs lassen vom einstigen Glanz des Hauses träumen. Menü zu 34 €, mittags 15 €. 105, boulevard du Montparnasse, 75006, ✆ 0143266884. Ⓜ Vavin (Linie 4).

Café du Dôme (5), das berühmte Literatencafé zehrt noch immer von seinem einstigen Ruhm, den sich der heutige Besitzer gerne bezahlen lässt. Tgl. bis 24 Uhr geöffnet. Im Aug. So und Mo Ruhetag. 108, boulevard du Montparnasse, 75014. Ⓜ Vavin (Linie 4).

La Coupole (4), mit 800 Quadratmetern ist das 1927 eröffnete La Coupole fast so groß wie ein Ballsaal. Man speist im distinguierten Art-déco-Ambiente, nur der Service lässt etwas zu wünschen übrig. Menüs zu 22,90 € und 29,90 €. Jeden Di 21–4 Uhr sowie Fr und Sa 24–6 Uhr legen DJs vorzugsweise Latino-Rhythmen auf. 102, boulevard du Montparnasse, 75014, ✆ 0143201420. www.coupoleparis.com. Ⓜ Vavin (Linie 4).

Le Sélect (2), als erste Bar, die die ganze Nacht geöffnet blieb, wurde das Sélect zum beliebtesten Treffpunkt der Lost Generation. Bis heute ist die Einrichtung samt Stuck relativ unverändert, so dass hier noch am ehesten das einstige Flair des Montparnasse zu spüren ist. Tgl. bis 4 Uhr morgens geöffnet. 99, boulevard du Montparnasse, 75006, ✆ 0145483824. Ⓜ Vavin (Linie 4).

Chez Enzo (8), eher ein Imbiss als ein Restaurant, aber die leckeren Pizzen und die hervorragende Pasta zu zivilen Preisen (7–11 €) lohnen einen Besuch. Die *calzone spéciale* wird gar mit Parmaschinken gefüllt. Samstagabend und So geschlossen, im Aug. Betriebsferien. 72, rue Daguerre, 75014, ✆ 0143216666. Ⓜ Denfert-Rochereau (Linie 4 und 6).

Einkaufen

FNAC (1), riesiges Angebot an Büchern, CDs und Videos. 136, rue des Rennes, 75015. Ⓜ Saint-Placide (Linie 4).

Marché du Livre Ancien et d'Occasion (9), Bücherfreunde aus ganz Paris treffen sich hier jedes Wochenende ab 9 Uhr. Parc Georges Brassens, 75015. Ⓜ Porte de Vanves, Convention (Linie 12 und 13).

Montparnasse
Karte S. 141

Mehr als 180 Millionen Menschen waren schon oben

Vom Musée d'Orsay zum Eiffelturm

Das 7. Arrondissement besitzt mit dem Eiffelturm und dem Musée d'Orsay zwei der größten Besuchermagneten Frankreichs. Verglichen mit anderen Vierteln finden sich im Faubourg Saint-Germain nur wenige Wohnbauten, stattdessen prägen Ministerien und diplomatische Vertretungen das Straßenbild.

Im Quartier Faubourg Saint-Germain ist die hohe Politik zu Hause: Im Palais Bourbon tagt die Nationalversammlung, der französische Premierminister regiert im Hôtel Matignon und der deutsche Botschafter residiert in dem in der Rue de Lille gelegenen Hôtel de Beauharnais, das als das schönste Empire-Palais von Paris gilt. Auch die UNESCO, die Organisation der Vereinten Nationen für Erziehung, Wissenschaft und Kultur, hat ihren Sitz im 7. Arrondissement. Am Wochenende, wenn die Diplomaten ausgeflogen sind, ist das Viertel so gut wie ausgestorben. Dafür bewegen sich die Menschenmassen in Richtung Eiffelturm, dem Pariser Wahrzeichen schlechthin. Als leuchtende Metapher ragt der Turm in den nächtlichen Himmel der Seinemetropole und kündet vom Glanz des 19. Jahrhunderts, als die Grande Nation für die Weltausstellung von 1889, die mit dem 100-jährigen Jubiläum der Französischen Revolution zusammenfiel, ein Zeichen setzen wollte. Der Bau des mit über 300 Metern damals höchsten Turmes der Welt schien als monumentales Statussymbol vorzüglich geeignet, sollte er doch „eine Apotheose des Eisens und der Maschine werden, dieser beiden Symbole des Sieges unserer Vernunft über die Mächte der Finsternis".

Ein hohler Kerzenständer?

Es mag aus heutiger Sicht verwundern, doch war der geplante Bau des Eiffelturms alles andere als unumstritten. Wenige Tage nachdem die Arbeiten begonnen hatten, protestierten zahlreiche prominente Schriftsteller und Künstler, darunter Emile Zola, Alexandre Dumas und Guy de Maupassant, in einem öffentlichen Aufruf gegen den Bau „dieses Schandmals", das der Kulturkritiker Joris-Karl Huysmans geringschätzig als „hohlen Kerzenständer" bezeichnete. Auch der berühmte Schweizer Kulturhistoriker Jacob Burckhardt meldete sich zu Wort und sparte angesichts der bevorstehenden Weltausstellung nicht mit Kritik: „Mein spezieller Abscheu bei dieser Enterprise ist der Riesenturm, welcher offenbar als Reklame für die gedankenlosesten Tagdiebe von Europa, Amerika etc. zu wirken bestimmt ist." Selbst nachdem die Arbeiter und Ingenieure vollendete Tatsachen geschaffen hatten, wollten die Kritiker nicht resignieren: Während Paul Verlaine keinen Umweg scheute, dem Anblick des Eiffelturmes zu entgehen, verließ Guy de Maupassant Paris, um seinen Protest gegen den einem „Fabrikschlot" ähnelnden „Metallrumpf" zu unterstreichen. Da Maupassant wusste, dass er mit seiner Ablehnung auf verlorenem Posten stand, ließ er sich zu einem Festessen in das Restaurant des Turmes einladen, „weil es der einzige Platz in Paris ist, wo man ihn nicht sieht".

Karte S. 146/147

Spaziergang

Als Ausgangspunkt für die Erkundung des Faubourg Saint-Germain bietet sich die Métrostation Sèvres Babylone an. Die von Adelspalästen gesäumte Rue du Bac liegt in einem Viertel, in dem sich zahllose Galeristen und Antiquitätenhändler niedergelassen haben. Einen ersten Kunstgenuss bietet das in einer Seitenstraße gelegene **Musée Maillol**. Die nur wenige Fußminuten entfernte einstige Gare d'Orsay, ein im Jahre 1900 im Geiste des akademischen Klassizismus entworfenes Bahnhofsgebäude, birgt seit 1986 das überaus ansprechende **Musée d'Orsay**. Vorbei am Hôtel de Salm und dem Hôtel de Beauharnais, in dem der deutsche Botschafter residiert, schlendert man entlang der Seine zum **Palais Bourbon**, dem Sitz des französischen Parlaments. Über den verspielten Pont Alexandre III. hinweg bietet sich ein schöner Blick hinüber zur Place de la Concorde, nach Süden hin dominiert die Esplanade des Invalides mit der Kuppel des **Dôme des Invalides** die Kulisse. Wer kein Interesse am **Musée de l'Armée** hat, kann sich gleich dem in einem alten Adelspalast untergebrachten **Musée Rodin** widmen, zu dem auch ein lauschiger Garten gehört. Von der Ecole Militaire und dem dahinter liegenden Maison de l'UNESCO führt das nach dem Kriegsgott Mars benannte Feld (Champ-de-Mars) – es diente einst als Übungs- und Paradeplatz der königlichen Militärakademie – zur **Tour Eiffel**, dem eindrucksvollsten Symbol der Weltausstellung von 1889. Auch wenn sich vor den Aufzügen bereits lange Schlangen gebildet haben, eine Besichtigung des Eiffelturms gehört nun mal zum Pflichtprogramm eines Parisbesuchs. Individualisten sind hier falsch am Platz, schließlich haben sich bis heute mehr als 180 Millionen Menschen artig angestellt. Kulturinteressierte

Champs-Elysées siehe S. 164/165
XVI. Arrondissement siehe S. 156/157
Übernachten
4 Hôtel de la Tulipe (S. 51)
15 The 3 Ducks Hostel (S. 54)
Essen & Trinken
(S. 152/153)
1 L'Ami Jean
2 La Trappola
3 Maxoff
5 Le Rouge Vif
6 Le Bistrot de l'Université
7 Le Café des Lettres
8 Le Petit Niçois
9 Le Jules Verne
13 L'Epi Dupin
16 Le Café du Commerce
Cafés (S. 152/153)
7 Le Café des Lettres
16 Le Café du Commerce
Einkaufen (S. 153)
10 Galerie Adrien Maeght
11 The Conran Shop
12 Bon Marché
14 Marché Saxe-Breteuil
Musée Guimet
Iéna
Alma-Marceau
Pl. de l'Alma
Palais de Tokyo
Cours Albert 1er
Pont de l'Alma
Pt. de l'Alma
Pl. de la Résistance
Quai d'Orsay
Quai Branly
Musée du Quai Branly
R. Cognacq Jay
Rue de l'Université
St Pierre du Gros Caillou
Pl. de Varsovie
Pont d'Iéna
Eiffelturm
Champ de Mars Tour Eiffel
Av. d'Iéna
Avenue Rapp
Avenue Bosquet
Avenue de la Bourdonnais
Pl. du Général Gouraud
Parc du Champ de Mars
Pl. Jacques Rueff
Av. Gustave Eiffel
Avenue de Suffren
Rue de la Fédération
École Militaire
Pl. de l'École Militaire
Place Joffre
Av. de la Motte Picquet
Place Dupleix
St Léon
Dupleix
Boulevard de Grenelle
La Motte Picquet Grenelle
Av. Lowendal
Place Cambronne
Cambronne
U.N.E.S.C.O.
Pl. de Fontenoy
Rue du Commerce
Rue Fondary
Rue Viala

Champs-Elysées siehe S. 164/165
Petit Palais
Palais de la Découverte
Cours la Reine
Pl. de la Concorde
Galerie Nationale du Jeu de Paume
Musée de l'Orangerie
Jardin des Tuileries
Pont des Invalides
Pont Alexandre III
Pont de la Concorde
Quai d'Orsay
Pl. de Finlande
Quai Anatole France
Palais Bourbon
Invalides
Esplanade des Invalides
Av. du M.al Gallieni
Rue de l'Université
Pl. du Palais Bourbon
Assemblée Nationale
R. A. Briand
Bd. Saint Germain
Rue de Lille
Musée d'Orsay
Musée d'Orsay
3 5 6 7
Rue Fabert
Rue Surcouf
Boulevard de la Tour Maubourg
R. de la Comète
R. Saint Dominique
Rue Saint Dominique
Rue de Constantine
Rue de Bourgogne
Pl. des Invalides
R. Las Cases
Rue de Martignac
Rue C. Périer
Basilique Ste Clotilde
Solférino
Rue de Grenelle
La Tour Maubourg
Musée de l'Armée
Varenne
Rue de Bellechasse
10
Motte Picquet
Rue Chevert
Boulevard
Hôtel des Invalides
St Louis
Saint-Germain-des-Prés siehe S. 130/131
Musée de l'Ordre de la Libération
Église du Dôme
Musée Rodin
Rue de Varenne
Musée Maillol
Avenue de Tourville
Place Vauban
Av. Lowendal
Avenue de Breteuil
Av. de Villars
Boulevard des Invalides
Rue Barbet de Jouy
R. de Chanaleilles
Rue Vaneau
Rue du Bac
11
Avenue de Ségur
Avenue Duquesne
Rue d'Estrées
Rue de Babylone
12
St François Xavier
Rue Monsieur
Sèvres Babylone
13
Rue Oudinot
Rue Rousselet
Rue de Sèvres
Vaneau
Rue Eblé
Avenue de Saxe
14
Bd. des Invalides
Rue Duroc
Pl. de Breteuil
200 m
Vom Musée d'Orsay zum Eiffelturm

Musée d'Orsay – ein Bahnhof der Kunst

können den Spaziergang durch das 7. Arrondissement ab dem Jahr 2006 mit einem Besuch des **Musée du Quai Branly** ausklingen lassen. Schon jetzt kann man aber entweder in die Abwasserkanäle von Paris hinabsteigen (**Egouts de Paris**) oder durch den im 15. Arrondissement gelegenen **Parc André Citroën** schlendern.

Sehenswertes

Musée Maillol: Das Museum bietet einen umfassenden Einblick in das Werk des Bildhauers Aristide Maillol (1861–1944), der vor allem für seine drallen Frauenakte bekannt ist. Seine Einrichtung geht auf eine Initiative von Maillols einstiger Lebensgefährtin und Muse Dina Vierny zurück, die ihm jahrelang Modell gestanden hat. Ergänzt wird die Maillol-Ausstellung durch Werke aus der persönlichen Sammlung Dina Viernys, darunter Gemälde von Picasso, Rodin, Cézanne und Gauguin.

Adresse: 59/61 rue de Grenelle, 75007, Ⓜ Rue du Bac (Linie 12). ⌚ Tgl. außer Di 11–18 Uhr. Eintritt: 8 €, erm. 6 €. www.museemaillol.com.

Musée d'Orsay: Das Musée d'Orsay war das große Projekt der Ära Giscard d'Estaing. Der damalige französische Staatspräsident lancierte die Idee, in dem stillgelegten Prachtbahnhof aus der Belle Epoque ein Kunstmuseum des 19. Jahrhunderts einzurichten, damit der Louvre seine bis dahin größtenteils in den Magazinen „versteckten" Schätze ansprechend präsentieren könne. Das Ergebnis ist phantastisch: Der Mailänder Architektin Gae Aulenti gelang es, das filigrane Bahnhofsgewölbe mit Hilfe postmoderner, raumgliedernder Elemente zu einer einzigartigen Ausstellungshalle zu verschmelzen. Gezeigt wird Kunst, einschließlich Architektur und Photographie aus der Zeit von 1848 bis 1914, also von der französischen Romantik bis zum Ende des Impressionismus. Während die zentrale Mittelachse des Bahnhofsgebäudes den Skulpturen vorbehalten ist, finden sich linker und rechter Hand Gemälde der Schule von Barbizon (Théodore Rousseau, Millet, Corot etc.) sowie weitere Kunstwerke aus dem Zweiten Kaiserreich, darunter auch Eduard Manets berühmtes *Déjeuner sur l'Herbe* und Gustave Courbets einst als skandalös empfundenes Bild *L'Origine du monde*. Während im Zwischengeschoss der Naturalismus, der Symbolismus sowie der Jugendstil dominieren, ist das Obergeschoss, in dem sich auch der Zugang zur Aussichtsterrasse befindet, dem Impressionismus, Pointilismus und den Anfängen des Expressionismus gewidmet. Zu sehen sind Werke von Renoir, Pissaro, Sisley, Degas, Toulouse-Lautrec, Cézanne, Gauguin, Seurat, Signac und Vincent van Gogh (u. a. „Die Kirche von Auverse-sur-Oise").

Adresse: 1, rue Bellechasse, 75007. Ⓜ Solférino (Linie 9). ⌚ Tgl. außer Mo 10–18 Uhr, Do bis 21.45 Uhr, So ab 9 Uhr. Eintritt: 7,50 €, erm. 5,50 €; sonntags 5,50 €. www.musee-orsay.fr.

Palais Bourbon: In dem zwischen 1722 und 1726 für die Duchesse de Bourbon errichteten Stadtpalast finden seit 1871 die Sitzungen des französischen Parlaments (Assemblée Nationale) statt. Die Bibliothek ziert ein monumentales Deckengemälde von Delacroix. Die klassizistische Fassade erinnert an die am rechten Ufer der Seine gelegene Madeleinekirche.

Adresse: 33, quai d'Orsay, 75007. Ⓜ Assemblée Nationale (Linie 8 und 13). ⌚ Sa um 10, 14, 15 Uhr.

Hôtel et Dôme des Invalides (Invalidendom): Mit seiner vergoldeten Kuppel gehört der Invalidendom, der dem Petersdom in Rom nachempfunden ist, zu den markantesten Gebäuden am linken Ufer der Seine. Die auf dem Grundriss eines griechischen Kreuzes mit zentraler Kuppel von dem Architekten Hadouin-Mansart errichtete Kirche gilt als ein Meisterwerk der Epoche Ludwig XIV. Wie der Name Invalidendom erahnen lässt, dient die Kirche heute als Mausoleum. In einem roten Porphyrsarkophag liegen die Gebeine Napoléons, die 1840 von der Insel St. Helena hierher überführt wurden. Auch seine Brüder Jérôme und Joseph Bonaparte, der Festungsbaumeister Vauban sowie Ferdinand Foch und andere bedeutende Marschalle fanden im Invalidendom ihre letzte Ruhestätte. Das sich direkt anschließende **Hôtel des Invalides** ließ der Sonnenkönig für die Veteranen seiner Armee im klassizistischen Stil errichten, um ihnen einen sorgenfreien Lebensabend zu ermöglichen. Voraussetzung für die Aufnahme war allerdings die Ableistung eines zehnjährigen Militärdienstes. Bis zu 6000 ehemalige Soldaten fanden hier eine Unterkunft, Kriegsversehrte genossen im zugehörigen Militärkrankenhaus eine für damalige Verhältnisse ausgezeichnete Pflege. Im West- sowie im Ostflügel des Hôtel des Invalides ist das **Musée de l'Armée** untergebracht. Überzeugten Pazifisten ist von einem Besuch des Militärmuseums dringend abzuraten. Die Grande Nation verherrlicht hier mit 300.000

Invalidendom

Napoléons Grab

Ausstellungsobjekten ihre von Schlachten begleitete Vergangenheit. Neben unzähligen Uniformen, Waffen aus verschiedenen Epochen und Ländern sowie der vergoldeten Rüstung Charles IX. werden auch die Massenvernichtungswaffen des Ersten und Zweiten Weltkriegs nicht ausgespart. Zudem lassen sich im 4. Stock historische Festungsbauten an maßstabsgetreuen Modellen studieren (*Musée des Plans-Reliefs*). Letztere waren übrigens einst ein wichtiger Bestandteil der Landesverteidigung.

Adresse: 129, rue de Grenelle, 75007. Ⓜ Varenne, La Tour Maubourg (Linie 8 und 13). ⌚ Tgl. 10–18 Uhr, im Winter nur bis 17 Uhr. Eintritt: 7 €, erm. 5 €. www.invalides.org.

Musée Rodin: Der Bildhauer Auguste Rodin (1840–1917) gehörte schon zu Lebzeiten zu den bedeutendsten Künstlern Frankreichs, so dass er es sich leisten konnte, im Hôtel de Biron, einem klassizistischen Adelspalast, ein Atelier einzurichten, das er von 1908 bis zu seinem Tod bewohnte. Zeitweise lebte in dem Haus auch der Dichter Rainer Maria Rilke , der für Rodin als Sekretär arbeitete. Rodin vermachte einen Teil seiner Werke und seine persönliche Sammlung dem französischen Staat, der den berühmten Bildhauer mit einem Museum ehrte. Ein Raum ist den Werken seiner Geliebten und Schülerin Camille Claudel gewidmet, deren Arbeiten erst in den letzten beiden Jahrzehnten richtig gewürdigt wurden. In dem angrenzenden, drei Hektar großen Park, der zu den schönsten Grünanlagen der Stadt gezählt werden kann, sind monumentale Bronzeskulpturen aufgestellt, beispielsweise die „Bürger von Calais“ und „Der Denker“.

Adresse: 77, rue de Varenne, 75007, Ⓜ Varenne (Linie 13). ⌚ Tgl. außer Mo 9.30–17.45 Uhr (im Winter nur bis 16.45 Uhr). Eintritt: 6 €, erm. 4 €. (am 1. So im Monat Eintritt frei!). Zugang nur zum Park: 1 €. www.musee-rodin.fr.

Tour Eiffel: Der Entwurf für den 318,70 Meter hohen Turm stammte nicht von dem namensgebenden Gustave Eiffel, sondern von Maurice Koechlin und Emile Nouguier, zwei in seinem Unternehmen beschäftigten Ingenieuren. Eiffel, ein erfolgreicher Bauunternehmer, stand dem Projekt anfangs skeptisch gegenüber, erst als der Architekt Stephen Sauvestre den ersten Entwurf abänderte, indem er der Konstruktion durch eine Dreiteilung und Rundbögen im unteren Bereich mehr Leichtigkeit verlieh, erwachte Eiffels Interesse und

Rodins „Denker“

er entschloss sich, das Projekt für die geplante Weltausstellung einzureichen. Das Komitee gab Eiffels verwegenem Turm gegenüber den Plänen von 700 Mitkonkurrenten den Vorzug, und so konnten im Januar 1887 die Arbeiten am Fundament in Angriff genommen werden. Die filigrane Stahlkonstruktion des Eiffelturms ist fraglos eine Meisterleistung der Ingenieurskunst. So sind beispielsweise die Bögen zwischen den Grundpfeilern so berechnet, dass selbst unter extremsten Windbelastungen ein Umkippen durch das Eigengewicht des Turmes ausgeschlossen ist. Eine gewisse Skepsis von Seiten des Komitees blieb jedoch und so musste sich Eiffel verpflichten, für sämtliche Schäden aufzukommen, die ein Einsturz des Turmes verursachen könnte.

Am 31. März 1889 war es soweit: Gustave Eiffel kletterte – es waren noch keine Aufzüge installiert – die 1710 Stufen hinauf, um die Trikolore auf der Spitze des Turmes zu hissen. Paris hatte ein neues Wahrzeichen! Der Turm, der ursprünglich nach 20 Jahren wieder demontiert werden sollte, entpuppte sich für Eiffel als wahre Goldgrube: Bereits bis zum Sommer 1889 pilgerten knapp zwei Millionen Menschen zu dem Monument, so dass die Baukosten von 7.400.000 Francs in kürzester Zeit durch die Eintrittsgelder gedeckt werden konnten. Auch die Dichter und Maler hatten den Eiffelturm nach anfänglicher Skepsis schnell in ihr Herz geschlossen. Künstler wie beispielsweise Signac, Seurat, Dufy, Chagall und immer wieder Robert Delaunay ließen sich von der markanten Silhouette inspirieren und Guillaume Apollinaire sprach ehrfurchtsvoll von einer „Schäferin der Wolken".

Ursprünglich war der Turm in Rot- und Gelbtönen gehalten, erst seit 1968 wurde er in einem dunklen Braun angestrichen, das nach oben hin immer heller

wird und so die himmelwärts strebende Architektur noch betont. Zuletzt erhielt der Eiffelturm 2002 erstmals in seiner Geschichte einen zeitgemäßen bleifreien Öko-Anstrich. Hierfür waren 60 Tonnen Farbe notwendig, die von den schwindelfreien Malern „verteilt" wurden, wobei diese 1500 Pinsel und 2000 Handschuhe verschlissen hatten.

Einen Rekord der besonderen Art stellte im April 2002 der Extremsportler Hugues Richard auf, als er die 747 Stufen des Eiffelturms in 19 Minuten und vier Sekunden erklomm, und zwar mit dem Fahrrad, ohne dass seine Füße ein einziges Mal den Boden berührten!

Praktischer Hinweis: Man muss Wartezeiten von einer Stunde einplanen. Wer in der 2. Etage in den Lift zur 3. Etage wechselt, muss nochmals eine knappe Stunde anstehen. Besonders eindrucksvoll ist es, kurz nach Sonnenuntergang auf den Turm hinaufzufahren.

Adresse: Champs de Mars, 75007. Ⓜ Bir-Hakeim (Linie 6). ⌚ 9–23 Uhr, im Juli und Aug. bis Mitternacht. Eintritt: 4,10 € (1. Etage, erm. 3 €), 7,50 € (2. Etage, erm. 4,10 €), 10,70 € (3. Etage, erm. 5,90 €), 3,80 € (Treppe bis zur 2. Etage). Hinweis: Die Treppen befinden sich in den südlichen Pfeilern, die Aufzüge in den nördlichen Pfeilern. www. tour-eiffel.fr.

Musée du Quai Branly: Als neues kulturelles Großprojekt der Ära Chirac entstand im Sommer 2006 unweit des Eiffelturms das Musée des Arts et Civilisations, in dem die Bestände des „Musée des Arts Africains et Océaniens" und des „Musée de l'Homme" zusammengeführt wurden. Den Wettbewerb für den 236 Millionen Euro teuren Museumsbau hat Stararchitekt Jean Nouvel mit einem postmodernen Entwurf gewonnen, der sich durch feinste Hightech mit einer baumhohen Glashaut und einem „Zauberwald" auszeichnet. Auf 39.000 Quadratmetern Ausstellungsfläche werden die bedeutendsten Sammlungen für Stammeskunst aus Afrika, der Ureinwohner Amerikas, Ozeaniens sowie Asiens gezeigt.

Adresse: Quai Branly, 75007. Ⓜ Bir-Hakeim (Linie 6). ⏲ Tgl. außer Mo 10–18.30 Uhr, Do bis 21.30 Uhr. Eintritt: 10 €. Kostenloser Eintritt am 1. So im Monat. www.quaibranly.fr.

Egouts de Paris: „Unter Paris liegt eine zweite Stadt", schrieb Victor Hugo in seinem Roman „Les Misérables" und spielte dabei auf die Kanalisation an, die damals einem verbotenen Hort gesellschaftlicher Abgründe glich. Heute ist ein Teil der Pariser Kanäle öffentlich zugänglich, eine Multimedia-Show erklärt die Funktionsweise des Systems, eine Ausstellung dokumentiert die Geschichte der Abwasserkanäle.

Adresse: 93, quai d'Orsay, 75007. Ⓜ Alma Marceau (Linie 9). ⏲ Sa–Mi von 11–16 Uhr im Winter bis 15 Uhr, Eintritt: 3,80 €, erm 3,05 €.

Parc André Citroën: Nach dem Abriss der alten Citroën-Fabrik wurde das Areal 1992 in einen 14 Hektar großen Park verwandelt. Obgleich versäumt wurde, die zentralen Achsen auf die Seine hin auszurichten, gehört der Parc André Citroën zu den herausragendsten Beispielen moderner Gartenbaukunst. Die Landschaftsarchitekten Alain Provost und Gilles Clément entwarfen einen abwechslungsreichen Park, dessen Grundmotiv das Rechteck ist. Im Weißen und Schwarzen Garten kontrastieren immergrüne Pflanzen mit Granitsteinen. Effektvoll ist auch die Wirkung der säulenartigen Fontänen, die zwischen den beiden großen Gewächshäusern emporsprudeln.

Adresse: Quai André-Citroën, 75015, Ⓜ Balard (Linie 8). RER: Boulevard Victor.

Praktische Infos

Essen und Trinken

L'Epi Dupin (13), gehört derzeit zu den beliebtesten Pariser Bistros, eine Reservierung ist aufgrund der Beengtheit der Räumlichkeiten dringend zu empfehlen. Serviert wird leichte, aber dennoch klassische französische Küche, beispielsweise *caille rôti* (gegrillte Wachtel). Ein besonderes Lob verdienen die Desserts. Menüs zu 22 (nur mittags) und 31 €. Samstag, Sonntag und Montagmittag, Im August Betriebsferien. 11, rue Dupin, 75006, ✆ 0142226456. Ⓜ Sèvres Babylone (Linie 10 und 12).

Le Bistrot de l'Université (6), französische Hausmannskost zu akzeptablen Preisen, selbst so einfache Gerichte wie gekochte Blutwurst (*boudin noir*) mit Kartoffelpüree kommen auf den Tisch. Hauptgerichte ab 14 €. Sa, So und im Aug. geschlossen. 40, rue de l'Université, 75007, ✆ 0142612664. Ⓜ Rue du Bac (Linie 12).

Le Rouge Vif (5), einfaches, kleines Restaurant mit eng aneinander gedrängten Tischen. Klassische Küche zu angemessenen Preisen. Mittagsmenü 18,50 €. Am Wochenende geschlossen. 48, rue de Verneuil 75007, ✆ 0142868187. Ⓜ Solférino (Linie 12).

Maxoff (3), zwei Häuser weiter öffnet sich die kulinarische Welt Osteuropas. Man hat die Wahl zwischen zahlreichen Lachsvariationen, *bœuf stroganoff* und *tarama*. Fest steht: Ein Wodka muss sein. Mittagsmenü zu 22 €. Samstagmittag, So und im Aug. geschlossen. 44, rue de Verneuil, 75007, ✆ 014 606043. Ⓜ Solférino (Linie 12).

Le Petit Niçois (8), wie der Name schon andeutet, hat sich das Restaurant auf die mediterrane Küche spezialisiert. Auf der Weinkarte findet man erwartungsgemäß einen Bandol genauso wie einen Bellet. Zu empfehlen ist die *Bouillabaisse de Nice* zu 28 € Mittagsmenüs zu 18 und 25 €, abends 2 und 40 €. Sonntagabend und im Aug. geschlossen. 10, rue Amélie, 75007, ✆ 0145518365. Ⓜ La Tour Maubourg (Linie 8).

L'Ami Jean (1), eine ausgezeichnete Adresse für Liebhaber baskischer Spezialitäten. Da

Der Eiffelturm – bei jedem Wetter ein beliebter internationaler Treffpunkt

Interieur ist eher rustikal und bodenständig. Menü 30 €. So und Mo geschlossen, im Aug. Betriebsferien. 27, rue Maler, 75007, ✆ 0147058689. Ⓜ Latour Mabourg (Linie 8).

La Trappola (2), im Schatten des Eiffelturms wird auf kleinen einladenden Tischen ansprechende sizilianische Küche serviert. Kleine Straßenterrasse. Mittagsmenü zu 19,50 €. So und Mo Ruhetag. 4, rue de Monttessuy, 75007, ✆ 0145550190. RER: Pont de l'Alma. Ⓜ Latour Mabourg (Linie 8).

Le Café des Lettres (7), beliebtes Café-Restaurant in einem alten Adelspalast. Besonders schön ist es, im Sommer im schattigen Innenhof zu sitzen. Sonntagabend geschlossen. 53, rue de Verneuil, 75007, ✆ 0142 225217. Ⓜ Rue-de-Bac (Linie 12).

Le Jules Verne (9), Aussichtsrestaurants stehen in dem Ruf, schlecht und teuer zu sein. Das auf der zweiten Etage des Eiffelturms gelegene Restaurant Jules Verne ist die große Ausnahme, denn hier lässt es sich, Paris zu Füßen, vorzüglich schlemmen. Ein weiteres Plus: Das Restaurant verfügt über einen eigenen Aufzug, so dass man sich nicht in dieselbe Reihe wie die zahllosen Touristen stellen muss. Mittagsmenü 55 €, abends 125 €. Tour Eiffel, 75007, ✆ 0145556144. Ⓜ Bir-Hakeim (Linie 6).

Le Café du Commerce (16), das Café im Stil der zwanziger Jahre ist ein Lesertipp von M. Pietsch, der das lichtdurchflutete Ambiente und die „schmackhaften kleinen Gerichte" lobte. Menüs zu 14 und 21 € (mittags) und 26,50 €. ⌚ Tgl. bis Mitternacht. 55, rue du Commerce, 75015, ✆ 0145750327. Ⓜ Commerce (Linie 8).

Einkaufen

Bon Marché (12), das traditionsreichste und größte Kaufhaus (verteilt auf zwei benachbarte Gebäude) am linken Ufer der Seine führt zahlreiche bekannte Modedesigner (Kenzo etc.). 22, rue de Sèvres, 75007. Ⓜ Sèvres-Babylone (Linie 12).

The Conran Shop (11), anspruchsvolle große und kleine Wohnaccessoires, darunter Produkte des Stardesigners Philippe Starck. 117, rue de Bac, 75007. Ⓜ Sèvres-Babylone (Linie 12).

Marché Saxe-Breteuil (14), einer der größten Pariser Märkte mit einem umfassenden Angebot französischer Köstlichkeiten. Jeden Donnerstag und Samstag auf der Avenue Saxe und der Place de Breteuil. 75007. Ⓜ St François Xavier (Linie 13).

Galerie Adrien Maeght (10), der Sohn von Aimé Maeght, dem Gründer der im Hinterland der Côte d'Azur gelegenen Fondation Maeght, führt eine der berühmtesten Kunstgalerien Frankreichs, ganz im Sinne seines berühmten Vaters. 42, rue du Bac, 75007. Ⓜ Rue du Bac (Linie 12).

Karte S. 146/147

Blick vom Arc de Triomphe ins 16. Arrondissement

16. Arrondissement

Das 16. Arrondissement ist das traditionelle Wohnviertel der französischen Eliten. Es erstreckt sich vom Palais de Chaillot bis hinüber zum Bois de Boulogne. „Paris ist die Hauptstadt von Frankreich und das 16. Arrondissement ist die Hauptstadt von Paris", bemerkte bereits Victor Hugo.

Eingerahmt von der Seine und dem Bois de Boulogne, bietet das „Seizième" großbürgerlichen Charme mit einem nicht zu übersehenden elitären Touch. Hier werden die höchsten Quadratmeterpreise in ganz Paris bezahlt, dafür dient eine „75016" auf der Visitenkarte als Eintrittskarte in die vornehmsten Kreise. Andererseits hat jemand, der in Frankreich einen hohen sozialen Status innehat, kaum eine andere Wahl, als in Auteuil oder Passy zu wohnen. Nur noch das westlich gelegene Neuilly oder das 7. Arrondissement gelten als gleichwertige Adresse. Ein Haus in einem der Vororte oder einem schlecht beleumundeten Arrondissement zu beziehen wäre vollkommen inakzeptabel. Im 16. Arrondissement sorgen Videokameras und abgesperrte Privatstraßen für ein Höchstmaß an Intimität; schließlich muss man seinen Reichtum nicht allzu offen zur Schau stellen, wurde er doch über Generationen hinweg kultiviert und veredelt. Aus diesem Grund gelingt es auch meist nicht, einen Blick in die gepflegten Gärten der Hautevolee zu werfen. Auch die Reitställe, Schwimmbäder und Tennisclubs, in denen sich die Jugend des „Seizième" vergnügt, sind nur erlesenen Mitgliedern vorbehalten. Einfache Kneipen und Cafés sind Mangelware; „das Leben ist ein langer, ruhiger Fluss".

Diese Welt der NAPs (nach den Anfangsbuchstaben von Neuilly, Auteuil und Passy) bleibt den Fremden zwar vollkommen verschlossen, dafür gibt es im Stadtteil Auteuil ansprechende Architektur der zwanziger Jahre zu entdecken: Prachtvolle Jugendstilhäuser von Hector Guimard, vereinzelt Art-déco sowie kubistisch anmutende Villen von Robert Mallet-Stevens und Le Corbusier erwarten ihre Bewunderer. In Passy erinnert kaum mehr etwas an das alte Dorf der Winzer und Steinbrucharbeiter, in dem der Schriftsteller Julien Green aufgewachsen ist. Wehmütig blickte Green Jahrzehnte später auf den Ort seiner Kindheit zurück: „An einem ein wenig düsteren Wintertag mit einem schneidenden Wind unter einem niedrigen Himmel kann man sich keine bessere Szenerie für einen Selbstmord oder eine Hinrichtung vorstellen."

Spaziergang

Der Spaziergang durch die *beaux quartiers* beginnt am Arc de Triomphe. Die von Modegeschäften gesäumte Avenue Victor Hugo führt am **Musée Dapper** vorbei zur Place Victor Hugo. Dort zweigt die Rue Boissière ab, an deren Ende das kürzlich renovierte **Musée Guimet** steht. In unmittelbarer Nähe befindet sich das **Palais de Tokyo**, dessen neoklassizistische Formensprache – die damals auch im faschistischen Rom und nationalsozialistischen Deutschland favorisiert wurde – als Ablehnung der modernen Architektur zu interpretieren ist und den imperialistischen und totalitären Ansprüchen jener Epoche entsprach. Entlang der Seine geht es weiter zum **Palais de Chaillot**, auf dessen Treppen jugendliche Inline-Skater ihre Künste vorführen und Souvenirverkäufer ihre Mini-Eiffeltürme feilbieten. Das Palais de Chaillot beherbergt das **Musée de la Marine** sowie das **Musée de l'Homme** und die **Cité de l'Architecture et du Patrimoine**. An dem kleinen Cimetière de Passy vorbei, auf dem Debussy und Manet begraben liegen, führt die Rue Benjamin Franklin ins Zentrum von Passy; hier bietet das über einen Treppenweg zu erreichende **Musée du Vin** Weinverkostungen an. Cineasten werfen einen Blick auf den *Pont de Bir-Hakeim*, der durch Bertoluccis Film „Der letzte Tango in Paris" mit Marlon Brando in der Hauptrolle berühmt wurde. Ein Abstecher zum **Maison de Balzac**, einem vornehmen Gartenhäuschen, gehört zum Pflichtprogramm der Literaturfreunde. Nicht zu übersehen ist die markante *Maison de Radio France*, der Sitz des staatlichen französischen Rundfunks. Häufig finden hier hochkarätige Konzerte zum Nulltarif statt, ein überpünktliches Erscheinen ist ratsam. Auf der gegenüberliegenden Spitze einer Seineinsel steht eine verkleinerte Ausgabe der Freiheitsstatue, die in Erinnerung ruft, dass das New Yorker Original ein Geschenk Frankreichs ist. Von Hector Guimard, dem französischen Meister des Jugendstils, stammen mehrere Gebäude in der Rue de la Fontaine, darunter auch das Castel Béranger (Nr. 14), das von seinen Kritikern als *Castel dérangé* (verrücktes Haus) verspottet wurde und derzeit renoviert wird. Anderen gefiel die Individualität des Hauses außerordentlich gut; der Maler Paul Signac richtete sich im Castel Béranger sogar ein Atelier ein. Üppig ist die Dekoration vor allem im Treppenhaus, in welchem sie sich schlingpflanzenartig hinaufwindet. Im Haus Nr. 96 erblickte übrigens Marcel Proust das Licht der Welt. In der Avenue Mozart (Nr. 122) steht Guimards Wohnhaus, das er sich nach eigenen Plänen errichten ließ. In unmittelbarer Nähe befindet sich die **Fondation Le Corbusier**, die Gelegenheit bietet, ein Haus des berühmten Schweizer Architekten zu besuchen.

Karte S. 156/157

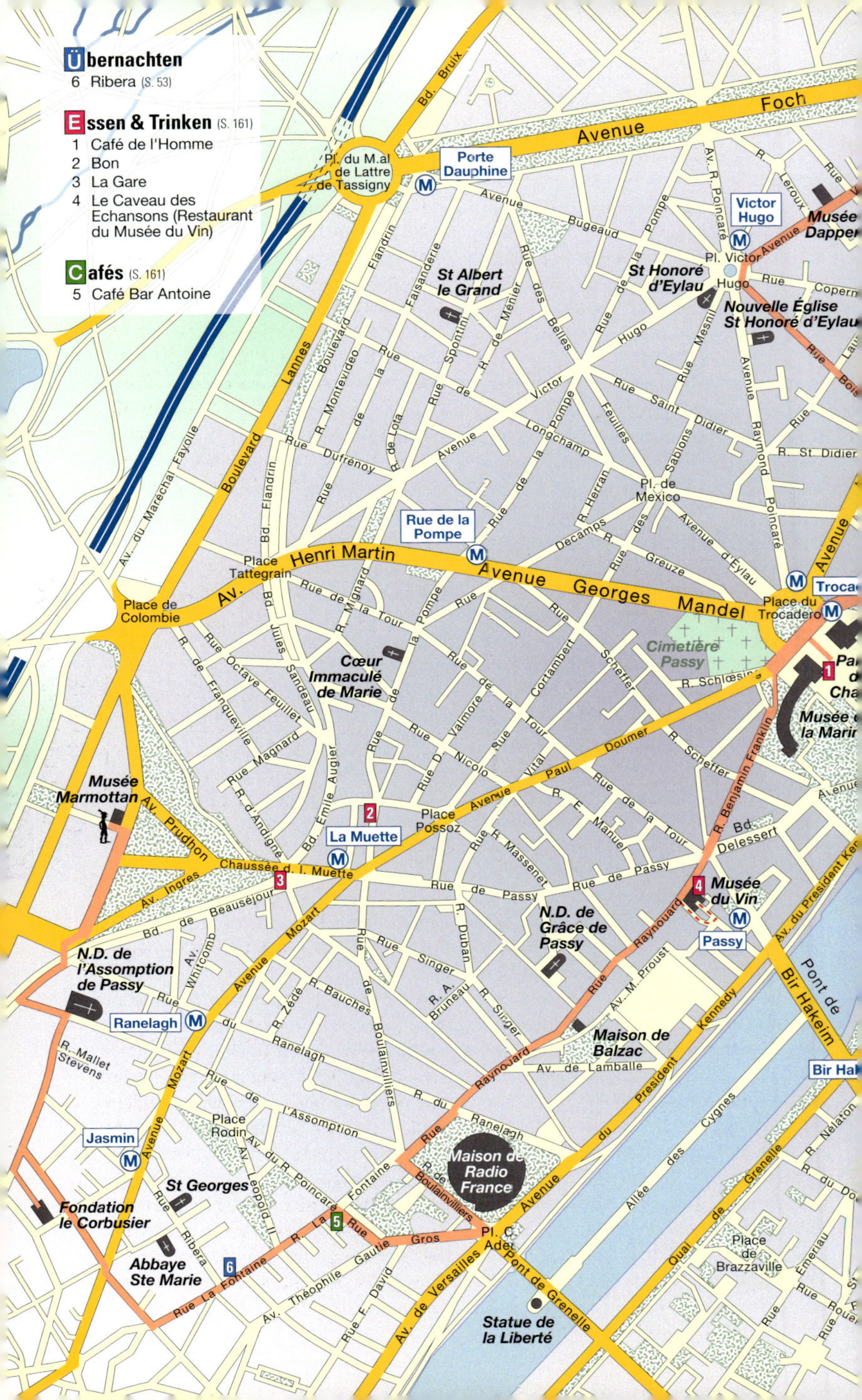
Übernachten
6 Ribera (S. 53)
Essen & Trinken (S. 161)
1 Café de l'Homme
2 Bon
3 La Gare
4 Le Caveau des Echansons (Restaurant du Musée du Vin)
Cafés (S. 161)
5 Café Bar Antoine
Avenue Foch
Porte Dauphine
Pl. du M.al de Lattre de Tassigny
Bd. Bruix
Victor Hugo
Pl. Victor Hugo
Musée Dapper
St Albert le Grand
St Honoré d'Eylau
Nouvelle Église St Honoré d'Eylau
Boulevard Lannes
Av. du Maréchal Fayolle
Rue de la Pompe
Pl. de Mexico
Place Tattegrain
Av. Henri Martin
Avenue Georges Mandel
Place de Colombie
Place du Trocadero
Cimetière Passy
Cœur Immaculé de Marie
Musée Marmottan
Av. Prudhon
Chaussée d. l. Muette
La Muette
Place Possoz
Avenue Paul Doumer
R. Benjamin Franklin
Musée de la Marine
Av. Ingres
Bd. de Beauséjour
Avenue Mozart
Rue de Passy
N.D. de Grâce de Passy
Musée du Vin
Passy
Rue Raynouard
N.D. de l'Assomption de Passy
Ranelagh
R. Mallet Stevens
Rue du Ranelagh
Maison de Balzac
Av. de Lamballe
Avenue du Président Kennedy
Bir Hakeim
Pont de Bir Hakeim
Place Rodin
Rue de l'Assomption
Jasmin
Maison de Radio France
St Georges
Fondation le Corbusier
Abbaye Ste Marie
Rue La Fontaine
Rue Gros
Pl. C. Ader
Av. de Versailles
Pont de Grenelle
Statue de la Liberté
Allée des Cygnes
Quai de Grenelle
Place de Brazzaville

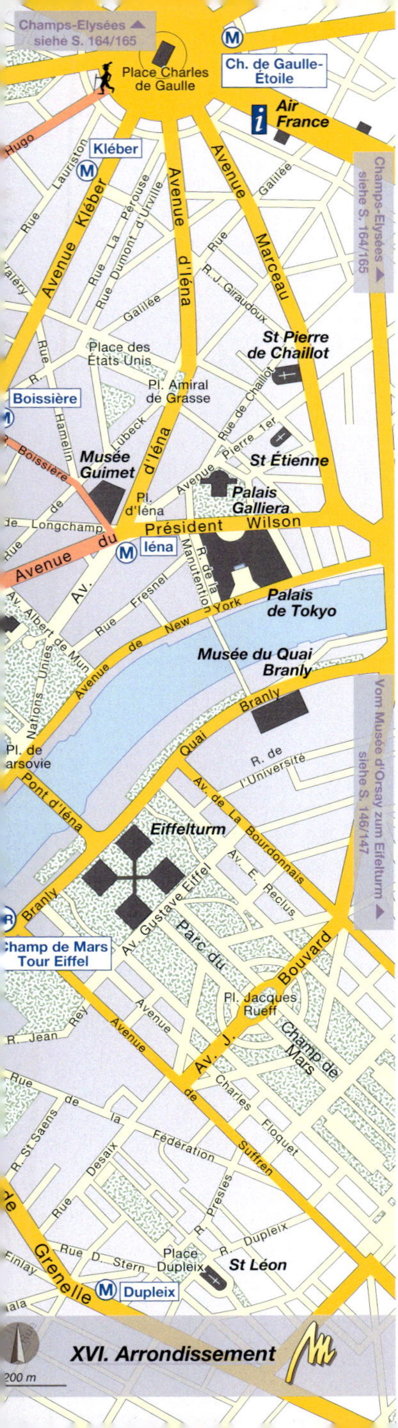

Doch nicht genug der architektonischen Spurensuche: In der **Rue Mallet-Stevens** kann man noch mehrere von dem Pariser Avantgardearchitekten Robert Mallet-Stevens errichtete Häuser bewundern. Ein paar Fußminuten weiter nördlich verspricht das **Musée Marmottan** zum Abschluss noch höchsten Kunstgenuss für alle Monet-Verehrer. Wer sich nach dem Spaziergang durch das 16. Arrondissement etwas mehr Natur wünscht, gelangt über die Porte de la Mulette direkt in den **Bois de Boulogne**. Als nette kleine Gartenanlage zeigt sich auch der Jardin du Ranelagh gegenüber dem Musée Marmottan.

Sehenswertes

Musée Dapper: In dem nach dem niederländischen Geographen Olfert Dapper benannten Museum für afrikanische Kunst finden regelmäßig Wechselausstellungen zu Kunst und Kultur des Schwarzen Kontinents statt. Die neu konzipierte, auf 2000 Quadratmetern untergebrachte Sammlung ist weltweit eine der bedeutendsten zur afrikanischen Kunst.

Adresse: 35bis, rue Paul Valéry, 75016. Ⓜ Victor Hugo (Linie 2). ⌚ Mi–So 11–19 Uhr. Eintritt: 5 €, erm. 2,50 €. Letzter Mittwoch im Monat: Eintritt frei! www.dapper.com.fr.

Musée Guimet: Das Museum für asiatische Kunst hat nach einer umfangreichen Neukonzeption seine Pforten wieder geöffnet. Präsentiert wird asiatische Kunst aus China, Japan, Indien und Tibet. Die Sammlung wurde von dem Lyonnaiser Industriellen Emile Guimet (1836–1918) begründet, der als Mitglied einer Forschungsexpedition mehrere Reisen in den Fernen Osten unternommen hatte. Später kamen noch zahlreiche Schenkungen

XVI. Arrondissement
Karte S. 156/157

Bauspionage auf höchster Ebene

Die Pariser Weltausstellungen boten den teilnehmenden Nationen stets einen eindrucksvollen Rahmen zur Selbstdarstellung. In diesem Sinne wollte auch die Sowjetunion die Weltausstellung von 1937 nutzen und mit einem eindrucksvollen Monument, das von einer siegesgewiss dahinstürmenden Figurengruppe gekrönt war, ihren moralischen Führungsanspruch demonstrieren. Hitler hatte eine deutsche Teilnahme zunächst entschieden abgelehnt, weil er sich von der Ausstellungsleitung brüskiert fühlte. Vorgesehen war nämlich, dass der deutsche Pavillon genau gegenüber dem sowjetischen Bauplatz stehen sollte, umso auf die totalitäre Korrespondenz der beiden Mächte hinzuweisen. Kurzfristig entschloss sich Hitler doch noch zu einer Teilnahme, da sich sein Lieblingsarchitekt Albert Speer auf einer Erkundungsvisite auf dem Gelände „verirrt" hatte und in einem Nebenraum das geheim gehaltene Modell des sowjetischen Entwurfs studieren konnte. Flugs entwarf Speer einen deutlich höheren Pfeilerbau mit Reichsadler und Hakenkreuz, der den Eindruck erweckte, dem Ansturm der sowjetischen Arbeiter und Bauern zu trotzen. Markante Note am Rande: Für das Modell des Nürnberger Reichsparteitagsgeländes wurde Deutschland ein „Grand Prix" verliehen ...

sowie die asiatischen Werke des Louvre hinzu.

Adresse: Place d'Iéna, 75016. Ⓜ Iéna (Linie 9). ⌚ Tgl. außer Di 10–18 Uhr. Eintritt: 6,50 €, erm. 4,50 €. www.museeguimet.fr.

Palais de Tokyo (Musée d'Art Moderne de la Ville de Paris): Seit 1961 befindet sich in dem anlässlich der Weltausstellung von 1937 errichteten Palais das Städtische Museum für Moderne Kunst. Neben ansprechenden Wechselausstellungen lockt auch die hochkarätige Dauerausstellung. Zum Fundus des Museums gehören neben Raoul Dufys 600 Quadratmeter großem Monumentalgemälde *La Fée Electricité* auch Werke von Vlaminck, Derain, Braque, Picabia, Max Ernst, Léger, Arp, Bonnard, Delaunay und Matisse sowie Skulpturen von Zadkine und Lipchitz. Mit anderen Worten: Mehr als nur eine interessante Ergänzung zum Centre Pompidou.

Adresse: 11, avenue de Président Wilson, 75016. www.mam.paris.fr. Ⓜ Iéna, Alma Marceau (Linie 9). ⌚ Tgl. außer Mo 10–17.40 Uhr, Mi und Fr bis 22 Uhr. Eintritt: frei! Sonderausstellungen 9 €, erm. 6 €.

Cité de l'Architecture et du Patrimoine (Palais de Chaillot): Nach umfangreichen Renovierungsarbeiten soll im Frühjahr 2007 das Museum Cité de l'Architecture et du Patrimoine eröffnet werden, dem eine umfangreiche Mediathek angegliedert sein wird.

Adresse: Place du Trocadéro, 75016. Ⓜ Trocadéro (Linie 6 und 9). Genaue Öffnungszeiten standen bei Redaktionsschluss noch nicht fest. www.citechaillot.org.

Musée de l'Homme: Interessante Darstellung der menschlichen Zivilisation von den Anfängen des Homo Sapiens bis zu den gegenwärtigen Problemen der Überbevölkerung einer Welt mit sechs Milliarden Bewohnern. Die Kulturgeschichte der Menschheit wird hier ansprechend erläutert.

Adresse: 17, place du Trocadéro et du 11 Novembre, 75016. www.mnhn.fr. Ⓜ Trocadéro (Linie 6 und 9). ⌚ Tgl. außer Di 10–17 Uhr, am Wochenende bis 18 Uhr. Eintritt: 7 €, erm. 5 €.

Musée de la Marine: Das Marinemuseum besitzt eine umfangreiche Sammlung kunstvoll gefertigter Schiffsmodelle in den verschiedensten Maßstäben. Das Spektrum reicht von der antiken Galeere über herrlich getakelte Fregatten bis zum modernen Flugzeugträ-

Balzacs Arbeitszimmer

ger. Hinzu kommen zahlreiche Navigationsinstrumente, Galionsfiguren und Gemälde von bedeutenden Seeschlachten und Häfen (z. B. von Joseph Vernet). Fazit: nichts für Landratten.

Adresse: 17, place du Trocadéro et du 11 Novembre, 75016. www.musee-marine.fr. Ⓜ Trocadéro (Linie 6 und 9). ⌚ Tgl. außer Di 10–17.50 Uhr. Eintritt: 7 €, erm. 5,50 € bzw. 3,85 €. www.musee-marine.fr.

Musée du Vin: Frankreich hält viel auf seine Weinkultur. So lag es nahe, auch in der Hauptstadt ein Museum des Weines einzurichten. In den Kellergewölben eines ehemaligen Klosters, in dem bis zur Revolution am Ufer der Seine Wein angebaut wurde, werden erlesene Rebensäfte verkostet. Der Preis für die Degustation ist im Eintritt inbegriffen.

Adresse: 5, square Charles Dickens. Ⓜ Passy (Linie 9). ⌚ Tgl. außer Mo 10–18 Uhr. Eintritt: 8 €, erm. 7 €. www.museeduvinparis. com.

Maison de Balzac: Nachdem der Schriftsteller Honoré de Balzac (1799–1850) in jungen Jahren als Verleger Bankrott gegangen war, fühlte er sich zeitlebens von seinen Gläubigern verfolgt. Um ihren Nachstellungen zu entgehen, floh Balzac 1840 in diese „Hütte in Passy“, wo er fast unbehelligt an seiner „Menschlichen Komödie“ arbeiten konnte. Drang doch einmal ein Gläubiger bis nach Passy vor, verschwand Balzac durch den Hinterausgang. Bis zu 16 Stunden täglich – vorzugsweise allerdings nachts – arbeitete Balzac, der zu den meistgelesenen Romanciers des 19. Jahrhunderts gehört, an seinem Schreibtisch, wobei er sich durch unzählige Tassen Café aufputschte. Der am Hang gelegene Garten eignet sich mit seinen einladenden blauen Stühlen für eine kurze Pause.

Adresse: 47, rue Raynouard, 75016. Ⓜ Passy (Linie 9). ⌚ Tgl. außer Mo 10–18 Uhr. Eintritt: frei! www.paris.fr/musees/balzac.

Fondation Le Corbusier: Le Corbusier, der eigentlich Charles-Edouard Jeanneret-Gris hieß, hat als einer der bedeutendsten Architekten des 20. Jahrhunderts den modernen Städtebau maßgeblich beeinflusst. Die Pariser Fondation Le Corbusier ist in zwei, von Corbusier zwischen 1923 und 1925 entwor-

Fondation Le Corbusier

fenen Privathäusern untergebracht. Eines von beiden, die Villa La Roche, kann besichtigt werden; die für seinen Bruder Albert geplante Villa Jeanneret ist nicht zugänglich. Typisch für den Stil des 1965 verstorbenen Le Corbusier sind die Farbgestaltung, die Dachterrassen und die Fensterbänder.

Adresse: Villas La Roche-Jeanneret, 75016. Ⓜ Jasmin (Linie 9). ⌚ Mo 13.30–18 Uhr, Di–Do 10–12.30 Uhr und 13.30–18 Uhr, Fr bis 17 Uhr, Sa 10–17 Uhr; im Aug. geschlossen. Eintritt: 2,50 €, erm. 1,60 €.

Rue Mallet-Stevens: Die kleine, von der Rue du Docteur Blanche abzweigende Sackgasse ist nach dem avantgardistischen Architekten Robert Mallet-Stevens benannt, der in den zwanziger Jahren mehrere Fassaden für Geschäfte und Bars entworfen hat. In der jetzigen Rue Mallet-Stevens konnte er 1925–1927 seine modernistischen Vorstellungen in einem größeren Umfang verwirklichen. Jedes Haus hat ein eigenes Profil und ist dennoch in das gesamte Ensemble integriert. Mallet-Stevens' Privatvilla (Hausnummer 12) zeigt mit den charakteristischen Außenwänden ein Stilelement, das vor allem bei den Ozeandampfern der damaligen Zeit eingesetzt wurde. Da Mallet-Stevens auch an der Innenausstattung beteiligt war, verschmolzen seine Entwürfe zu einer einzigartigen Harmonie.

Ⓜ Ranelagh (Linie 9), 75016.

Musée Marmottan: Das nach dem Kunstsammler Paul Marmottan benannte Museum beherbergt eine hochkarätige Impressionistensammlung mit Werken von Boudin, Sisley, Pissarro, Renoir, Gaugin und Claude Monet. Da die vornehme Villa abseits der üblichen Touristenpfade liegt, bietet sich die Gelegenheit zum Kunstgenuss in relativ ungestörter Atmosphäre. Zum Fundus des Museums gehört eine wertvolle Kollektion von Monets Seerosenbildern, die Monets Sohn dem Museum vermacht hat. Gemalt hat sie Claude Monet in seinem an der Grenze zur Normandie gelegenen Garten in Giverny. In die Schlagzeilen geriet das Museum im Oktober 1985 durch einen spektakulären Einbruch, bei dem mehrere Gemälde von Claude Monet – darunter das berühmte *Impression, Soleil Levant*, das dem Impressionismus seinen Namen gab – entwendet wurden. Mehr als fünf Jahre forschte die Polizei nach dem Diebesgut, bis die Bilder schließlich wohlbehalten in einer Villa im südlichen Korsika entdeckt werden konnten.

Adresse: 2, rue Louis Boilly, 75016. Ⓜ La Muette (Linie 9). ⌚ Tgl. außer Mo 10–18 Uhr. Eintritt: 7 €, erm. 4,50 €. www.marmottan.com.

Bois de Boulogne: Der Bois de Boulogne ging aus einem königlichen Waldgebiet hervor, das sich im Westen von Paris erstreckte. Erst als Jagdrevier des Königs genutzt, entwickelte sich der Wald allmählich zu einem beliebten Ziel für Spaziergänger. Nach dem Vorbild des Londoner Hyde-Parks wurde im 19. Jahrhundert unter Napoléon III. ein 845 Hektar großer Landschaftspark gestaltet. Das Gebiet wurde mit Straßen erschlossen, Seen, Wasserfälle (*Grande Cascade*), Sportstätten und die Pferderennbahnen von Longchamps und Auteuil angelegt. Später kam noch der eintrittspflichtige *Jardin d'Acclimatation* hinzu. Der Bois de Boulogne ist rund um die Uhr geöffnet. Von einem nächtlichen Besuch des Terrains sollte man aber Abstand nehmen: Der Park ähnelt dann nämlich stellenweise einem riesigen Freiluftbordell. Doch auch dies hat Tradition. Schon kurz nach der Eröffnung des Parks lästerte der Volksmund: „Les mariages du bois de Boulogne ne se font pas devant Monsieur le Curé." („Die Hochzeiten im Bois de Boulogne werden ohne Pfarrer abgehalten.")

Ⓜ Porte Dauphine oder Porte d'Auteuil, 75016 (Linie 2 und 10).

Praktische Infos

Essen und Trinken

Café de l'Homme (1), anspruchsvolles, schön designtes Restaurant im Palais de Chaillot. In der Küche sind deutliche asiatische Einflüsse auszumachen. Das Schönste ist allerdings der Blick von der sonnigen Terrasse auf den Eiffelturm. Kein Ruhetag. 17, place du Trocadéro (Linie 6 und 9), 75018, ✆ 0144053015. Ⓜ Trocadéro.

Bon (2), eine Adresse für Designfreunde. Das Restaurant wurde von keinem Geringeren als Philippe Starck eingerichtet. Aber auch die Speisekarte überrascht durch ihren Einfallsreichtum. Mittagsmenü 29 €. ⌚ Tgl. 12.20–4.30 Uhr und 20–0.30 Uhr. Samstagmittag und Sonntag geschlossen. 25, rue de Pompe, 75018, ✆ 014727000. Ⓜ La Muette (Linie 9).

La Gare (3), die *jeunesse dorée* des 16. Arrondissements trifft sich gerne in dem historischen Bahnhof. Die Bar im Erdgeschoss bietet sich zum legeren Verweilen an, im Untergeschoss befindet sich ein wohlfeiles Restaurant (Grillspezialitäten) mit einladendem Garten. Unter der Woche gibt es ein Mittagsmenü zu 15 €, abends 27 und32 €. 19, chaussée de la Muette, 75016, ✆ 0142151531. Ⓜ La Muette (Linie 9).

Le Caveau des Echansons (Restaurant du Musée du Vin) (4), das zum Musée du Vin gehörende Restaurant ist ein uriges Lokal mit Atmosphäre und guter Küche. Der Tradition des Hauses entsprechend werden mehrere Gerichte mit Wein zubereitet (*coq au vin* etc.). Selbstverständlich legt man viel Wert auf die richtige Weinauswahl. Neben der umfangreichen Weinkarte bleibt noch die Wahl zwischen 15 offenen Tischweinen. Von Di bis So nur mittags geöffnet. Hauptgerichte ab 17 €. 5, square Charles-Dickens, 75016, ✆ 0145256326. Ⓜ Passy.

Café Bar Antoine (5), hinter der zinnoberroten Fassade, über der in typischer Jugendstil-Typographie „Cafe Bar" geschrieben steht, versteckt sich ein größtenteils noch authentisch erhaltenes Jugendstil-Café aus dem Jahre 1911. 17, rue la Fontaine, 75016. Ⓜ Kennedy-Radio France (RER C).

Rue Mallet-Stevens

Beliebter Treffpunkt – Champs-Elysées

Champs-Elysées

Noch immer haben die Champs-Elysées einen klangvollen Namen. Spazier- und Müßiggänger begeisterten sich bereits vor 200 Jahren für die „Gefilde der Seligen", auf denen Napoléon anlässlich seiner Eheschließung mit Marie-Louise von Habsburg-Lothringen ein grandioses Fest gefeiert hatte.

Die Champs-Elysées und der Arc de Triomphe sind ein fester Bestandteil der Pariser Geschichte. Dies ist ein Ort der nationalen Selbstbesinnung, an dem die Bevölkerung 1885 unter großer Anteilnahme dem Schriftsteller Victor Hugo die letzte Ehre erwies und auch Charles de Gaulle nach der Befreiung von Paris im Triumphzug an den jubelnden Massen vorbeizog. Alljährlich am 14. Juli findet anlässlich des Nationalfeiertags eine Parade statt, wenige Tage später radelt der Sieger der Tour de France ins Ziel.

Nichtsdestotrotz hat die berühmteste Prachtstraße von Paris viel von ihrem Flair verloren. Zwar wurden die Champs-Elysées 1994 für etwa 30,7 Millionen Euro saniert und verschönert – die Leuchtreklamen dürfen seither nur noch weiß blinken –, doch konnte dadurch das verlorene Flair nur zaghaft wiederbelebt werden. Wo einst das betuchte Pariser Bürgertum an exquisiten Restaurants und Cafés entlangflanierte, steht heute die Vorstadtjugend vor den Kinokassen und tummelt sich auf der Suche nach den neuesten Musiktrends im Virgin Megastore und der benachbarten FNAC-Filiale. Zwischendurch geht es auf einen kleinen Happen zu McDonald's oder in Arnold Schwarzeneggers Planet Hollywood. Einen eher seltenen Anblick bieten die Angestellten der Großbanken und Fluggesellschaften, die in den Büros mit der prestigeträchtigen Adresse arbeiten, da sie nach Feierabend schnellstmöglich in die Métro abtauchen.

Spaziergang

Trotz aller Kritik ist es noch immer ein eindrucksvolles Erlebnis, auf der großen Achse von der Place de la Concorde bis zum Arc de Triomphe entlang zu spazieren. Die Place de la Concorde ist nicht nur ein idealer Ausgangspunkt, sondern auch ein makabrer geschichtsträchtiger Ort, stand hier doch die Guillotine, unter deren revolutionärem Fallbeil nicht nur König Ludwig XVI., sondern weitere 1342 (!) Verurteilte ihr Leben lassen mussten. Die Brunnen und Statuen auf dem Platz gestaltete der aus Köln stammende Architekt Jakob Ignaz Hittorf (1792–1867), der auch die Parkanlage links und rechts der Champs-Elysées plante. Der 1833 aufgestellte Obelisk von Luxor ist ein Geschenk des ägyptischen Vizekönigs; der Transport und die Aufstellung des 230 Tonnen schweren und knapp 23 Meter hohen Monuments galt damals als ein Triumph technischen Könnens. Ursprünglich gehörte der Obelisk übrigens zu einem Tempel von Ramses II. in Theben. Kunstliebhaber können ihrer Leidenschaft im nahen **Musée de l'Orangerie** oder der **Galerie Nationale du Jeu de Paume** frönen.

Die Champs-Elysées gehen auf eine Idee von Le Nôtre, dem berühmten Gartenbauarchitekten Ludwig XIV., zurück, der die Hauptachse des königlichen Gartens nach Westen hin verlängerte. Eine planmäßige Bebauung der zwei Kilometer langen und siebzig Meter breiten Achse erfolgte erst im 19. Jahrhundert. Das **Petit Palais** und das **Grand Palais**, in dessen Westflügel das **Palais de la Découverte** untergebracht ist, wurden anlässlich der Weltausstellung von 1900 errichtet. Direkt davor steht ein überdimensionales Bronzedenkmal des uniformierten Charles de Gaulle. Es wurde am 10.11.2000 (dem 30. Todestag von de Gaulle) aufgestellt, um den Befreier Frankreichs in Paris zu ehren. Während man den Boulevard entlangschlendert, lohnt es sich, das Ergebnis der letzten Verschönerungsarbeiten eingehender zu betrachten: So wurden die Bushaltestellen von Norman Forster entworfen, die Bänke und Ampeln gehen auf den Stardesigner Jean-Michel Wilmotte zurück. Eine Gedenkminute verdient auch der österreichische Schriftsteller Ödön von Horváth, der am 1. Juni 1938 bei einem aufziehenden Gewitter von einem herabstürzenden Ast erschlagen wurde, als er in eines der großen Kinos gehen wollte. Wer die neuesten Kreationen der Haute Couture in Augenschein nehmen möchte, kann ein wenig entlang der Avenue Montaigne (Dior, Jil Sander,

Triumphbogen

Champs-Elysées
Karte S. 164/165

Avenue des Ternes
Boulevard de Courcelles
Courcelles
Rue Poncelet
Wagram
Pl. des Ternes
Ternes
Rue T. Ribot
R. Marguerite
R. des Renaudes
Rue de Chazelles
A. Vigny
Av. V. Dyck
Rue Daru
Cathédrale St Alexandre Newsky
R. d. l. Néva
Rue du Faubourg St Honoré
Av. Hoche
Avenue Hoche
St Ferdinand Ste Thérése
Rue St Ferdinand
Rue d'Armaillé
R. du Colonel Moll
Rue des Acacias
Avenue Carnot
Avenue Mac Mahon
R. l'Etoile
Rue Brey
R. Troyon
Avenue de Wagram
St Joseph
Rue Beaujon
Rue A. Forge
Argentine
1
Avenue de la Grande Armée
Place Charles de Gaulle
Arc de Triomphe
Ch. de Gaulle Étoile
Avenue de Friedland
Corpus Christi
Rue Balzac
R. Berryer
Rue Washington
R. Lord Byron
3
Avenue Foch
Avenue Victor Hugo
Kleber
R. d. Dôme
Rue La Pérouse
Avenue d'Iéna
Avenue Marceau
Rue Galilée
Rue Vernet
Air France
Lido
4
5
6
Avenue des Champs Élysées
George V
9
11
12
14
Franklin D. Roosevelt
15
R. de Bassano
R. C. Colomb
R. Quentin
Rue Jean Giraudoux
Rue Lincoln
Avenue George V
Rue Pierre Charron
R. Marbeuf
Rue François 1er
Rue de Marignan
Nachtleben (S. 171)
4 Lido
5 Queen
6 Impala Lounge
15 Man (dala) Ray
17 Buddha-Bar
21 Crazy Horse Saloon
XVI. Arrondissement siehe S. 156/157
Avenue Kléber
Rue Dumont d'Urville
R. Galilée
Place des États Unis
Pl. Amiral de Grasse
St Pierre de Chaillot
Rue de Chaillot
Rue Pierre 1er de Serbie
American Cathedral
R. Bizet
St Étienne
R. Freycinet
Boissière
R. d'Estaing
Rue Hamelin
Rue Boissière
Rue de Lübeck
Av. d'Iéna
Musée Guimet
Place d'Iéna
Palais Galliera
Crazy Horse
21
Avenue Montaigne
Église Arménienne
Rue Jean Goujon
N.D. de Consolation
Cours Albert
Rue de Longchamp
Avenue du Président Wilson
Alma-Marceau
Pl. de l'Alma
Iéna
R. de Magdeburg
Palais de Tokyo
R. de la Manutention
R. Debrousse
New York
Pont de l'Alma
Pt. de l'Alma
ER
Avenue d'Iéna
Rue Fresnel
Av. Albert de Mun
Palais de Chaillot
Jardins Trocadero
Avenue de New York
Passerelle Debilly
Übernachten
1 Pergolèse (S. 50)
Cafés (S. 171)
12 Virgin Café
Essen & Trinken (S. 171)
3 Pierre Gagnaire
6 Impala Lounge
15 Man (dala) Ray
17 Buddha-Bar
19 Delizze d'Uggiano

E inkaufen (S. 171/172)

2 Boulangerie René St-Ouen
7 Pierre Oteiza
8 Nicolas
9 Louis Vuitton
10 Fouchon
11 Monoprix
12 Virgin Megastore
13 Marché aux Timbres
14 Disney Store
16 Marché aux Fleurs
18 John Galliano
20 W.H. Smith

Valentino etc.) bummeln, bevor es am Revuetheater *Lido* vorbei zum stets vom Verkehr umtosten **Arc de Triomphe** geht, der gefahrlos durch eine Unterführung erreicht werden kann. Ursprünglich stand der Triumphbogen allein auf weiter Flur; erst Baron Haussmann ließ um den Bogen den berühmten Sternplatz anlegen, der schnell zum Sinnbild für die „Hauptstadt des 19. Jahrhunderts" werden sollte.

Pagode in der Rue de Courcelles

Über die nach Nordosten abzweigende Avenue Hoche gelangt man direkt in den Stadtteil Faubourg St-Honoré, der sich noch immer einen vornehmen Touch bewahrt hat. Die Avenue Hoche führt direkt zum **Parc Monceau**, einer vornehmen Gartenanlage, die idyllische Mußestunden verspricht. Auffällig ist eine an der Ecke zur Rue de Courcelles gelegene Pagode, die 1926–28 von dem Architekten Fernand Bloch für einen chinesischen Antiquar errichtet wurde. In unmittelbarer Nähe des Parks befinden sich das **Musée Nissim de Camondo** und das **Musée Cernuschi**, wenige Fußminuten entfernt lockt mit dem **Musée Jacquemart-André** eine weitere renommierte Kunstsammlung. Die von den Boutiquen der Haute Couture gesäumte Rue du Faubourg St-Honoré führt vorbei am streng bewachten **Palais de l'Elysée** zur Rue Royale, die ihren nördlichen Abschluss in der Säulenfassade der **Madeleine** findet. Die Geschäfte rund um die Place de la Madeleine gehören zu den edelsten Adressen, die Paris zu bieten hat. Im Haus Nummer 9 ist übrigens der Schriftsteller Marcel Proust aufgewachsen.

Sehenswertes

Galerie Nationale du Jeu de Paume: Im einstigen Ballspielhaus des Tuilerienpalastes werden nach einer anspruchsvollen Totalrenovierung, die das Innenleben des historischen Gebäudes positiv verändert hat, wechselnde Ausstellungen zeitgenössischer Kunst gezeigt. Der Architekt Antoine Stinco verdient für seinen postmodernen Entwurf höchstes Lob. In dem lichtdurchfluteten Ambiente ist auch ein nettes Café integriert.

Adresse: 1, place de la Concorde, 75001. Ⓜ Concorde (Linie 1, 8 und 14). ⌚ Mi–Fr 12–19 Uhr, Di 12–21.30 Uhr, Sa und So 10–19 Uhr. Eintritt: 6 €, erm. 3 €.

Musée de l'Orangerie: Die der Galerie Nationale direkt gegenüberliegende ehemalige Orangerie beherbergt zwei hochkarätige Sammlungen. Neben Monets berühmter Seerosenserie *Nymphéas*, die als Höhepunkt seines impressionistischen Schaffens gewertet wird, zeigt die Kollektion Jean Walter und Paul

Hauptstadt der Mode

Guillaume Werke von Cézanne, Renoir, Rousseau, Modigliani, Derain, Utrillo, Matisse und Picasso. Nach umfangreichen Renovierungsarbeiten erfolgte im Mai 2006 die Wiedereröffnung.

Adresse: Jardin des Tuileries, 75001. Ⓜ Concorde (Linie 1, 8 und 14). ⌚ Tgl. außer Di 12.30–19 Uhr, Fr bis 21 Uhr. Eintritt: 6,50 €, erm. 4,50 €. www.musee-orangerie.fr.

Petit Palais: Die kleine Schwester des Grand Palais beherbergt eine respektable Kunstsammlung. Gezeigt werden Werke aus der Zeit des 17. bis 19. Jahrhunderts, darunter Gemälde von Joseph Vernet, Courbet, Boudin, Millet, Sisley, Ingres, Delacroix, Pissarro und Renoir. Zudem finden regelmäßig Wechselausstellungen statt. Zu loben ist auch das Ergebnis der jahrelangen Renovierungsarbeiten, die sich auf 72 Millionen Euro beliefen. Seither ist die Ausstellungsfläche des Petit Palais von 15.000 auf 22.000 Quadratmeter vergrößert worden.

Adresse: Avenue Winston Churchill, 75008. Ⓜ Champs-Elysées-Clemenceau (Linie 1 und 13). ⌚ Tgl. außer Mo 10–18 Uhr, Di bis 20 Uhr. Eintritt: frei! Sonderausstellungen 6 €. www.paris.org/Musees/PPalais

Grand Palais: Das zur Weltausstellung von 1900 errichtete Grand Palais ist eine Mischung aus barocken Stilelementen und technischer Euphorie. Mit anderen Worten: ein typischer Bau der Belle Epoque. Das Palais ist bekannt für die großen Retrospektiven renommierter Künstler. Im Jahre 2005 erfolgte die Renovierung des Hauptschiffs, das seither wieder für Ausstellungen genutzt werden kann.

Adresse: 3, avenue du Général Eisenhower, 75008. Ⓜ Champs-Elysées-Clemenceau (Linie 1 und 13). ⌚ Tgl. außer Di 10–20 Uhr, Mi bis 22 Uhr. Eintritt: Zumeist 10 €, erm. 6,50 €. www.rmn.fr

Palais de la Découverte: Ähnlich wie die Cité des Sciences et de l'Industrie im Parc de la Villette bietet das Museum (bombastische Eingangshalle mit Glaskuppel) einen anschaulichen Einblick in die verschiedensten Bereiche der Naturwissenschaften. Der Bogen spannt sich von der Astronomie, Mathematik und Physik über die Geologie

Champs-Elysées
Karte S. 164/165

bis hin zur Biologie und Chemie, wobei Themenkomplexe wie Luftdruck, Vulkanismus und Ozon anschaulich erläutert werden. Aufgelockert wird der Besuch durch zahlreiche interaktive Experimente und Computeranimationen. Es empfiehlt sich auch, an einer Vorführung im Planetarium teilzunehmen.

Adresse: Avenue Franklin D. Roosevelt, 75008 (Linie 1 und 9). Ⓜ Champs-Elysées-Clemenceau. ⌚ Di–Sa 9.30–18 Uhr, So 10–19 Uhr. Eintritt: 6,50 €, erm. 4 €. Planetarium: zusätzlich 3,50 €.
www.palais-decouverte.fr.

Arc de Triomphe: Ein Triumphbogen nach antikem Vorbild schien Napoléon gerade recht, um seinen imperialen Machtanspruch architektonisch zum Ausdruck zu bringen. Allerdings erlebte der selbsternannte Kaiser der Franzosen die Fertigstellung des Denkmals nicht mehr. Erst unter dem Bürgerkönig Louis-Philippe wurde der Triumphbogen 1836 vollendet; die monumentalen Reliefs künden vom Selbstverständnis der Grande Nation (z. B. „Auszug der Freiwilligen von 1792"). Mit dem 1921 eingeweihten Grabmal des Unbekannten Soldaten kam eine symbolische Gedenkstätte hinzu. Ein kleines Museum informiert über die Baugeschichte des Monuments. Wer die 284 Stufen zur Plattform hinaufsteigt, kann einen eindrucksvollen Panoramablick über die zwölf, von der Place de Charles de Gaulle sternförmig ausgerichteten Straßen bis hinaus nach La Défense genießen.

Adresse: Place du Général de Gaulle, 75008. Ⓜ Charles-de-Gaulle-Etoile (Linie 1, 2 und 6). ⌚ Okt. bis März tgl. 10–22.30 Uhr, Apr. bis Sept. tgl. 10–23 Uhr. Eintritt: 7 €, erm. 4,50 €.

Parc Monceau: Der Parc Monceau ist der „Rest" eines verspielten Landschaftsgartens, den der Herzog von Orléans 1778 nach englischem Vorbild anlegen ließ. Im Zuge der Stadtentwicklung wurde er nach 1851 Stück für Stück verkleinert, um Bauplätze für ein neues Villenviertel zu schaffen. Heute erinnern nur noch die an einen Teich grenzenden Kolonnaden aus korinthi-

Grabmal des Unbekannnten Soldaten

Kleiner Park vor dem ehemaligen Haus von Salomon Rothschild

schen Säulen an den einstigen Lustgarten. Trotz dieses Verlustes ist der Parc Monceau einen Abstecher wert, da er nach wie vor zu den schönsten Parkanlagen der Stadt gehört.

Adresse: 75008, Ⓜ Monceau (Linie 2). ⌚ Tgl. 7–20 Uhr, im Sommer bis 22 Uhr.

Musée Nissim de Camondo: Das herrschaftliche Stadtpalais mit seinem anmutigen ovalen Innenhof ist ganz im Stil des 18. Jahrhunderts eingerichtet. Edle Möbel, Gemälde, Tapisserien und Porzellan vermitteln eine authentische Vorstellung vom Glanz jener Epoche. In einem Raum neben dem mit weißem Porzellan gekachelten Badezimmer im ersten Stock wird mit persönlichen Dokumenten und Bildern die tragische Familiengeschichte der Familie de Camondo erzählt: Nissim, der einzige Sohn des Sammlers Moïse de Comondo, starb im Ersten Weltkrieg an der Front; Béatrice, die einzige Tochter, wurde 1943 von den Nazis zusammen mit ihrem Mann und ihren Kindern nach Auschwitz deportiert.

Adresse: 63, rue de Monceau, 75008. Ⓜ Villers, Monceau (Linie 2). ⌚ Mi–So 10–17 Uhr. Eintritt: 6 €, erm. 4,50 €. www.ucad.fr.

Musée Cernuschi: Hervorgegangen aus einer Sammlung des italienischen Politikers Enrico Cernuschi (1821–1896), bietet das Museum einen breiten Einblick in die asiatische und chinesische Kunst von der Keramik über antike Bronzen und Werken aus Jade bis hin zur zeitgenössischen Malerei. Schwerpunktmäßig widmet sich die Sammlung den Anfängen der chinesischen Kunst bis zum Ende der Song-Epoche.

Adresse: 7, avenue Velasquez, 75008. Ⓜ Villers, Monceau (Linie 2). ⌚ Tgl. außer Mo 10–18 Uhr. Eintritt: frei!

Musée Jacquemart-André: Der Bankier Edouard André und seine Frau, die Porträtmalerin Nélie Jacquemart, zwei leidenschaftliche Kunstsammler, statteten ihr prächtiges Stadtpalais mit erlesenen Kunstschätzen aus und vermachten ihre Sammlung testamentarisch dem Institut de France. Das Spektrum der Sammlung reicht von der italieni-

Champs-Elysées
Karte S. 164/165

schen Renaissance (Donatello, Bellini etc.) bis hin zu niederländischen Meistern wie Van Dyck, Hals und Rembrandt. Eindrucksvoll ist auch die Einrichtung des Hauses, so verschönert beispielsweise ein überdimensionales Fresko von Tiepolo das Treppenhaus des so genannten Wintergartens. Zu loben ist die hervorragend konzipierte Audioführung, die auch auf deutsch umfassend über das Sammlerehepaar, das herrschaftliche Anwesen und die Kunstschätze informiert. Das Restaurant im ehemaligen Esszimmer bietet in distinguierter Atmosphäre Salate (8–13 €) und Gebäck.

Adresse: 158, boulevard Haussmann, 75008. www.musee-jacquemart-andre.com. Ⓜ Saint Philippe du Roule (Linie 9). ⌚ Tgl. 10–18 Uhr. Eintritt: 9 €, erm. 6,50 €.

Streng bewacht – Palais de l'Elysée

Palais de l'Elysée: Ursprünglich war der schwer bewachte Amtssitz des französischen Staatspräsidenten die Pariser Stadtresidenz des Comte d'Evreux. Henri de La Tour d'Auvergne – so sein genauer Name – konnte aber nicht ahnen, zu welch geschichtsträchtigem Ort sich sein weit vor den Toren der Stadt erbautes Palais entwickeln würde: Einst feierte Marquise de Pompadour hier rauschende Feste, am 22. Juni 1815 unterzeichnete Napoléon im Elysée-Palast seine Abdankung, ein paar Jahrzehnte später ließ sich sein gleichnamiger Neffe an eben jener Stelle zum Kaiser ausrufen. Seit 1879 fungiert der Palast, der nur von außen besichtigt werden kann, als Sitz des französischen Präsidenten.

Adresse: 55, rue du Faubourg Saint-Honoré, 75008. Ⓜ Miromesnil (Linie 9 und 13).

La Madeleine: An der Stelle der mittelalterlichen Magdalenenkapelle plante Ludwig XV. als Abschluss der Rue Royale einen imposanten Kirchenneubau, der allerdings über die Fundamente nicht hinaus kam. Nach der Revolution befand Napoléon ein Gebäude im Stil eines griechischen Tempels als würdig, um dort eine Ruhmeshalle zu Ehren seiner Grande Armée einzurichten. Doch noch bevor das Richtfest gefeiert werden konnte, verbrachte Napoléon seinen Lebensabend auf Sankt Helena. Im Zeitalter der Restauration entschied dann Ludwig XVIII., den von Philippe-Henri Lemaire geschaffenen Giebel mit einem Relief des Jüngsten Gerichts zu versehen und den halbfertigen „Tempel" zur Kirche zu weihen. Pläne, das Gebäude zum ersten Pariser Bahnhof umzufunktionieren, hatte man erst kurz zuvor abgelehnt. Eindrucksvoll sind heute vor allem die Ausmaße der Kirche: Sie ist 108 Meter lang, 43 Meter breit und knapp 20 Meter hoch.

Adresse: Place de la Madeleine, 75008. Ⓜ Madeleine (Linie 8, 12 und 14). ⌚ Tgl. 9–19 Uhr.

Praktische Infos

Essen, Trinken, Nachtleben

Pierre Gagnaire (3), Pierre Gagnaire wird derzeit in Gourmetkreisen als der Kreativste unter den Pariser Küchenchefs gehandelt (3 Michelin-Sterne und 19 Gault-Millau-Punkte). Gewissermaßen das Gegenprogramm zu den Kettenrestaurants entlang der Champs-Elysées. Menüs zu 90 € (mittags) und 235 €. Sa und Sonntagmittag sowie von Mitte Juli bis Anfang Aug. geschlossen. 6, rue Balzac, 75008, ✆ 0158361250. Ⓜ Georges V (Linie 1).

Delizze d'Uggiano (19), vorzügliches italienisches Restaurant mit gutem Service. Die Küche ist einfallsreich und von der Toskana beeinflusst, lecker ist das Safranrisotto. Ein hervorragendes Preis-Leistungs-Verhältnis bietet das Mittagsmenü zu 36 € bzw. 42 €. Samstagmittag und So Ruhetag. 18, rue Duphot, 75001, ✆ 0140150669.
Ⓜ Madeleine (Linie 8, 14 und 12).

Virgin Café (12), das Café auf der zweiten Etage des Virgin Megastores ist eine der angenehmsten Adressen an den Champs-Elysées, egal, ob man nur einen Schluck trinken oder sich mit einem wohlfeilen Imbiss stärken will. Größtenteils jüngeres Publikum. Ein ansprechender italienischer Salat kostet 12 €. ⌚ Tgl. bis 23.30 Uhr. 58, avenue des Champs-Elysées, 75008. Ⓜ Franklin-D. Roosevelt (Linie 1 und 9).

Buddha-Bar (17), die Bar mit angegliedertem Restaurant (Mo–Fr 12–15 Uhr sowie tgl. ab 18 Uhr) genießt Kultstatus unter den Schönen der Nacht. Das asiatische Ambiente mit einem vergoldeten Riesenbuddha verblüfft, die anspruchsvolle asiatisch-pazifische Küche muss sich dahinter jedoch nicht verstecken. Mittagsmenü 32 € (inkl. Wein), abends 65 und 99 €. Kultstatus genießen auch die Compilation-CDs der Buddha Bar; sie bieten wunderbar abgemischte Downbeats mit asiatisch-arabischem Einschlag (gibt es im Foyer für 35 € zu kaufen). Bis 2 Uhr geöffnet. Samstag- und Sonntagmittag geschlossen. 8, rue Boissy d'Anglas, 75008, ✆ 0153059000. Ⓜ Concorde (Linie 1, 8 und 12). www.buddhabar.com.

Man (dala) Ray (15), unter dem Namen des berühmten Photographen Man Ray eröffneten mehrere Hollywood-Größen (Johnny Depp, Sean Penn und John Malkovich) ein Trendlokal, das sich abends in ein Nachtlokal verwandelt. Asiatisch angehauchte Küche. Menüs zu 27 € und 35 €. Tgl. 12–14 Uhr und 19–0.30 Uhr. 34, rue Marbeuf, 75008, ✆ 0156883636. Ⓜ Franklin-D. Roosevelt (Linie 1 und 9). www.manray.fr.

Queen (5), Szenedisco mit viel Gay-Publikum, um Mitternacht öffnen sich die Pforten. Eintritt: 10–20 €, Di und Do frei! 102, avenue des Champs-Elysées, 75008, ✆ 01538 90889. www.queen.fr. Ⓜ Georges V (Linie 1)

Impala Lounge (6), beliebter Club im südafrikanischen Stil. Ideal zum Abhängen. ⌚ Tgl. von 9.300–2 Uhr, am Wochenende bis 5 Uhr. Mittagsmenü 20 €. 2, rue Berri, 75008. Ⓜ Georg V (Linie 1).

Crazy Horse Saloon (21), Striptease als erotisches Kunsterlebnis; das Crazy Horse rühmt sich, die schönsten Mädchen aller Revue-Theater engagiert zu haben. Wer sich davon selbst überzeugen will, muss mindestens 49 € investieren. Shows tgl. um 20.30 und 23 Uhr, Sa um 20, 22.15 und 0.15 Uhr. 12, avenue de George V., 75008, ✆ 0147 233232. Ⓜ Alma Marceau (Linie 9). www.crazy-horse.fr.

Lido (4), die mindestens 1,75 Meter großen Tänzerinnen des Lido inszenieren ein fulminantes Revuetheater mit Blick auf Las Vegas. Shows tgl. um 21.30 und 23.30 Uhr. Eintritt ab 70 €. 116, avenue des Champs-Elysées, 75008, ✆ 0140765610. Ⓜ George V (Linie 1). www.lido.fr.

Einkaufen

W. H. Smith (20), gut sortierte Pariser Filiale der britischen Buchkette. 248, rue de Rivoli, 75001. Ⓜ Concorde (Linie 1, 8 und 12).

Disney Store (14), allerlei Souvenirs, Klamotten und anderer Schnick-Schnack aus Walt Disneys Welt. 44, avenue des Champs-Elysées, 75008. Ⓜ Franklin-D. Roosevelt (Linie 1 und 9.

Virgin Megastore (12), bis Mitternacht kann man in dem gigantischen Medienkaufhaus nach Büchern, CDs und Videos suchen oder einfach nur einen Café trinken. Mehr CDs stehen nirgendwo sonst in Paris zur Auswahl. 52, avenue des Champs-Elysées, 75008. Ⓜ Franklin-D. Roosevelt (Linie 1 und 9).

Monoprix (11), das kleine Kaufhaus bietet ebenfalls Gelegenheit zum Shoppen bis

Mitternacht. Im Erdgeschoss befindet sich eine Lebensmittelabteilung. 54, avenue des Champs-Elysées, 75008. Ⓜ Franklin-D. Roosevelt (Linie 1 und 9).

Louis Vuitton (9), edle Lederwaren und Accessoires auf zwei Etagen im Flagship-Store von Louis Vuitton. 101, avenue des Champs-Elysées, 75008. Ⓜ Georges V (Linie 1).

Boulangerie René St-Ouen (2), preisgekrönte Bäckerei mit ausgefallenen Kreationen (gebackene Eiffeltürme) und angeschlossenem kleinen Café. 111, boulevard Haussmann, 75008. Ⓜ Miromesnil (Linie 9 und 13).

Fouchon (10), das wohl berühmteste Delikatessengeschäft in Paris, verteilt auf zwei Häuser. 26/30, place de la Madeleine, 75008. Ⓜ Madeleine (Linie 1, 8 und 14).

Marché aux Fleurs (16), Blumenmarkt auf der Place de la Madeleine (tgl. außer Mo). 75008. Ⓜ Madeleine(Linie 1, 8 und 14).

Marché aux Timbres (13), jeden Do, Sa und So findet ein Briefmarkenmarkt auf der Avenue Matignon statt. 75008. Ⓜ Franklin-D. Roosevelt (Linie 1 und 9).

Pierre Oteiza (7), baskische Spezialitäten von der Salami bis zum Käse. 15, rue Vignon. Ⓜ Madeleine (Linie 1, 8 und 14).

Nicolas (8), die größte Filiale von Nicolas, einer in ganz Paris vertretenen Weinhandlung. 31, place de la Madeleine, 75008. Ⓜ Madeleine (Linie 1, 8 und 14).

John Galliano (18), es war ein großes Ereignis, als Designerstar John Galliano 2003 seine erste Boutique in Paris eröffnete. 384, rue St-Honoré, 75001, Ⓜ Concorde (Linie 1, 8 und 12).

La Défense

La Défense ist das Symbol für das moderne Paris. Fernab der Seine entstand eine regelrechte Zitadelle aus Wolkenkratzern, in der inzwischen mehr als 100.000 Menschen arbeiten, weitere 30.000 wohnen in La Défense. Das Einkaufszentrum Quatre Temps und ein Imax-Kino vervollständigen die Infrastruktur der Reißbrettstadt.

Der Name „La Défense" („Die Verteidigung") erinnert an den deutsch-französischen Krieg, als sich während der dreimonatigen Belagerung von Paris (Oktober 1870 bis Januar 1871) im Nordosten der Stadt der patriotische Widerstand bis zuletzt hielt. Zwölf Jahre nach Ende der Kampfhandlungen errichtete man just an jener Stelle eine Skulpturengruppe mit dem Namen „La Défense". Um den stetig wachsenden Bedarf an Büroräumen zu befriedigen, wurden Ende der fünfziger Jahre neben einer muschelförmig gewölbten Ausstellungshalle CNIT (*Centre National des Industries et des Techniques*), die sich mittlerweile zu einem Bürogebäude mit Hotel, Restaurant und Einkaufszentrum gewandelt hat, die ersten Hochhäuser in La Défense gebaut; aus dieser „Keimzelle" entwickelte sich in den letzten Jahrzehnten ein hypermodernes Büro- und Geschäftsviertel, das

Wahrzeichen des modernen Paris – Grande Arche

P
centre

als Aushängeschild des modernen Paris gilt. Mit seinen 178 Metern ist der Fiat-Turm aus schwarzem Granit das derzeit höchste Gebäude. Die Szenerie verdankt ihre futuristische Wirkung vor allem auch der unterirdischen Straßen und Schienenführung, die das Auto zum Fremdkörper werden lässt. Dies zeigt sich besonders eindrucksvoll auf der Esplanade de la Défense, wo mit Wasserspielen und zeitgenössischen Plastiken (Miró, Calder, César etc.) optische Akzente gesetzt wurden. Dank des Inline-Skate-Booms hat die großzügig angelegte Esplanade eine neue Bestimmung gefunden.

Geometrische Formensprache – Grande Arche

Architektonischer Glanzpunkt von La Défense ist zweifellos die **Grande Arche**. Die historische Achse, die bis dato vom Louvre über die Champs-Elysées bis zum Arc de Triomphe reichte, fand in diesem außergewöhnlichen Bauwerk einen krönenden Abschluss, der zudem noch die Möglichkeit einer zukünftigen Verlängerung offen hält. Weitere moderne Bauten sind bereits in Planung, der Architekt Jean Nouvel träumt davon, in La Défense seinen 425 Meter hohen *Tour sans fin* verwirklichen zu können, dessen immer transparenter werdende Spitze sich optisch im Nichts auflösen soll.

Sehenswertes

Grande Arche: Für umgerechnet fünfhundert Millionen Euro wurde die Grande Arche nach den Plänen des dänischen Architekten Johan Otto von Spreckelsen (1929–1987) errichtet, der seinen modernen Triumphbogen als offenen Kubus, als „Fenster zur Welt" konzipiert hat; es könnte aber auch als Tor gedeutet werden, durch das man zu neuen Welten aufbricht. Trotz einer Höhe von 110 Metern und einer Breite von 106 Metern wirkt die Grande Arche geradezu filigran, was sicherlich der Verdienst der den Eingangsbereich überspannenden Kunststoffsegel ist. Diese *Nuages* (Wolken) stammen allerdings nicht von Spreckelsen, sondern wurden nach dessen Tod von Peter Rice in Abänderung des ursprünglichen Plans entworfen. Weit ausladende Freitreppen führen zu dem mit weißem Carrara-Marmor verkleideten Gebäude, das über rund 80.000 Quadratmeter Bürofläche verfügt. Auf keinen Fall sollte man sich eine Fahrt mit den Panorama-Aufzügen hinauf zum Flachdach des Gebäudes entgehen lassen. Die Aussicht ist grandios!

Ⓜ Grande Arche de La Défense (Linie 1). ⌚ Tgl. 10–19 Uhr. Eintritt: 7,50 €, erm. 6 €. www.grandearche.com.

Die Aussichtsplattform des Kaufhauses Printemps

Die Welt der Passagen

Das imaginäre Dreieck, das die Eckpunkte Palais Royal, Opéra Garnier und Boulevard Sébastopol aufweist, markiert nicht nur die Welt der Passagen – auch die Börse, die großen Boulevards und billige Sexshops sind typisch für das Viertel.

Die großen Boulevards mit ihren vornehmen Cafés, Komödienhäusern und Vergnügungslokalen waren im 19. Jahrhundert der gesellschaftliche Nabel von Paris. Honoré de Balzac brachte es auf einen Nenner: „Hier tobt das Leben!"; so verwundert es auch nicht, dass Balzac seinem Kollegen Stendhal zum ersten Mal auf dem Boulevard des Italiens begegnet sein soll. Die sich insgesamt über mehrere Kilometer erstreckenden Passagen galten als faszinierendes Einkaufsparadies. Gegen Ende des Jahrhunderts wurden die Passagen jedoch von den großen Luxuskaufhäusern abgelöst. Die Galeries Lafayette und das Kaufhaus Printemps beschäftigten damals jeweils mehr als 2000 fast ausschließlich weibliche Angestellte. Während sich zwischen Opéra und Place Vendôme noch immer die Geschäfte der exklusiven Marken drängen, wandelt sich das Bild, je weiter man sich dem Boulevard Sébastopol nähert. Das Viertel rund um die Passage du Caire gilt als das Zentrum der französischen Bekleidungsindustrie. Ständig werden Stoffballen angeliefert und Kleiderständer über die Straße gezogen. Trotz der in Hülle und Fülle vorhandenen Konfektionsware zeigt Frau sich in unmittelbarer Nähe eher spärlich bekleidet. Die Damen vom ältesten Gewerbe der Welt buhlen mit den bunten Neonreklamen der Peep-Shows und Sexshops um die Gunst ihrer potentiellen Kunden.

Die Rue Montmartre, die von den Hallen zum Montmartre-Hügel hinauf-

Karte S. 176/177

Einkaufen (S. 184)
3 Les Galeries Lafayette
4 Magasins du Printemps
6 Antiquariat
17 Marché St Honoré
18 Gaultier
21 Kenzo
22 Marché Montorgueil
24 Didier Ludot
Montmartre siehe S. 186/1
Champs-Elysées siehe S. 164/165
Centre Pompidou und Louvre siehe S. 82/83
Passagen
100 m
St Georges
St Constantin Ste Helene
Musée Gustave Moreau
St Trinité
Pl. d'Estienne d'Orves
Trinité
N.D. de Lorette
Rue de Châteaudun
Le Peletier
Cadet
Rue de Provence
Rue La Fayette
Galeries Lafayette
Pl. Diaghilev
Chaussée D'Antin
Boulevard Haussmann
Richelieu Drouot
Opéra Garnier
Musée Grévin
Grands Boulevards
Bd. Montmartre
Bd. Poissonn
Th. des Variétés
Opéra Comique
Bd. des Italiens
Bd. des Capucines
Pl. de l'Opéra
Opéra
Quatre Septembre
La Bourse
Bourse
Rue de la Paix
Avenue de l'Opéra
Place Vendôme
La Colonne
Pl. du Marché St Honoré
Bibliothèque Nationale
Basilique N.D. des Victoires
Pyramides
St Roch
Pl. des Victoires
Jardin du Palais Royal
Tuilleries
Pl. A. Malraux
Palais Royal
Palais Royal Musée du Louvre
Pl. du Palais Royal
Musée de la Mode et du Textile
Musée des Arts Décoratifs
Jardin des Tuilleries
Rue de Rivoli
Musée du Louvre
St Eustache
Bourse de Commerce
Rue Réaumur
Rue des Petits Champs
Rue Étienne
Rue Montmartre

führt, ist das historische Presseviertel von Paris. Hier gab Théophraste Renaudot 1631 die erste Tageszeitung überhaupt heraus, „La Gazette". Vom 19. bis zum frühen 20. Jahrhundert war, wie Louis Aragon in seinem Roman „Die Viertel der Reichen" schrieb, die Rue Montmartre „das nächtliche Herz der Stadt, da, wo die Häuser von den Rotationsmaschinen erzitterten, wo Blut sich in fette Tinte umwandelt, die mit frischen Zeitungsblättern bis in die Gosse der Straße fließt". Das Bild hat sich entschieden gewandelt: Nicht nur, dass von den einst rund 40 Druckereien keine mehr existiert, auch die Verlage haben das Viertel größtenteils verlassen, nur das Verlagshaus von „Le Figaro" kündet an seinem angestammten Platz noch vom Glanz vergangener Tage.

Spaziergang

Wie der Schriftsteller Julien Green einmal bemerkte, „erschließt sich Paris nicht dem Eiligen; es gehört den Träumern, denen, die sich in seinen Straßen zu vergnügen wissen." In diesem Sinne sollte man diesen Spaziergang durch die Welt der Passagen vielleicht auf einer Parkbank im idyllischen Innenhof des **Palais Royal** beginnen, das ursprünglich als Residenz von Kardinal Richelieu errichtet wurde. Die benachbarte Comédie Française sieht sich als französisches Staatstheater den Klassikern von Racine über Molière bis zu Beckett und Ionesco verpflichtet. In unmittelbarer Nähe des Palais Royal liegen auch zwei der schönsten Passagen von Paris, die *Galerie Colbert* und die *Galerie Vivienne* mit ihren geometrischen Mosaikböden. Nicht grundlos hat der längst zum Klassiker avancierte *Jean-Paul Gaultier* gerade hier eine Boutique eröffnet. Direkt nebenan befindet sich die traditionsreiche **Bibliothèque Nationale**. Weitaus betriebsa-

Passagen
Karte S. 176/177

Passage Choiseul

mer geht es in der *Passage Choiseul* zu, die im Jahre 1827 eingeweiht wurde. Eine moderne, gläserne Variante der alten Markthallen hat der Katalane Ricardo Bofill auf der Place du Marché Saint-Honoré geschaffen, wo man auch ein paar nette Cafés finden kann. Jules Hardouin-Mansart, ein renommierter „Kollege" Bofills hat an der Wende zum 18. Jahrhundert die zurückhaltend vornehme **Place Vendôme** entworfen. Die Rue de la Paix führt direkt zur Pariser Oper, die ihre imposante Wirkung der zentralen Lage und damit der Haussmann'schen Städteplanung verdankt. Den letzten großen künstlerischen Höhepunkt erlebte die **Opéra Garnier**, als Rudolph Nureyew von 1983–1989 das Pariser Ballett leitete. Am Boulevard Haussmann liegen mit den *Galeries Lafayette* und den benachbarten *Magasins du Printemps* die bekanntesten Konsumtempel von Paris. „Ich liebe es, auf den Großen Boulevards zu flanieren, denn dort gibt es so viel, so viel, so viel zu sehen", besang Yves Montand dieses Viertel. Sehenswert ist vor allem die imposante Jugendstil-Glaskuppel, die sich über das Lafayette spannt. Das Printemps besitzt eine Aussichtsplattform mit Cafeteria. Weiter nördlich lohnt das **Musée Gustave Moreau** einen Abstecher, bevor nun eine ausführliche „Exkursion" durch die Passagenwelt ansteht. In der *Passage Verdeau* werden Musikinstrumente und alte Kameras feilgeboten; auf der gegenüberliegenden Straßenseite kommen in der *Passage Jouffroy* Liebhaber handgefertigter Schirme genauso auf ihre Kosten wie Sammler antiquarischer Filmplakate. Eine besondere Attraktion sind die historischen Spazierstöcke, die Miguel und Gilbert Segas für ihre erlesene Kundschaft bereithalten. In der Passage befindet sich auch der Eingang zum **Musée Grévin**. Auf der anderen Straßenseite setzt sich die gläserne Welt mit der aus dem Jahr 1800 stammenden *Passage des Panoramas* fort. Die Lieblingspassage von Heinrich Heine kann als Archetyp der Pariser Passagen gelten. Man fühlt sich sogleich an Walter Benjamins Worte erinnert: „Die Passagen sind ein Zentrum des Handels in Luxuswaren. In ihrer Ausstattung tritt die Kunst in den Dienst des Kaufmanns. Die Zeitgenossen werden nicht müde, sie zu bewundern."

An der klassizistischen Börse (*La Bourse*) vorbei, gelangt man zu der kurz nach Napoléons Ägyptenfeldzug errichteten *Passage du Caire*. Diese mit 370 Metern längste und zugleich schmalste Pariser Passage ist fest in der Hand von Stoffgrossisten. Weiter nördlich zweigen von der Rue Saint-Denis weitere Passagen ab (*Passage du Prado, Passage de l'Industrie, Passage Brady, Passage Reilhac*), die teilweise ein recht exotisches Flair besitzen. Ihren Schlusspunkt findet die Rue Saint-Denis in der Porte

Saint-Denis, einem 1672 errichteten Triumphbogen. Für Technikliebhaber empfiehlt sich ein Abstecher zum **Musée National des Arts et Métiers des Techniques**, bevor es weiter zur *Passage du Grand-Cerf* geht. Der von zwei Peep-Shows umrahmte Eingang beweist, dass in Paris die Kauf- und Sinneslust nicht allzu weit voneinander entfernt sind. Die Rue Saint-Denis, vor deren Hauseingängen die Kolleginnen von „Irma la Douce" seit jeher auf Kundschaft warten, führt weiter in Richtung Forum des Halles. Davon, dass diese Straße jahrhundertelang eine der schönsten und prächtigsten Straßen von Paris war, ist nichts mehr zu sehen.

Flanieren unter Glas

„Diese Passagen, eine neuere Erfindung des industriellen Luxus, sind glasbedeckte, marmorgetäfelte Gänge durch ganze Häusermassen, deren Besitzer sich zu solchen Spekulationen vereinigt haben. Zu beiden Seiten dieser Gänge, die ihr Licht von oben erhalten, laufen die elegantesten Warenläden hin, so dass eine solche Passage eine Stadt, eine Welt im kleinen ist, in der der Kauflustige alles finden wird, dessen er benötigt," zitiert Walter Benjamin in seinem „Passagen-Werk" einen im Jahre 1852 erschienenen Parisführer. Während sich die Geschäfte in den nicht asphaltierten Straßen und engen Gassen als ungenügend für die gehobenen Ansprüche des Bürgertums erwiesen, konnte man in den Passagen auch bei schlechtem Wetter flanieren. Im Laufe des 19. Jahrhunderts entstanden weit mehr als hundertfünfzig solcher Ladenzeilen, die zu den unauffälligen, aber dennoch sehr charakteristischen Merkmalen der Pariser Architektur dieser Epoche gehören. Erst als Baron Haussmann in die mittelalterliche Bausubstanz große Schneisen schlagen und breite Boulevards anlegen ließ, entstanden dort große Kaufhäuser, mit deren üppigem Warenangebot die beschaulichen Passagen nicht mehr konkurrieren konnten. Glücklicherweise sind heute noch etwa zwanzig Passagen erhalten, die noch nichts von ihrem Reiz verloren haben. Im Gegenteil: diesen „Zaubersälen" (Ludwig Börne) haftet ein besonderer nostalgischer Charme an, der einen Einkaufsbummel zum kulturellen Erlebnis werden lässt.

Sehenswertes

Palais Royal: Zu den schönsten Ecken am rechten Seineufer gehört das Palais Royal, ein beschauliches Karree mit aristokratischem Touch. Das Flair schätzten bereits Colette, Jean Cocteau und Jean Marais, die in den fünfziger Jahren hier wohnten. Fern jeglicher Großstadthektik laden die Galerien und der Garten mit seinen geometrisch ausgerichteten Baumreihen zum Lustwandeln ein; die im Ehrenhof aufgestellten schwarz-weiß gestreiften Säulen des Schweizer Künstlers Daniel Buren bilden einen spannungsreichen Gegensatz zu dem altehrwürdigen Palais.

Angesichts dieser verschlafenen Idylle ist es heute nur schwer vorstellbar, dass das Palais Royal einst ein Hort der Revolution und der Prostitution war. Da die Polizei zu dem Palast, der damals dem Herzog von Orléans gehörte, keinen Zugang hatte, versammelten sich die revolutionär gesinnten Geister mit Vorliebe in den dortigen Cafés und Lasterhöhlen. Am Nachmittag des 12. Juli 1789 stieg dann ein gewisser Camille

Passagen
Karte S. 176/177

Kunst im Park: Palais Royal

Desmoulins auf einen Tisch und forderte, mit einer Pistole wild umher fuchtelnd, die Umstehenden auf, zu den Waffen zu greifen. Eine Rede mit folgenschwerem Ausgang: Zwei Tage später stürmten aufständische Bürger die Bastille! Noch im 19. Jahrhundert rühmte Balzac das Palais Royal als „Tempel des käuflichen Gewerbes", zu dem die Freudenmädchen nach Anbruch der Nacht aus allen Teilen von Paris eilten.

Bibliothèque Nationale: Seit die Bestände der Nationalbibliothek in die neue, im 13. Arrondissement gelegene *Bibliothèque Nationale de France François Mitterrand* transferiert wurden, hat das ansehnliche Gebäude seine eigentliche Bestimmung verloren. Glücklicherweise sind die Franzosen aber nie um ein neues Großprojekt verlegen und so soll nun in die einstige Nationalbibliothek das *Institut National d'Histoire de l'Art*, ein Zentralinstitut für Kunstgeschichte, einziehen. 500 Millionen Francs – die Summe entspricht 76 Millionen Euro – wurden für den Umbau und die Einrichtung des Instituts bewilligt. Berühmt ist vor allem der 1863 fertig gestellte Lesesaal (*Salle du travail*) von Henri Labrouste, dessen neun Kuppeln von einer grazilen Metallkonstruktion getragen werden; die zentralen Rundfenster sorgen für eine gleichmäßige Beleuchtung der 360 Arbeitsplätze. Ein würdevoller Ort: Es gibt kaum einen angesehenen französischen Geisteswissenschaftler des 20. Jahrhunderts, der nicht hier gearbeitet hätte. Über eine Besucherloge kann man einen Blick in den Lesesaal werfen.

Adresse: 58, rue Richelieu, 75002. Ⓜ Palais Royal (Linie 1 und 7). ⌚ Tgl. außer Di–Fr 9–18 Uhr, Mo 14–18 Uhr, Sa 9–17 Uhr.

Place Vendôme: Die Place Vendôme mit ihrem achteckigen Grundriss ist einer der vornehmsten Plätze von ganz Paris, der vor allem durch seine Geschlossenheit und seine harmonischen Proportionen besticht. Da sich rund um die Place Vendôme mehrere Juweliere und das mittlerweile schon legendäre

Hotel Ritz niedergelassen haben, kann man auch vom wohl teuersten Platz der Stadt sprechen. Seinen optischen Fixpunkt erhielt der Platz durch Napoléon, der 1810 zur Erinnerung an die siegreiche Schlacht von Austerlitz aus den erbeuteten Kanonen die 44 Meter hohe Colonne Vendôme gießen und in der Mitte des Platzes aufstellen ließ. Der Trajansäule in Rom nachempfunden, verherrlichen die Bronzereliefs die napoléonische Kriegskunst. Als „Symbol der brutalen Gewalt und des falschen Stolzes" wurde die Colonne Vendôme von den Kommunarden im Mai 1871 umgestürzt, wenig später aber wieder mit Napoléon an der Spitze aufgerichtet. Im Haus Nr. 12 starb 1849 übrigens der Komponist Frédéric Chopin.

Opéra Garnier: Mit ihrem verschwenderischen Dekor zählt die Opéra Garnier zu den Prachtbauten des Zweiten Kaiserreiches. Den 1861 ausgeschriebenen Wettbewerb gewann der damals 36-jährige Architekt Charles Garnier, der mit einer ungewöhnlichen ornamentalen Fülle den „Stil Napoléon III." erfand. Das Bauwerk verbindet Klassizismus und Realismus im Sinne einer funktional ausgerichteten Architektur. Garnier konzipierte einen kugelartigen Bau, der den Besucher von der Außenwelt abschirmte und ihm gestattete, in eine musikalische Traumwelt einzutauchen. Schon bald nach ihrer Eröffnung entwickelte sich die Oper, die insgesamt 1900 Sitze aus rotem Samt beherbergt, zu einer „Kathedrale der Bourgeoisie" (Théophile Gautier). Wer in Paris etwas auf sich hielt, zeigte sich regelmäßig im Opernhaus. Garnier revolutionierte mit seiner Architektur die gesellschaftlichen Sitten: Statt während der Pausen in ihren Logen Gäste zu empfangen, flanierten die Besucher durch die Gänge und trafen sich in dem von Baudry in zehnjähriger Arbeit dekorierten Foyer. Noch heute beeindrucken die Dimensionen der Bühne mit einer Breite von 48,5 Metern, einer Tiefe von 27 Metern und einer Höhe von 60 Metern! Beachtenswert sind die Treppe im Foyer und das 1964 von Marc Chagall geschaffene Deckengemälde im Zuschauerraum.

Karten für die Opéra Garnier, in der seit 1989 fast ausschließlich Ballett geboten wird, sind schwer zu bekommen. Wie sagte doch einst der Direktor zu einem Kritiker: „Gleichgültig, was und wie bei uns gesungen wird, mit der Monumentaltreppe und dem luxuriösen Foyer werde ich stets ein volles Haus haben." Apropos volles Haus: Auf dem Dach der Oper steht ein Bienenstock, der Hobbyimker vertreibt seinen Honig über das Feinkostgeschäft „Fouchon" ... Ein Flügel der Opéra wurde 1992 im Rahmen umfassender Renovierungsmaßnahmen zu einem Bibliotheksmuseum umgebaut und kann ebenfalls besichtigt werden.

Adresse: Place de l'Opéra, 75009. Ⓜ Opéra (Linie 3, 7 und 8). ⌚ 10–17 Uhr. Eintritt: 7 €, erm. 5 €. www.opera-de-paris.fr.

Noble Adresse: Jean Paul Gaultier

Musée Gustave Moreau: Der Maler Gustave Moreau (1826–1898), ein schwärmerischer Romantiker, bevorzugte mythologische und biblische Themen, die er mit phantastischem Pathos gestaltete. Unmittelbar nach seinem Tod wurde in dem von ihm bewohnten Stadtpalais ein Museum eingerichtet,

Passagen
Karte S. 176/177

das noch deutlich den Geist des Künstlers atmet, da sich der Nachlassverwalter genau an die Vorgaben Moreaus hielt.

Adresse: 14, rue de la Rochefoucauld, 75009. Ⓜ Trinité (Linie 12). ⌚ Tgl. außer Di 10–12.45 und 14–17.15 Uhr. Eintritt: 4 €, erm. 2,60 €.

Musée Grévin: Das bekannte Wachsfigurenkabinett ist das Pariser Pendant zu dem von Madame Tussaud. Unter einem Dach vereint, tummeln sich in nachgestellten Szenen aus der französischen Geschichte so berühmte Persönlichkeiten wie die Nationalheldin Jeanne d'Arc, Ludwig XIV., Napoléon und Marat; aber auch Filmgrößen wie Jean-Paul Belmondo dürfen nicht fehlen.

Adresse: 10, boulevard Montmartre, 75009. Ⓜ Grands Boulevards (Linie 8 und 9). ⌚ Tgl. 10–18.30, am Wochenende und in den Ferien bis 19 Uhr. Eintritt: 17,50 €, erm. 15 od. 10,50 €. www.grevin.com.

Musée National des Arts et Métiers des Techniques: Nach umfangreichen Renovierungsarbeiten öffnete das 1794 gegründete Museum der technischen Fachhochschule im Herbst 1999 wieder seine Pforten. Untergebracht im ehemaligen Kloster Saint-Martin-des-Champs, gehört zum Fundus des Museums unter anderem die weltweit größte Sammlung von Mikroskopen.

Adresse: 60, rue Réaumur, 75003. Ⓜ Arts et Métiers (Linie 3 und 11). ⌚ Tgl. außer Mo 10–18, Do 10–21.30 Uhr. Eintritt: 6,50 €, erm. 4,50 €. www.arts-et-metiers.net.

Literatur-Passagen

Die Pariser Passagen haben auch ihre Spuren in der Literaturgeschichte hinterlassen: So lernte der im Exil lebende Heinrich Heine in der Passage des Panoramas seine Mathilde kennen, Charles Baudelaire flanierte unter dem gleichen Glasdach auf der Suche nach Inspirationen für sein lyrisches Werk und Emile Zolas „Nana" wartete dort auf ihre Freier. Die zwischen Oper und Nationalbibliothek gelegene Passage Choiseul spielt ebenfalls eine wichtige Rolle in einem von düsterer Atmosphäre getragenen Roman: Louis-Ferdinand Céline schildert in „Tod auf Borg", wie ein kleiner Junge sein Leben in der Passage als niederdrückend empfindet. Er wächst in einer überfüllten Ladenwohnung mit zu dünnen Wänden auf und leidet unter dem trüben und gefilterten Licht des Glasdachs, das den Blick auf den Himmel versperrt. Eine öde und leere Kindheit, ohne den belebenden Wechsel der Jahreszeiten. Louis Aragon schildert in einem Teil seiner surrealistischer Schrift „Der Bauer von Paris" die verlorene Welt der Passage de l'Opéra, die 1924 dem Ausbau des Boulevard Haussmann weichen musste.

Praktische Infos

Essen und Trinken

Le Grand Véfour (20), wer Essen will wie Gott in Frankreich, ist im Grand Véfour richtig. Das Restaurant befindet sich bereits seit 1782 in der zum Palais Royal gehörenden Galerie Beaujolais. Phantastisch ist das Ambiente, das mit seinen roten Velourbezügen und vielen Spiegeln vom mondänen Glanz des Ancien Regime kündet. Der Küchenchef Guy Martin, ein gebürtiger Savoyonarde, zählt zu den Könnern seines Fachs und verblüfft mit raffinierten Kreationen. Das Mittagsmenü für 78 € erscheint daher keinesfalls als überteuert, das abendliche Dîner kostet 250 €. Sa, So und im Aug. geschlossen. 17, rue de Beaujolais, 75001, ✆ 0142965627. Ⓜ Pyramides (Linie 7 und 14).

Le Rubis (19), uriges Weinbistro mit nostalgischem Flair. Zum Ausschank kommen rund zwei Dutzend offene Weine, ein kleines Glas kostet zwischen 1,30 und 2,80 €, der Café am Tresen 1,10 €. Mittags, wenn ein passabler *Plat du jour* serviert wird, ist es fast immer brechend voll. Bis 22 Uhr geöffnet, Samstagabend, So und drei Wochen im Aug. geschlossen. 10, rue du Marché-Saint-Honoré, 75001, ✆ 0142610334. Ⓜ Pyramides (Linie 7 und 14).

Hemingway-Bar (15), die Bar im Hotel Ritz, die Hemingway „höchstpersönlich" von der deutschen Besatzung befreit haben will, genießt Kultstatus. Die Preise sind hoch (Cocktails 15–20 €), die Chancen, „zufällig" einen Prominenten zu treffen, stehen nicht schlecht. So und Mo geschlossen. 15, place Vendôme, 75001. Ⓜ Opéra (Linie 3, 7 und 8).

Au P'tit Creux du Faubourg (1), einfache, aber einladende Vorstadtgaststätte mit guter Küche. Menüs zu 10 und 12,50 €, ein Viertel Wein ab 2,30 €. Abends und Sonntags geschlossen, Ende Juli Betriebsferien. 66, rue du Faubourg-Montmartre, 75009. Ⓜ Notre-Dame-de-Lorette (Linie 12).

Au Général Lafayette (2), beliebte Brasserie im Stil der Jahrhundertwende. Hier treffen sich in erster Linie die Pariser. Bierfreunde haben es schwer: Rund 100 Sorten Gerstensaft stehen zur Auswahl. Wechselnde Tagesgerichte. Tgl. bis 3.30 Uhr geöffnet. 52, rue Lafayette, 75009, ✆ 0147705908. Ⓜ Le Peletier (Linie 7).

Chartier (9), kein Juwelier, sondern eine der letzten authentischen Pariser „Suppenküchen", etwas versteckt in einem Hinterhof gelegen. Unabhängig von Rang und Namen, alle treffen sich unter den hohen Decken. Keine Reservierung möglich. Sehr moderates Preisniveau. 7, rue du Faubourg-Montmartre, 75009, ✆ 0147708629. Ⓜ Le Peletier (Linie 7).

Les Diables du Thym (8), raffinierte Küche, ausgesuchte Weine – was will man mehr? Lecker sind die gegrillten Wachteln auf Rosinen. Menü zu 20,95 bzw. 26,20 €. Samstagmittag, So und im Aug. geschlossen. 35, rue Bergère, 75009, ✆ 0147707709. Ⓜ Grands Boulevards (Linie 8 und 9).

Gallopin (14), historisches Bistro mit schmuckem Ambiente, direkt hinter der Börse. Die klassische französische Küche bietet ein hervorragendes Preis-Leitungs-Verhältnis. Menüs zu 23, 28 und 33,50 €. Kein Ruhetag. 40, rue Notre-Dame-des-

Galeries Lafayette

Victoires, 75002, ✆ 0142364538. Ⓜ Grands Boulevards (Linie 8 und 9).

Paraty Caffè (5), beliebtes Café, in dem leckere Salate und Snacks serviert werden. Alles zu moderaten Preisen. 2, rue de la Grange Batelière, 75009, ✆ 0142466186. Ⓜ Grands Boulevards (Linie 8 und 9).

Le Gavroche (11), das Weinbistro in unmittelbarer Nähe zur Börse besitzt das Flair einer Vorstadtkneipe. Man kommt, um das Ambiente zu genießen, weniger wegen der Küche. Hauptgerichte zwischen 10 und 15 €. So und im Aug. geschlossen. 19, rue Saint-Marc, 75002, ✆ 0142968970. Ⓜ Richelieu Drouot (Linie 8 und 9).

Clémentine (12), eine kleine Zeitreise bietet dieses im Jahre 1906 eröffneten Bistro mit seinen verspiegelten Wänden. Klassische Küche. Menü zu 26,50 €. Am Wochenende geschlossen. 5, rue Saint-Marc, 75002, ✆ 0140410565. Ⓜ Richelieu Drouot (linie 8 und 9).

Café du Croissant (13), noch immer von Journalisten und Redakteuren gern besuchtes Café inmitten des historischen Presseviertels. Am 31. August 1914 verübte hier übrigens ein national gesinnter Fanatiker ein Attentat auf den bekannten Pazifisten und Sozialisten Jean Jaurès. Mittagsmenü 14 €.

Passagen
Karte S. 176/177

146, rue Montmartre. Ⓜ Grands Boulevards (Linie 8 und 9).

Coc Thai (10), es gibt sicherlich ein paar hundert asiatische Schnellimbisse in Paris. Aus diesem günstigen Verpflegungseinerlei ragt das Coc Thai hervor, bietet es doch wechselnde, leckere thailändische Gerichte, die Gaumen und Geldbeutel gleichermaßen erfreuen. Menüs ab 6,40 €. 15, boulevard Montmartre. Ⓜ Grands Boulevards (Linie 8 und 9).

Starbucks (16), die amerikanische Kaffeehauskette unterhält auch an der Seine ein paar Filialen. Wenig pariserisch, aber der Kaffee ist ausgezeichnet. 24, avenue de l'Opéra, 75001. Ⓜ Pyramides (Linie 7 und 14).

Le 404 (25), veredelte nordafrikanische Gaumenfreuden in einem alten Palais. Im Aug. zwei Wochen Betriebsferien. Mittagsmenü ab 32 €. 69, rue Gravilliers, 75003, ✆ 0142745781. Ⓜ Arts et Métiers (Linie 3 und 11).

Les Bains (26), Szenetreff in einer ehemaligen Badeanstalt, mittlerweile hat der Club allerdings viel von seinen Kultstatus eingebüsst.. Eintritt mind. 20 €. ⌚ Di–Sa 23–6 Uhr. 7, rue du Bourg-l'Abbé, 75003, ✆ 0148 870180. Ⓜ Etienne Marcel (Linie 4). www.lesbains.com.

Galerie Vivienne

Einkaufen

Didier Ludot (24), exklusive Second-hand-Mode. Jardins du Palais Royal. 24, galerie Montpensier, 75002. Ⓜ Palais-Royal (Linie 1 und 7).

Gaultier (18), das einstige Enfant Terrible ist längst zum Klassiker mutiert. 6, rue Vivienne, 75002. Ⓜ Palais-Royal (Linie 1 und 7).

Kenzo (21), der japanische Edeldesigner ist selbstverständlich auch mit einer Boutique in Paris vertreten. 3, place des Victoires, 75002. Ⓜ Palais-Royal (Linie 1 und 7).

Les Galeries Lafayette (3), berühmter Konsumtempel mit großer Auswahl an Kosmetik und Designermode. Jeder berühmte Modemacher und jeder berühmte Kosmetikhersteller hat hier seinen „Altar". Vor einigen Jahren machte das Kaufhaus Schlagzeilen, als lebendige Schaufensterpuppen die neueste Wäschekollektion der Designerin Chantal Thomass präsentierten. Nur mit einem BH und Slip, Unterrock oder Nachthemd bekleidet, bewegten sich mehrere Mannequins in den Schaufenstern, die in eine Art „Zimmer" verwandelt wurden. Nachdem die französischen Frauenorganisationen landesweit protestiert hatten, wurde die Modenschau ins Kaufhaus verlegt. 40, boulevard Haussmann, 75009. Ⓜ Chaussée d'Antin (Linie 7 und 9).

Magasins du Printemps (4), gekrönt von einer farbenprächtigen Glaskuppel, findet sich auf acht Etagen alles, was das französische Herz begehrt. Lohnend ist auch ein Besuch der im 5. Stock untergebrachten „World Bar", eines witzigen Design-Cafés. 64, boulevard Haussmann, 75009. Ⓜ Havre-Caumartin (Linie 3).

Antiquariat (6), in der Passage Jouffroy können Bücherfreunde stundenlang an den Büchertischen kramen. Passage Jouffroy, 75009. Ⓜ Richelieu Drouot (Linie 8 und 9).

Marché Montorgueil (22), der Straßenmarkt in der Rue Montorgueil erinnert noch ein wenig an das Flair im einstigen Hallenviertel. 75002. Ⓜ Sentier (Linie 3).

Marché St Honoré (17), kleiner Straßenmarkt mit Lebensmitteln. ⌚ Mittwochnachmittag und Samstagvormittag. 75001. Ⓜ Pyramides (Linie 7 und 14).

Moulin Rouge – die berühmteste Windmühle der Welt

Montmartre

Der Montmartre besitzt eigentlich zwei Wahrzeichen: Zum einen die strahlend weiße Kuppel von Sacré-Cœur, zum anderen das legendäre Moulin Rouge, die wohl berühmteste „Windmühle" der Welt. Größer können Gegensätze kaum sein.

Seinen Namen erhielt der Montmartre (*Mons Martyrium*) wahrscheinlich durch den Märtyrertod des heiligen Dionysius (*Saint Denis*), der hier im Jahre 287 enthauptet wurde und anschließend noch bis zum heutigen Pariser Vorort gelaufen sein soll, so jedenfalls behauptet es die christliche Legende. Jahrhundertelang ereignete sich kaum etwas am Montmartre, sieht man einmal von der Gründung einer Benediktinerabtei ab. Zur Zeit der Französischen Revolution hatte die Gemeinde Montmartre gerade einmal 638 Einwohner, von denen ein Großteil in den Kalksteinbrüchen arbeitete. Im 19. Jahrhundert wurde der Hügel von Montmartre – die Revolutionäre nannten den Berg *Mont Marat* – mit seinen Weinbergen, billigen Schenken und lustigen Windmühlen zu einem beliebten sonntäglichen Ausflugs- und Vergnügungsziel der Pariser Bevölkerung, denn der Märtyrerberg lag bis 1860 noch außerhalb des Stadtgebietes, so dass die Lokalsteuer, der *Octroi*, dort nicht erhoben wurde. Bald folgten die ersten Künstler nach, von dem Flair und den billigen Mieten angezogen. Renoir, Degas, Van Gogh, Toulouse-Lautrec, Picasso, Braque, Utrillo, Modigliani und viele mehr verhalfen dem schönen Hügel zur Unsterblichkeit. Das in seiner ursprünglichen Form nicht mehr existierende „Bateau Lavoir" auf der Place Godeau gilt als Geburtsstätte des Fauvismus und Kubismus. Picasso malte 1907, als er hier mit Fernande Olivier zusammenlebte, eines seiner berühmtesten Gemälde: *Les Demoiselles d'Avignon*.

Erst jüngst ist der Montmartre durch zwei Kinofilme wieder in den Mittelpunkt

Karte S. 186/187

Übernachten
7 Utrillo (S. 52)
8 Hôtel du Commerce (S. 54)
13 Regyn's Montmartre (S. 52)
21 Villa Royale (S. 50)
Essen & Trinken
(S. 192/193)
3 Le Moulin de la Galette
4 Au Claire de Lune
5 A la Pomponnette
9 Wassana
11 Le Bouclard
19 La Fourmi
20 A la Cloche d'Or
Cafés (S. 192/193)
10 Café Tabac des Deux Moulins
12 Le Sancerre
16 Le Progrès
22 L'Annexe
Nachtleben (S. 192/193)
14 La Loco (motive)
15 Moulin Rouge
18 Le Moloko
19 La Fourmi
20 A la Cloche d'Or
Einkaufen (S. 193)
1 Marché aux Puces de Saint-Ouen
2 Chez Virginie
6 Buchladen
17 Tati
Rue Marcadet
Rue Duhesme
Rue Lamarck
Lamarck Caulaincourt
Rue Caulaincourt
Av. Junot
Rue Girardon
Cimetière St Vincent
Rue Dereure
R. Saules
Vignes
Musée de Montmartre
Moulin de la Galette
Moulin Radet
Rue Lepic
Rue des Saules
Rue Eugène Carrière
R. Ziem
Rue Damrémont
Rue Joseph de Maistre
Rue Tourlaque
Cimetière de Montmartre
Rue Tholozé
Pl. Te
Espace Montmartre
R. J. de Maistre
Rue Garreau
Rue Durantin
Rue Gabri
Rue Berthe
Rue des Trois Fr
Rue des Abbesses
Th. de la Ville les Abbesses
Abbesses
Pl. des Abbesses
Rue Y. Le Tac
St Jean Montmartre
Rue Véron
Rue Pilon
Av. Rachel
Rue Caulaincourt
Bal du Moulin Rouge
R. Coustou
Blanche
Pl. Blanche
Musée de l'Erotisme
Place de Clichy
Boulevard de Clichy
Pl. A. Max
Rue Germain
Rue Houdon
Rue des Martyrs
R. d'Or
Pigalle
Pl. Pigalle
R. de Calais
R. Douai
R. Mansart
Rue Blanche
Rue Ballu
R. Fromentin
R. Duperré
Rue de Douai
Rue Fontaine
Rue Pigalle
R. Frochot
Musée de la Vie Romantique
Rue Chaptal
R. Escudier
R. Henner
Rue Jean Baptiste
Rue Victor Massé
R. des Martyrs
Rue Moncey
Deutsche Evangelische Christuskirche
Rue Blanche
Rue La Bruyère
Rue Rochefoucauld
Rue N. D. de Lorette
Rue H. Monnier
R. de Navarin
Rue Clauzel
St Georges
Musée Gustave Moreau
Champs-Elysées siehe S. 164/165

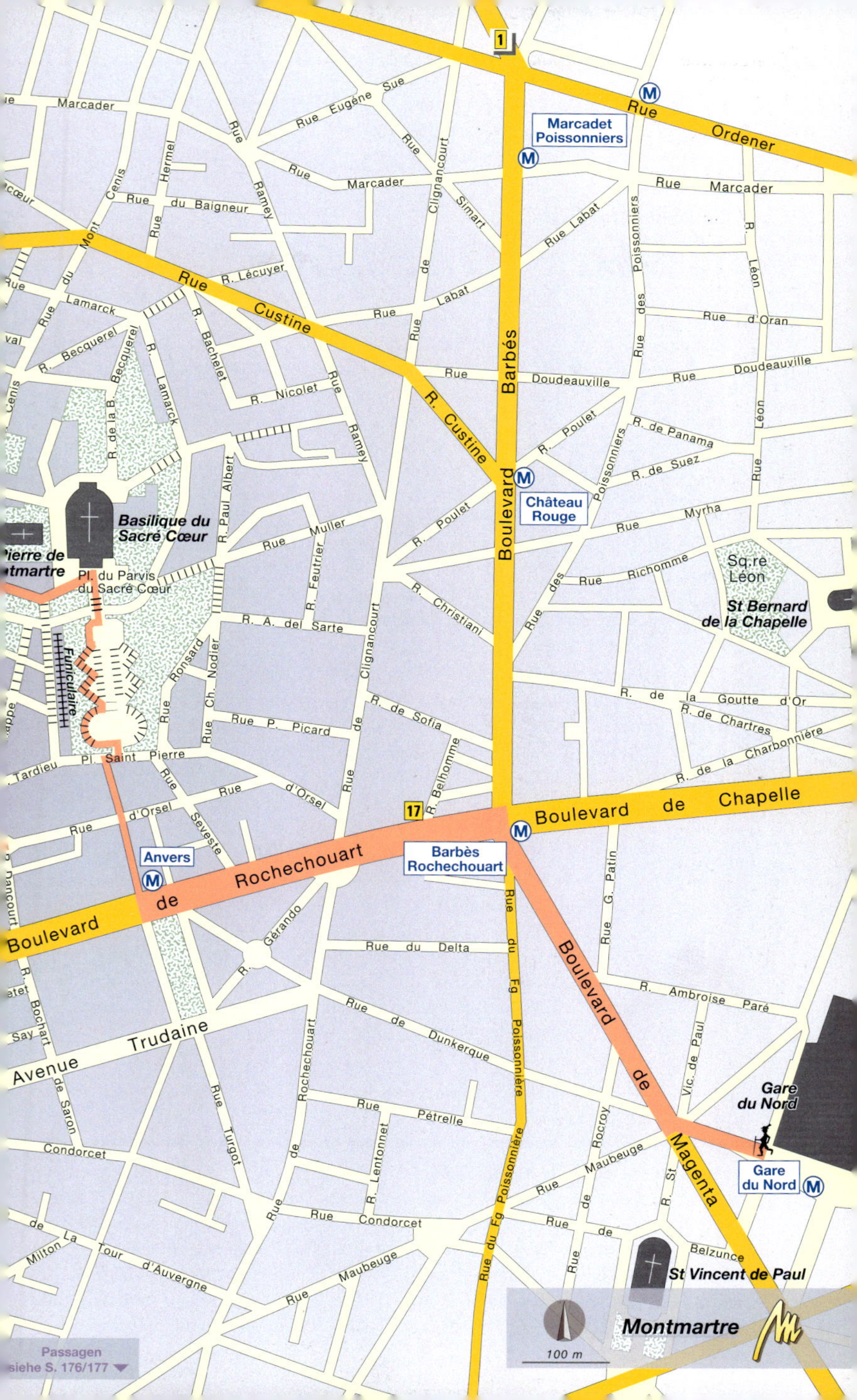

Passagen siehe S. 176/177

gerückt: Da ist einmal Baz Luhrmanns „Moulin Rouge", mit Nicole Kidman in der Hauptrolle, zu nennen, der jedoch an Beliebtheit von dem französischen Filmmärchen „Die fabelhafte Welt der Amélie" weit in den Schatten gestellt wurde.

Quartiere der Lust

Paris hat den schier unverwüstlichen Ruf, eine Stadt der Liebe und des Lasters zu sein, dessen erotisches Zentrum rund um die Place de Pigalle zu finden ist. Bereits im frühen 18. Jahrhundert soll es in der Rue de Clichy eine *Folie*, ein Lusthaus, gegeben haben, dessen gewagte Feste in der ganzen Stadt bekannt waren. Selbst Ludwig XV. und seine Mätresse, die Marquise de Pompadour, sollen sich 1730 von dem wilden Treiben höchstpersönlich überzeugt haben. Berühmt geworden sind die einschlägigen Etablissements am Montmartre vor allem durch Henri de Toulouse-Lautrec (1864–1901). Der Abkömmling eines uralten französischen Adelsgeschlechts ist ein Sonderfall. Mehr als jeden anderen Maler hat Toulouse-Lautrec die Lasterhaftigkeit der französischen Hauptstadt geradezu magisch angezogen. In dem Halbweltmilieu von Tingeltangel und Bordells fand er die Modelle und Sujets, die dank seiner Kunstfertigkeit unsterblich wurden. So wurde Toulouse-Lautrecs Stammlokal, das Moulin Rouge, erst durch die von ihm gemalten Plakate zu einer Pariser Institution, und wer würde sich noch an die damals berühmte Tänzerin La Goulue erinnern, hätte „Monsieur Kaffeekanne" sie nicht gemalt?

Die Freudenhäuser, die *Maisons de tolérance*, in denen der männliche Nachwuchs des Bürgertums einst seine Unschuld verlor, sind allerdings längst verschwunden. Am 13. April 1946 hatte die Nationalversammlung die Schließung aller französischen Bordelle beschlossen – eine fatale Entscheidung, die Prostitution ist nicht verschwunden, sie ist nur unkontrollierbarer geworden. Pikante Note am Rande: Die Gegner des Beschlusses fanden heraus, dass die prominente Pariser Stadträtin Marthe Richard, die sich damals vehement für die Abschaffung der Freudenhäuser einsetzte, von 1905 bis 1907 in Nancy selbst als Prostituierte registriert gewesen war ...

Heute ist der Boulevard de Clichy mit seinen Peepshows und Pornoshops, seinen tristen Videotheken und Imbissbuden zu einer regelrechten Bannmeile des Begehrens mutiert. Auf der Suche nach dem erotischen Kitzel streifen die Touristen und Provinzfranzosen an den neonlichterhellten Etablissements vorbei und landen irgendwann vor dem Moulin Rouge, der berühmtesten Windmühle der Welt.

Spaziergang

Wer von der Gard du Nord dem Montmartre zustrebt, taucht ein in die multikulturelle Welt der Pariser Armenviertel. Ein Hauch von Afrika liegt in der Luft, der indische Subkontinent zeigt sich in der Rue Faubourg Saint Denis von seiner farbenprächtigsten Seite. Das bekannteste Markenzeichen dieser Gegend ist das am Anfang des Boulevard Rochechouart gelegene Kaufhaus *Tati*, das Konsumparadies der Unterschicht. Von der Métrostation Anvers führt der Weg direkt hinauf zur **Basilique du Sacré-Cœur**. Wem der Auf-

Place du Tertre – das Herz von Montmartre

stieg zur *Butte*, wie der 130 Meter hohe Hügel genannt wird, zu beschwerlich ist, kann mit einer normalen Métrofahrkarte auch die „Drahtseilbahn" (*funiculaire*) benutzen. Im Sommer trifft sich ein buntes Publikum auf den Treppen unterhalb der Kirche, Musiker geben eine kurze Kostprobe ihres Repertoires. Kunsthistorisch wertvoller ist die direkt nebenan gelegene Eglise Saint-Pierre; sie geht auf eine Benediktinerabtei aus dem frühen 12. Jahrhundert zurück und zählt somit zu den ältesten Kirchen von Paris. Das Herz von Montmartre ist die idyllische Place du Tertre. Allerdings wird der photogene Platz von Touristen regelrecht überschwemmt, die umstehenden Häuser sind in der Hand von schlechten, überteuerten Restaurants, vor denen dritt- und viertklassige Künstler ihre Bilder anbieten und Touristen karikieren. Anspruchsvollere Kunst bieten das nahe **L'Espace Montmartre-Dalí** und das **Musée de Montmartre**, das unverständlicher Weise nur von wenigen Touristen aufgesucht wird. Direkt hinter dem Museum liegt der berühmte, zwei Hektar große Weinberg des Montmartre, ein kleines Stück weiter steht noch das kleine rosa Haus (*La Maison Rose*), in dem einst Utrillo wohnte und arbeitete. An der Moulin de la Galette – eine der letzten beiden von einst vierzig Windmühlen am Montmartre – vorbei gelangt man zum Friedhof von Montmartre. Nicht alle Bereiche des sieben Hektar großen **Cimetière de Montmartre** strahlen die sprichwörtliche Friedhofsruhe aus. Im Südosten wird der Friedhof ziemlich brutal von der viel befahrenen Rue Caulaincourt durchschnitten, der Lärm der Gegenwart mischt sich mit dem Schweigen der Toten (der Eingang liegt übrigens am Ende der Avenue Rachel). Am Boulevard de Clichy warten wieder die Freuden des Diesseits. Allerdings ist die Erotik dieser glänzenden Scheinwelt schon längst im Neonlicht erstarrt. Über diese Tatsache hilft auch ein Besuch des **Musée de l'Erotisme** nicht

Montmartre
Karte S. 186/187

hinweg. Interessanteres hat da schon das **Musée de la Vie Romantique** zu bieten. Die langgestreckte Rue Lepic, deren unterer Teil als Marktstraße genutzt wird, führt von der Place Blanche wieder hinauf in die schönste Gegend des Montmartre-Viertels. Van Gogh hat übrigens eine Zeit lang im Haus Nr. 56 gewohnt. Die Rue des Abbesses wird von einigen netten Cafés und kleinstädtischen Geschäften gesäumt. Sie endet am gleichnamigen Platz mit der Métrostation Abbesses, deren Wetterschutzdach noch ein Jugendstiloriginal von Hector Guimard ist. Es bietet sich an, noch ein wenig durch die umliegenden Gassen und Straßen schlendern; in der Rue d'Orsel befinden sich beispielsweise noch mehrere Handwerksbetriebe.

Sehenswertes

Basilique du Sacré-Cœur: Das bekannteste Wahrzeichen des Montmartre ist die im „Zuckerbäckerstil" errichtete Herz Jesu Kirche. Genau genommen ist die Basilika ein Symbol für die zutiefst reaktionäre Geisteshaltung der 1870er Jahre, als Frankreich religiös und politisch am Boden lag. Als weithin sichtbares Zeichen der nationalen Sühne sollte die strahlend weiße Kirche an die Niederlage im Deutsch-Französischen Krieg von 1870/71 und die Verbrechen während der darauffolgenden Pariser Kommune erinnern. Mit diesen „Verbrechen" war allerdings weniger das Niedermetzeln der Aufständischen durch die Regierungstruppen gemeint, sondern in erster Linie der Aufstand an sich. Über den byzantinisch angehauchten Stil der Kirche lässt sich vortrefflich streiten, das Schönste an Sacré-Cœur ist sicherlich der Ausblick von der Kuppel. Nachdem 237 Treppenstufen bewältigt sind, liegt einem ganz Paris zu Füßen!

Blick auf das Wahrzeichen von Montmartre – Sacré-Cœur

🕐 9–17.45 Uhr, im Sommer bis 19 Uhr. Ⓜ Anvers + Funiculaire (Linie 2). Eintritt für die Krypta und die Aussichtsplattform: 5 €.

L'Espace Montmartre-Dalí: Dalí war bekanntlich einer der größten und geschäftstüchtigsten Selbstdarsteller unter den Künstlern des 20. Jahrhunderts. In dieser Tradition steht auch diese multimediale Ausstellung, in der auf 1000 Quadratmetern mehr als 300 Zeichnungen, Gemälde und Skulpturen präsentiert werden. Das Ganze hat allerdings einen recht kommerziellen Beigeschmack, die gut sortierte Dalí-Boutique bietet einiges, um die eigenen vier Wände aufzupeppen.

Adresse: 11, rue Poulbot, 75018. Ⓜ Lamarck-Caulaincourt (Linie 12). 🕐 Tgl. 10–18 Uhr. Eintritt: 8 €, erm. 6 €. 10 € mit Audioguide. www.daliparis.com.

Musée de Montmartre: In dem kleinen, einladenden Haus lebten und arbeiteten einst Auguste Renoir, Suzanne Valadon, die Mutter von Maurice Utrillo, Raoul Dufy und Othon Friesz. Renoir malte in diesen Räumen sein berühmtes Gemälde *Le Bal du Moulin Rouge*, das heute im Musée d'Orsay ausgestellt ist. Es lag daher nahe, hier ein Museum zur Geschichte des Montmartre einzurichten. Ausgestellt sind zudem zahlreiche Bilder, die alte Ansichten des Viertels zeigen, mehrere Plakate von Toulouse-Lautrec sowie die Einrichtung einer alten Kneipe mit einem echten Zinktresen. Da sich nicht allzu viele Touristen hierher verirren, erscheint der kleine Garten vor dem Haus wie eine Oase der Ruhe im Montmartretrubel.

Adresse: 12, rue Cortot, 75018. Ⓜ Lamarck-Caulaincourt (Linie 12). ⌚ Tgl. außer Mo 10–18 Uhr. Eintritt: 5,50 €, erm. 3,50 €.

Cimetière de Montmartre: Nur ein paar Minuten vom Boulevard de Clichy entfernt, ist der Friedhof von Montmartre ein fast vergessener Ort der Toten inmitten des Großstadttrubels. Aufgeteilt in Divisionen, liegen hier unter anderem François Truffaut und Edgar Degas begraben. Nijinsky, der „Gott des Tanzes", und Adolphe Sax, der Erfinder des Saxophons, fanden genauso wie die Schriftsteller Alexandre Dumas und Stendhal, der eigentlich Henri Beyle hieß, auf dem Friedhof von Montmartre ihre letzte Ruhestätte. Auf dem Grabmal von Heinrich Heine (Avenue Hector Berlioz), der 1856 im Pariser Exil starb, steht geschrieben:

„Werd' ich wo in einer Wüste
eingescharrt von fremder Hand?
Oder ruh' ich an der Küste
eines Meeres in dem Sand?"

Adresse: 20, avenue Rachel, 75018. Ⓜ Blanche (Linie 2). ⌚ Tgl. 8–17.30 Uhr, im Sommer bis 18 Uhr, Sa und So ab 9 Uhr.

Musée de l'Erotisme: Kein Sexclub und doch nicht ganz jugendfrei, zeigt das Erotikmuseum Skulpturen aus dem afrikanischen, ozeanischen und asiatischem Kulturkreis, die den männlichen

Musée de l'Erotisme

Phallus auf unterschiedliche Art und Weise verherrlichen. In den oberen Stockwerken finden regelmäßig Wechselausstellungen statt.

Über den künstlerischen Wert der ausgestellten Gemälde und Zeichnungen kann man allerdings durchaus geteilter Meinung sein. Fazit: Die 8 € für den Eintritt sind wahrscheinlich in einem Café besser angelegt.

Adresse: 72, boulevard de Clichy, 75017. Ⓜ Blanche (Linie 2). ⌚ Tgl. 10–2 Uhr. Eintritt: 8 €, erm. 6 €. www.erotic-museum.com.

Musée de la Vie Romantique: Wie der Name andeutet, widmet sich das Museum dem romantischen Zeitalter. Es ist untergebracht im ehemaligen Haus des niederländischen Malers Ary Scheffer, der hier im 19. Jahrhundert einen bekannten Freitagssalon unterhielt. Zu den illustren Gästen, die sich regelmäßig bei Scheffer einfanden, gehörten die Musiker Rossini, Franz Liszt und

Montmartre
Karte S. 186/187

Frédéric Chopin sowie der Romancier Charles Dickens und die Schriftstellerin George Sand. George Sand, der sich die Dauerausstellung ausführlich widmet, gilt als eine der ersten Frauen vom Typ *femme fatale*, da sie demonstrativ Männerkleidung trug und öffentlich rauchte. Eine weitere Attraktion des Museums ist der idyllische Garten, in dem sich ein kleines Café befindet.

Adresse: 16, rue Chapal, 75009. Ⓜ Saint-Georges (Linie 12). ⏱ Tgl. außer Mo 10–18 Uhr. Eintritt: frei außer bei Sonderausstellungen.

Praktische Infos

Essen, Trinken, Nachtleben

Au Claire de Lune (4), rund um die Place du Tertre wimmelt es vor Touristenfallen, daher empfiehlt es sich, ein paar Schritte um die Ecke zu gehen. Das Restaurant Claire de Lune bemüht sich um anspruchsvolle französische Küche mit internationalem Einschlag. Das Menü zu 30 € bietet beispielsweise Salat mit Lachsstreifen sowie Hühnerfrikassee auf indische Art, zum Nachtisch gibt es Käse oder Dessert. So und Montagmittag geschlossen, von Mitte Aug. bis Mitte Sept. Betriebsferien. 9, rue Poulbot, 75018, ✆ 0142589703. Ⓜ Lamarck-Caulaincourt (Linie 12).

Le Moulin de la Galette (3), im traditionsreichen Ambiente einer alten Mühle am Montmartre wird französische Küche auf hohem Niveau geboten. Mittagsmenü 25 € (mittags). Sonntagabend und Mo geschlossen. 83, rue Lepic, 75018, ✆ 01460 68477. Ⓜ Abbesses (Linie 12).

Le Sancerre (12), das einfache, aber nette Café gehört zu den beliebtesten Adressen am Montmartre. Auf der lebhaften Straßenterrasse trifft sich ein vorwiegend junges Publikum. ⏱ Tgl. von 7–2 Uhr, Fr und Sa bis 4 Uhr. 35, rue des Abbesses, 75018, ✆ 0142580820. Ⓜ Abbesses (Linie 12).

La Fourmi (19), altes, zum Szenetreffpunkt umfunktioniertes Bistro im Retro-Industriedesign. Hier finden sich gute Musik und coole Gäste. Kleine Straßenterrasse. Tgl. 8.30–2 Uhr, Fr und Sa bis 4 Uhr, So ab 10.30 Uhr. 74, rue des Martyrs, 75018, ✆ 0142647035. Ⓜ Pigalle (Linie 12).

Le Bouclard (11), unweit des Friedhofs von Montmartre kann man sich hier auf „unsterbliche" Weise verwöhnen lassen. In einem zeitgenössischen Ambiente wird aufgetischt wie zu Großmutters Zeiten, vorzüglich ist der *cabillaud aux courgettes grillées*. Mittagsmenü 17 € oder 20 € mit einem Viertel Wein. Straßenterrasse. Sa und So geschlossen, im Aug. Betriebsferien. 1, rue Cavalotti, 75018, ✆ 0145226001. Ⓜ Place de Clichy (Linie 2 und 13).

Wassana (9), eine Straßenecke weiter öffnet dieser erstklassige, auch von Gault Millau ausgezeichnete Thailänder das Tor zu Asien. Angemessenes Preisniveau. Mittagsmenü zu 12 €, abends à la carte. Samstag- und Sonntagmittag geschlossen. 10, rue Ganneron, 75018, ✆ 0144700854. Ⓜ Place de Clichy (Linie 2 und 13).

A la Pomponnette (5), Restaurant mit liebevoll altertümlichem Ambiente aus dem Jahre 1909, unter den Gästen finden sich zweifellos echte Montmartiens. Serviert wird selbstverständlich klassische französische Küche. Menüs zu 18 € (mittags) und 32 €. So und Montagmittag geschlossen, im Aug. Betriebsferien. 42, rue Lepic, 75018, ✆ 0146060836. Ⓜ Blanche (Linie 2).

Café Tabac des Deux Moulins (10), Cineasten werden in dem Café sofort den Drehort des surrealistisch inspirierten Kassenschlagers „Die fabelhafte Welt der Amélie" wiedererkennen. 15, rue Lepic, 75018. Ⓜ Blanche (Linie 2).

Le Progrès (16), einladendes Café mit dem Charme vergangener Zeiten. Unter hohen Decken sitzt man bei Wein auf einfachen Holzstühlen. Mittags Restaurantbetrieb. 1, rue Yvonne le Tac, 75018. Ⓜ Abbesses (Linie 12).

L'Annexe (22), das Bistro – es liegt direkt gegenüber dem Musée de la Vie Romantique – strahlt selbst ein nostalgisches Flair aus. Hauptgerichte um die 15 €. Sa, So und im Aug. geschlossen. 15, rue Chaptal, 75009, ✆ 0148 746552. Ⓜ Saint-Georges (Linie 12).

A la Cloche d'Or (20), das 1928 vom Vater von Jeanne Moreau gegründete Lokal ist eine feste Adresse im Pariser Nachtleben. Jeden Tag werden hier bis spät in die Nacht traditionsreiche Gerichte zu anständigen Preisen serviert. Altertümliches Flair. Mo bis 1 Uhr, sonst bis 4 Uhr früh geöffnet. Mittagsmenüs zu 16 und 24 €, abends zu

Hier wurde „Die fabelhafte Welt der Amélie" gedreht

27 €. Samstagmittag, Sonntag sowie im Aug. geschlossen. 3, rue Mansart, 75009, ✆ 0148744888. Ⓜ Blanche (Linie 2).

Le Moloko (18), in dem Cafétheater legen ab 23.30 Uhr DJs die neuesten Sounds auf. Tgl. von 20–6 Uhr geöffnet. 26, rue Fontaine, 75009, ✆ 0148745026. Ⓜ Blanche (Linie 2).

La Loco (motive) (14), seit einigen Jahren ist der Montmartre bei den jungen Parisern wieder angesagt. In der Megadisco „La Loco" am Boulevard de Clichy gibt es, verteilt auf drei Etagen, ein vielfältiges Musikangebot, das von Rock bis zu Chansons und Oldies reicht. Ab 23 Uhr geöffnet, Eintritt: 5–15 €. 90, boulevard de Clichy, 75018. Ⓜ Blanche (Linie 2). www.laloco.com.

Moulin Rouge (15), die „rote Mühle" ist seit Toulouse-Lautrecs Zeiten das legendäre Etablissement auf dem Montmartre. Das Schema ist seit über 100 Jahren gleich: viel Federn, Strass, Pailletten, zauberhafte Dekors, originelle Musik und natürlich wunderschöne Frauen. Abend für Abend werden ganze Busladungen von Touristen zur „Wiege des French Cancan" gekarrt, wo die Herren mit „Kennerblick" darüber urteilen, welches der Mädchen die schönsten Beine und welches den wohlgeformtesten Busen hat. Shows tgl. um 19, 21 und 23 Uhr. Eintritt mit Menü ab 130 € (19 Uhr), sonst ab 85 €. 82, boulevard de Clichy, 75018, ✆ 0153098282. Ⓜ Blanche (Linie 2). www.moulin-rouge.com.

Einkaufen

Tati (17), berühmtes, 1948 gegründetes Billigkaufhaus, dessen Kundschaft sich größtenteils aus Arabern und Schwarzafrikanern zusammensetzt. Die weiß-rosa karierte Plastiktüte ist das oft karikierte Accessoire der ethnisch bunt gemischten Käuferschicht. 4–28, boulevard Rochechouart, 75018. Ⓜ Barbès (Linie 2 und 4). www.tati.fr.

Buchladen (6), kleine Buchhandlung für deutsche und französische Literatur. 3, rue Burq, 75018. Ⓜ Abbesses (Linie 12).

Chez Virginie (2), das traditionsreiche Geschäft ist ein Paradies für Käsefreunde! Ausgesuchte Gaumenfreuden aus allen Teilen Frankreichs. Mo sowie von 13–14 Uhr geschlossen. 54, rue Danrémont, 75018. Ⓜ Camarck-Caulaincourt (Linie 12).

Marché aux Puces de Saint-Ouen (1), der größte und berühmteste Flohmarkt der Stadt ist ein El Dorado für Trödelfreunde. Über mehrere Kilometer ziehen sich die Stände der Trödler hin. Sa, So und Mo von 7.30–19 Uhr. Ⓜ Porte de Clignancourt (Linie 4). www.antikita.com.

Montmartre
Karte S. 186/187

La Géode

Parc de la Villette

Auf dem Gelände des ehemaligen Pariser Schlachthofs gestaltete Bernhard Tschumi von 1987 bis 1991 einen 30 Hektar großen Park, der den Erfordernissen des 21. Jahrhunderts entsprechend mehr für Aktivitäten als für Ruhe und Erholung bestimmt ist. Ein Symbol für das kreative und innovative Paris der Gegenwart, dessen Wahrzeichen das Kugelkino „Géode" ist.

Ursprünglich war La Villette ein kleines Dörfchen vor den Toren der Metropole; das im frühen 19. Jahrhundert im Zusammenhang mit der Wasserversorgung von Paris entstandene Bassin de La Villette war ein beliebtes Ausflugsziel mit Gartenlokalen, im benachbarten Pantin drehten sich die Getreidemühlen munter im Wind. 1867 fand die ländliche Idylle ein Ende: Wenige Jahre nach der Eingemeindung des Dorfes wurde der Pariser Schlachthof in La Villette errichtet. Als der Schlachthof nicht mehr den modernen Anforderungen genügte, sollte er 1969 durch einen zeitgenössischen Bau ersetzt werden. Das Projekt wurde allerdings nach wenigen Jahren gestoppt, da der Schlachthof zusammen mit den Großmarkthallen nach Rungis verlegt wurde. Der französische Staat erwarb das brachliegende Gelände, um hier das Prestigeobjekt „Parc de la Villette" zu verwirklichen. Den ausgeschriebenen Architekturwettbewerb gewann der Schweizer Bernhard Tschumi, der mit offenen „Kulturräumen" das städtische Leben in einem Zustand ständiger Veränderung abbilden wollte. Die markantesten Gebäude sind die **Cité des Sciences et de l'Industrie** – sie ist übrigens dreimal so groß wie das Centre Pompidou –, das Kugelkino **La Géode**, das U-Boot *L'Argonaute* und die **Cité de la Musique**. Die historische Rinderauktionsbörse **Grande Halle**, eine kühne Metallkonstruktion, und die *Rotonde des vétérinaires* wurden unter Denkmalschutz gestellt und in den modernen Wissenschaftspark integriert, zu dem auch eine Konzerthalle (*La Zénith*) gehört. Tschumis Entwurf, der von dem Philosophen Jacques Derrida als Musterbeispiel dekonstruktivistischer Architektur gelobt wurde, spielt mit einem System von Oberflächen, Linien und Punkten. Letztere sind besonders markant, hat er doch insgesamt 25 knallrote Eisenkonstruktionen – „Folies" genannt, wie die Lustschlösser des 18. Jahrhunderts – über das Areal verteilt, die Aktivitäten wie Ausstellungen, Cafés, Konzerte und Computeraktionen anzeigen.

Sehenswertes

Cité des Sciences et de l'Industrie: In der futuristischen, von Adrien Fainsilber entworfenen „Stadt der Wissenschaften und der Industrie" sind die 30.000 Quadratmeter große Dauerausstellung „Explora" sowie ein Planetarium, ein Aquarium und eine Mediathek untergebracht. Technikinteressierte können in dem 270 Meter langen Komplex spielend einen ganzen Tag verbringen. Die Dauerausstellung ist den Themen Weltraum, Ozean, Gesteine und Vulkane, Medizin, Umwelt, Treibhaus, Automobil, Luftfahrt und Energie gewidmet. Wer will, kann mit dem Simulator das Flugzeug seiner Wahl steuern oder mit Hilfe eines Industrieroboters einen Prototypen bauen. Zudem werden auch verschiedene Formen der Kommunikation (Töne, Informatik, Bilder, Ausdruck und Verhalten) vorgestellt. In drei gesonderten Altersbereichen bietet die Cité des Enfants auch den kleinen Besuchern ein attraktives Programm.

Sie können beispielsweise ihren Gleichgewichtssinn testen, die Etappen des Getreideanbaus und der Brotherstellung verfolgen, sich mit der Pumpentechnik und der Elektrizität beschäftigen und mit Robotern experimentieren.

Adresse: Ⓜ Porte de la Villette (Linie 7), 75019. ⌚ Tgl. 10–18 Uhr, So bis 19 Uhr. Eintritt: 7,50 €, erm. 5,50 €. Cité des Enfants. Vorführungen: Di, Do und Fr um 11.30, 13.30 u. 15.30 Uhr; Mi, Sa und So um 10.30, 12.30 und 14.30 Uhr. Eintritt: 5 €. www.cite-sciences.fr.

La Géode: Hinter den 6433 polierten und zu einer Kugel geformten Stahlplatten verbirgt sich ein Kino mit 400 Sitzplätzen und einer 180-Grad-Leinwand mit einer Größe von 1000 Quadratmetern. Abwechselnd werden vier verschiedene Filme gezeigt: *L'Egypte des pharaos* („Das Ägypten der Pharaone"), *Everest*, *Effects spéciaux* („Spezialeffekte") und *Le grand frisson* („Das große Gruseln").

Adresse: Ⓜ Porte de la Villette (Linie 7), 75019. ⌚ Tgl. 10–21 Uhr. Eintritt: 8,75 €, erm. 6,75 €.

Dekonstruktivistische Architektur

Architektonische Spielwiese – Cité de la Musique

Grande Halle: In dem renovierten, weit ausgreifenden Stahlbau, den Jules de Mérindol 1867 errichtete, finden regelmäßig Ausstellungen, Messen und Konzerte statt.

Cité de la Musique: Die von dem Architekten Christian de Portzamparc in Zusammenarbeit mit dem Komponisten und Dirigenten Pierre Boulez geschaffene Cité de la Musique soll Musik für den Besucher über den traditionellen Konzertbetrieb hinaus zum Erlebnis werden lassen; das Gebäude fasziniert durch seine futuristische Formensprache, ein grandioses Architekturdenkmal bar jeglicher Symmetrie. Neben Konzertsälen, einer Mediathek und einer Spezialbuchhandlung ist auch das **Musée de la Musique**: Bestandteil des Konzepts. Das Museum mit einer weltweit einzigartigen Sammlung von 900 Musikinstrumenten zeigt den Wandel in der Geschichte der Musik und des Instrumentenbaus vom 16. Jahrhundert bis zu den zeitgenössischen technischen Innovationen auf. Mithilfe eines infrarot gesteuerten Kopfhörers gewinnt man auf einem Rundgang eindrucksvolle Klangerlebnisse, zudem werden auch ausgewählte musikalische Werke vorgestellt.

Adresse: 221, avenue Jean Jaurès, 75019. Ⓜ Porte de Pantin (Linie 5). ⌚ Di–Sa 12–18 Uhr, So 10–18 Uhr. Eintritt: 6,50 €, erm. 5 €. www. cite-musique.fr.

Praktische Infos

Essen und Trinken

Café de la Musique (1), ansprechendes Café mit schöner Straßenterrasse direkt neben der Cité de la Musique. Die Leitung von Alain Boudou bürgt für Qualität, das Ambiente und die Lage ziehen vor allem Künstler und Musiker an. Vorzüglich mundet das Carpaccio. Hauptgerichte 15–20 €. Die lockere Stimmung setzt sich bis morgens um 2 Uhr fort. Toller Sonntagsbrunch von 11–16 Uhr (21 €). 213, avenue Jean Jaurès, 75019, ✆ 0148031591. Ⓜ Porte de Pantin (Linie 5).

Parc de la Villette

Buntes Treiben auf dem Marché Belleville

Belleville
Père Lachaise

Zwischen dem malerischen Canal Saint Martin und dem Père Lachaise liegen die Quartiere Belleville und Ménilmontant, die als die exotischsten Viertel von Paris gelten. Seit Generationen haben Emigranten aus fast allen Ländern der Welt links und rechts des Boulevard de Belleville eine neue Heimat gefunden.

Der Name Belleville leitet sich von „Belle vue“, der schönen Aussicht, ab, denn der höchste Punkt im Parc de Belleville überragt den Montmartre um ganze acht Meter und bietet einen eindrucksvollen Panoramablick auf Paris. Belleville ist ein klassisches Viertel der kleinen Leute, bewohnt von einfachen Arbeitern, Schuhmachern und Handwerksgesellen. Ihr Freiheitsdrang und ihre antimonarchistische Einstellung spielte bereits während der Pariser Kommune eine große Rolle. Rund um die Kirche Saint-Jean Baptiste de Belleville zeigt das Viertel seinen ganzen provinziellen Charme. Baudelaire, Apollinaire und Maurice Chevalier haben Belleville gemocht und dort gelebt; Edith Piaf wurde am 19. Dezember 1915 auf den Treppenstufen – so will es jedenfalls die Legende – des Hauses Nummer 72 in der Rue de Belleville in ärmlichen Verhältnissen geboren. Zu Beginn des 20. Jahrhunderts fanden die ersten Emigranten aus Armenien hier eine neue Heimat; ihnen folgten Griechen, spanische Franco-Gegner und Juden aus Osteuropa nach. In den sechziger Jahren waren es die Einwanderer aus Nordafrika, Pakistan und Asien, die Belleville zu einem kosmopolitischen Schmelztiegel mit Rasta-Friseuren und

Kebab-Ständen werden ließen. Mittlerweile haben die Straßenzüge einen asiatischen Touch erhalten, da sich verstärkt Chinesen im Pariser Nordosten niederlassen.

Belleville ist arm an Sehenswürdigkeiten, der Cimetière Père Lachaise bildet die große Ausnahme. Gegenwärtig ist Belleville ein Viertel im Umbruch: Vergammelte Häuserzeilen wurden abgerissen, um Platz für moderne Wohnblocks mit Tiefgaragen zu schaffen. Damit ändert sich allmählich das Klima des Stadtteils; die Ärmsten werden infolge dieser „Sanierungspolitik" zwangsläufig in die trostlose Banlieue hinausgedrängt. Besonders aktiv setzt sich die Bürgerinitiative *La Bellevilleuse* für den Erhalt der alten Bausubstanz ein. Eine sanfte Sanierung ist aber sicherlich angebracht, da sich viele Wohnungen in einem trostlosen Zustand befinden. Absolut im Trend liegt die Rue Oberkampf, deren Kneipen und Discos derzeit zu den beliebtesten von ganz Paris gehören.

Auf die Barrikaden!

Nach der am 28. Januar 1871 unterzeichneten Kapitulation im Deutsch-Französischen Krieg, wählte das Département Seine am 26. März einen Generalrat, in dem Republikaner sozialistischer und radikaler Prägung dominierten. Aus dem Generalrat und dem Stadtkomitee setzte sich die Regierung des Stadtstaates zusammen, die als *Commune de Paris* die Stadt in der marxistischen Tradition verwaltete und zu reformieren versuchte. Es kam zum Bruch mit der von Präsident Adolphe Thiers geführten Nationalversammlung. Das Heer wurde mobilisiert und mit der militärischen Niederschlagung des „Aufstandes" beauftragt. Nach einer mehrwöchigen Belagerung drangen die Regierungstruppen am 21. Mai in Paris ein. Die „Blutige Woche", die rund 30.000 Todesopfer fordern sollte, begann. Eine Barrikade nach der anderen nehmend, rückten die waffentechnisch überlegenen Soldaten auf den Pariser Osten zu, wo sich die letzten Aufständischen hielten. Die Kommunarden, die sich verzweifelt zur Wehr setzten und zahlreiche Gebäude – darunter die Tuilerien – in Flammen aufgehen ließen, hatten letztlich keine Chance. Auf dem Friedhof Père Lachaise erinnert noch die *Mur des Fédérés*, die Mauer der Föderierten, an das tragische Ende der Pariser Kommune: Am Morgen des 28. Mai 1871 wurden die 147 Überlebenden des letzten Gefechts an die Friedhofsmauer gestellt und erschossen. Weitere 215 Kommunarden wurden zum Tode verurteilt und mehrere tausend in die Strafkolonien nach Neukaledonien deportiert. Der für das Massaker verantwortliche Thiers wurde übrigens ebenfalls auf dem Père Lachaise begraben.

Spaziergang

Von der Métrostation République gelangt man in wenigen Minuten zu dem von hohen Bäumen gesäumten **Canal Saint Martin**, den schon Alfred Sisley gemalt hat. Mit seinen alten Schleusen und eisernen Fußgängerstegen wirkt der Kanal wie eine ländliche Idylle in der hektischen Metropole. An seiner östlichen Seite liegt das *Hôtel du Nord*, vor dessen Kulisse 1938 Filmgeschichte geschrieben wurde. Wer will, kann einen kurzen Abstecher zum Hôpital Saint-Louis unternehmen und den wohl proportionierten, frei zugänglichen Innenhof

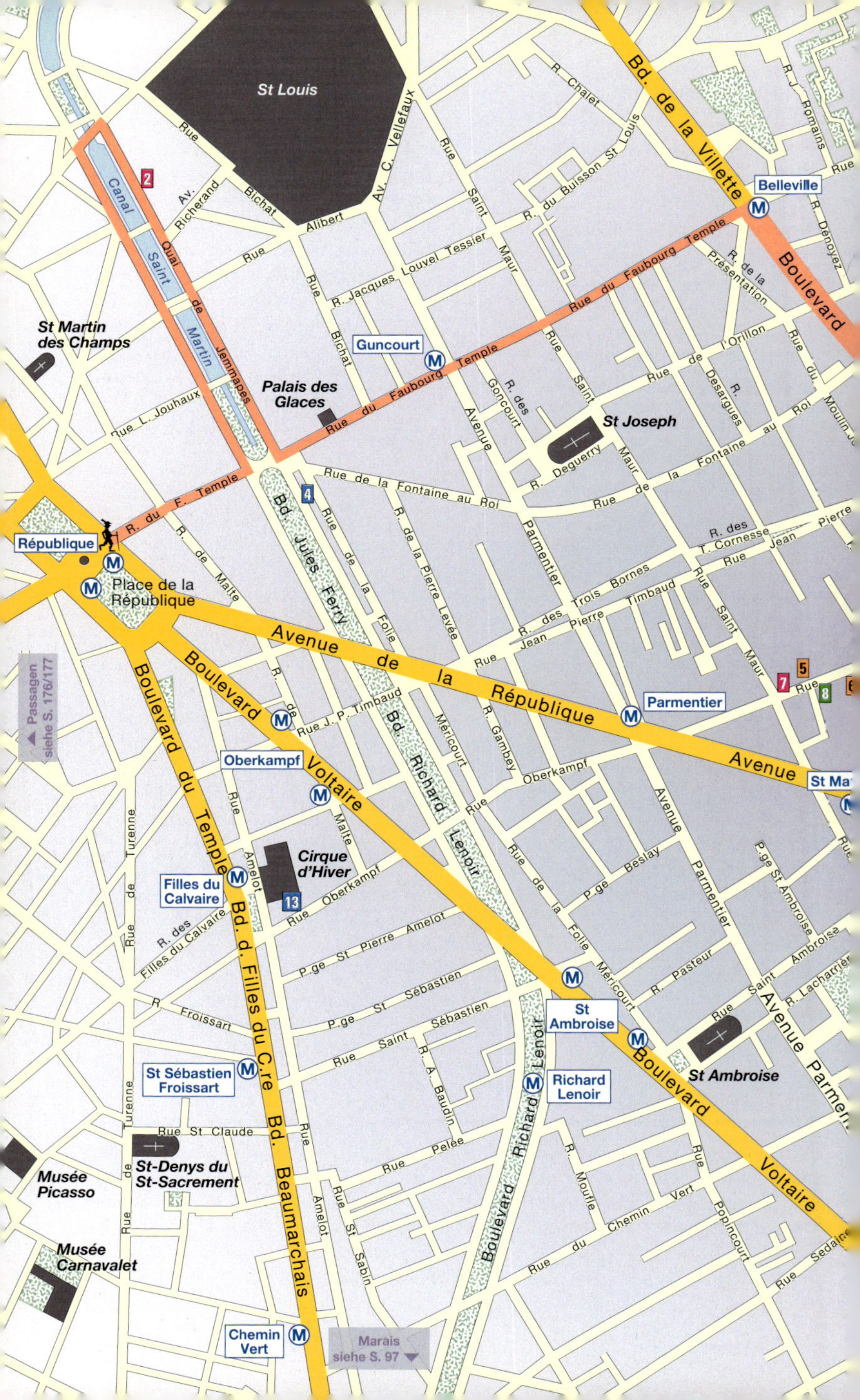
St Louis
Canal Saint Martin
Quai de Jemmapes
Av. Richerand
Rue Bichat
Rue Alibert
Av. C. Vellefaux
R. Chalet
R. du Buisson St Louis
Bd. de la Villette
Belleville
Boulevard
R. de la Présentation
R. Dénoyez
R. J. Romains
R. Jacques Louvel Tessier
Rue Saint Maur
Rue du Faubourg Temple
Goncourt
St Martin des Champs
Palais des Glaces
R. des Goncourt
Avenue Parmentier
St Joseph
R. Deguerry
Rue de l'Orillon
R. Desargues
Rue de la Fontaine au Roi
Rue L. Jouhaux
R. du F. Temple
République
Place de la République
R. de Malte
Bd. Jules Ferry
Rue de la Folie Méricourt
R. de la Pierre Levée
R. des T. Cornesse
Rue Jean Pierre Timbaud
R. des Trois Bornes
Avenue de la République
Parmentier
St Ma
Passagen siehe S. 176/177
Boulevard du Temple
Boulevard Voltaire
Rue J. P. Timbaud
Oberkampf
Bd. Richard Lenoir
R. Gambey
Rue Oberkampf
Rue Amelot
Cirque d'Hiver
Rue de Malte
P.ge Beslay
P.ge St Ambroise
Rue de Turenne
Filles du Calvaire
R. des Filles du Calvaire
Bd. d. Filles du C.re
P.ge St Pierre Amelot
P.ge St Sébastien
Rue St Sébastien
R. Froissart
R. Pasteur
R. Lacharrière
Rue St Ambroise
St Ambroise
Richard Lenoir
Avenue Parmentier
St Sébastien Froissart
Rue St Claude
R. A. Baudin
Rue Pelée
R. Moufle
Rue Popincourt
Rue du Chemin Vert
St-Denys du St-Sacrement
Musée Picasso
Musée Carnavalet
Bd. Beaumarchais
Rue St Sabin
Boulevard Richard Lenoir
Rue Sedaine
Chemin Vert
Marais siehe S. 97
2
4
5
7
8
13

Übernachten
4 Auberge de Jeunesse Jules Ferry (S. 55)
10 Auberge de Jeunesse d'Artagnan (S. 55)
13 Beaumarchais (S. 52)
Essen & Trinken (S. 204/205)
1 Le Baratin
2 Hôtel du Nord
7 Le Café Charbon
11 La Mère Lachaise
12 Le Saint Amour
Cafés (S. 204/205)
7 Le Café Charbon
8 Café Justine
9 La Flèche D'Or
Nachtleben (S. 204/205)
5 Le Nouveau Casino
6 Le Cithéa
Einkaufen (S. 205)
3 Marché Belleville
Pyrénées
Rue des Pyrénées
Rue de Belleville
Couronnes
Parc de Belleville
Pl. A. Allais
Sq.re du Nouveau Belleville
L.P.E. Dolet
N.D. de la Croix
Ménilmontant
Boulevard de Belleville
Musée Edith Piaf
Gambetta
Pl. Martin Nadaud
Avenue Gambetta
Rue de la République
Boulevard de Ménilmontant
Pl. Auguste Métivier
Père Lachaise
Basilique N.D. du Perpétuel Secours
Cimetière du Père Lachaise
Rue de la Roquette
Philippe Auguste
Voltaire
Bastille siehe S. 109
200 m
Belleville

besichtigen. Kurz vor der Rue du Faubourg du Temple verschwindet der Canal Saint Martin unter dem Asphalt, um erst wieder an der Bastille aufzutauchen. Die Rue du Faubourg du Temple führt direkt ins Zentrum von Belleville, das durch seine multikulturelle Atmosphäre fasziniert. Auf dem Boulevard de Belleville, der in den Boulevard de Ménilmontant übergeht, wird zweimal in der Woche einer der buntesten Märkte von Paris abgehalten. Ein Abstecher zum 1988 eröffneten Parc de Belleville, von dessen höchsten Punkt man eine phantastische Aussicht auf die Stadt hat, bietet sich an. Zu Füßen liegt das im 19. Jahrhundert als „Gemüsegarten von Paris“ bezeichnete Viertel „les choux“. In einer Parallelstraße zum Boulevard de Ménilmontant befindet sich das **Musée Edith Piaf**; ihre sterblichen Überreste liegen auf dem nahen **Cimetière du Père Lachaise** begraben. Der größte und berühmteste unter den Pariser Friedhöfen präsentiert sich als eindrucksvolle Totenstadt mit Totenalleen und Totenhäusern, durch die man stundenlang schlendern kann. Balzac hat den Friedhof in seinem Roman „Ferragus“ sehr anschaulich beschrieben: „Es ist noch einmal das ganze Paris mit seinen Straßen, Ladenschildern, seinen Gewerben, seinen Häusern; aber gesehen durch das Verkleinerungsglas einer Lorgnette, ein mikroskopisches Paris, zusammengedrängt in die kleinen Ausdehnungen der Schatten der Larven, der Toten, eine Menschheit, der außer ihrer Eitelkeit keine Größe mehr eignet.“

Sehenswertes

Canal Saint Martin: Um die Wasserversorgung von Paris besorgt, gab Napoléon Bonaparte den Bau eines Kanals in Auftrag, mit dessen Hilfe seit 1825 Wasser von der Ourcq zur Seine geleitet wurde. Fast wäre der Canal Saint Martin 1963 der autogerechten Stadt zum Opfer gefallen, doch konnten die Pläne, die Wasserstraße durch eine Autobahn zu ersetzen, in letzter Minute gestoppt werden. Besonders schön lässt es sich am Sonntagnachmittag flanieren, denn dann sind die Straßen entlang des Kanals für den Autoverkehr gesperrt. Bis zum Jahr 2007 soll der Kanal für mehrere Millionen Euro restauriert werden, damit er besser von Ausflugsbooten befahren werden kann.

Musée Edith Piaf: Das in der einstigen Wohnung von Edith Piaf untergebrachte Privatmuseum zeigt persönliche Erinnerungsgegenstände wie Kleider und Schuhe sowie Dokumente und Plakate aus dem Leben der großen Sängerin. Mit ihren bewegenden Chansons (*La vie en rose, Non je ne regrette rien* etc. ...) hat sich der am 11. Oktober 1963 verstorbene „Spatz von Paris“ nicht nur einen Platz in der Musikgeschichte gesichert, sie wird bis heute von den Parisern tief verehrt.

Adresse: 5, rue Crespin-du-Gast, 75011, ✆ 0143555272. Ⓜ Ménilmontant (Linie 2). Nur nach telefonischer Voranmeldung geöffnet Mo–Mi 13–18 Uhr, Do 10–12 Uhr.

Cimetière du Père Lachaise: Der Cimetière Père-Lachaise ist der wohl berühmteste Friedhof der Welt. Sein Name erinnert an Pater (Père) de la Chaise, den Beichtvater Ludwig XIV., der hier auf einem einst dem Jesuitenorden gehörenden Landgut gelebt hat. Um die unter akutem Platzmangel leidenden Pariser Friedhöfe zu entlasten, wurde 1804 im Pariser Nordosten der später auf eine Fläche von 47 Hektar erweiterte Friedhof Père Lachaise eröffnet. Eine Verordnung gestattete Privatleuten, „ewige“ Konzessionen auf Gräber zu erwerben und diese mit individuellen Grabmonumenten zu schmücken. Da

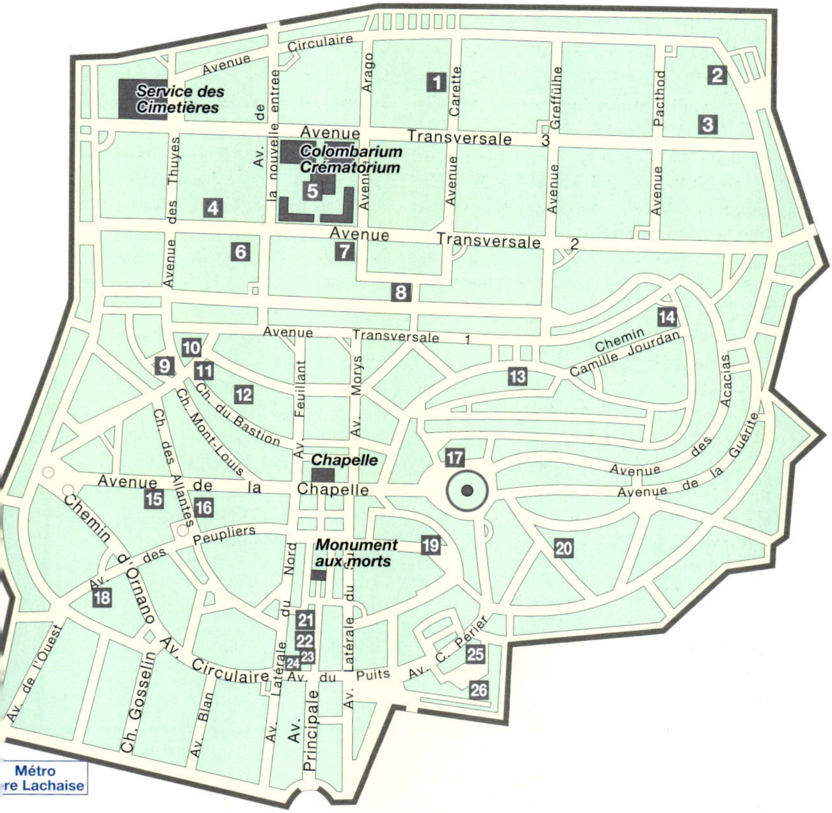

1 Oscar Wilde (1854-1900)
2 Paul Éluard (1895-1952)
3 Edith Piaf (1915-1963)
4 Marcel Proust (1871-1922)
5 Maria Callas-*16258* (1923-1977)
Paul Dukas-*4938* (1865-1935)
Max Ernst-*2102* (1891-1976)
6 Guillaume Apollinaire (1880-1918)
7 Simone Signoret (1921-1985)
8 Sarah Bernhardt (1844-1923)
9 Honoré de Balzac (1799-1850)
10 Eugène Delacroix (1798-1863)
11 Jules Michelet (1798-1874)
12 Maurice Merleau-Ponty (1908-1961)
13 Alphonse Daudet (1840-1897)
14 Joachim Murat (1767-1815)
15 Georges Bizet (1838-1875)
16 Raymond Radiguet (1903-1923)
17 François Raspail (1794-1878)
18 Georges Seurat (1859-1891)
19 Frédéric Chopin (1810-1849)
20 Jim Morrison (1943-1971)
21 Georges Eugène Haussmann (1809-1891)
22 Gioacchino Rossini (1792-1868)
23 Louis Visconti (1791-1853)
24 Sidonie-Gabrielle Colette (1873-1954)
25 Héloise (1101-1164) et Abélard (1079-1142)
26 Camille Pissaro (1830-1903)

sich anfangs dennoch nur wenige Pariser hier beerdigen lassen wollten – im Jahre 1805 waren es nur drei (!) Personen –, startete man eine „Werbekampagne“ und überführte einige berühmte Tote auf den Père Lachaise: Im ältesten, verwilderten Teil des Friedhofs steht seither das romantische Denkmal der Liebenden, ruhen Abélard und Héloïse unter einem neugotischen Baldachin – im Tod vereint. Die Zeiten haben sich geändert: Inzwischen kostet eine Grabstelle mehr als 4000 Euro.

Orientierungshilfe: Ein beim Pförtner erhältlicher Lageplan weist den Weg zu den letzten Ruhestätten der Schriftsteller Balzac, Proust, Molière, Paul Eluard und Oscar Wilde, der Komponisten Bizet, Rosini und Chopin, der Maler Pissarro, Delacroix und Modigliani sowie anderer bedeutender Persönlichkeiten wie Sarah Bernhardt, Colette, Yves Montand und Edith Piaf. Letzterer hatte die katholische Kirche eine Totenmesse verweigert, da sie „in Sünde gelebt“ hatte; dies hielt allerdings 40.000 Menschen nicht davon ab, der Piaf das letzte Geleit zu geben. Mit offenen Augen lässt sich so manch eindrucksvolle Grabplastik entdecken, wie diejenige von Victor Noir, einem 1870 vom Neffen des Kaisers ermordeten Journalisten. In den letzten Jahren hat der zunehmende Vandalismus der Besucher zu erheblichen Schäden geführt; dies zeigt sich vor allem in der Nähe von Jim Morrisons Grab, wo „Fans“ sogar die Büste entwendeten. An manchen Tagen kann man sich dort des Eindrucks nicht erwehren, dass nur die Mona Lisa mehr Menschen anzieht als der 1971 in Paris verstorbene Sänger der Doors, der mit bürgerlichem Namen James Douglas hieß.

Adresse: Boulevard Ménilmontant (Haupteingang), 75020. Ⓜ Père Lachaise oder Gambetta (Linie 2 oder 3). ⌚ Tgl. 8–18 Uhr, im Winter bis 17.30 Uhr, Sa ab 8.30 Uhr, So ab 9 Uhr. Ein Lageplan ist am Eingang kostenlos erhältlich.

Praktische Infos

Essen, Trinken, Nachtleben

Le Saint Amour (12), das 20. Arrondissement ist sicherlich nicht die beste Adresse für kulinarische Höhenflüge, doch dieses, nur einen Steinwurf vom Friedhof Père Lachaise entfernte Bistro belehrt einen schnell, seine Vorurteile zu revidieren. Auf die Küche der Auvergne spezialisiert, werden auf der Basis frischer Zutaten kleine Köstlichkeiten zubereitet. Mittagsmenüs zu 10 € und 12,50 € (inkl. Wein), abends à la carte. Im August zwei Wochen Betriebsferien. 2, avenue Gambetta/32, boulevard Ménilmontant, 75020, ✆ 0147972015. Ⓜ Père Lachaise (Linie 2).

Le Baratin (1), das Lokal gehört zu dem immer seltener werdenden Typus der Pariser Vorstadtrestaurants. Die Köchin ist zwar Autodidaktin, doch versteht sie es, auf der Basis stets wechselnder Zutaten den Gast und den Geldbeutel zu erfreuen. Vor allem das Mittagsmenü für 13 € bietet ein ausgezeichnetes Preis-Leistungs-Verhältnis. Großes Angebot an französischen Weinen. Bis 1 Uhr geöffnet. Samstagmittag, So und Mo sowie die ersten zwei Augustwochen geschlossen. 3, rue Jouye-Rouve, 75020, ✆ 0143493970. Ⓜ Belleville (Linie 2 und 11).

La Mère Lachaise (11), wer in diese Mischung aus Bar und Restaurant einkehrt, ist alles andere als schlecht beraten. Vorwiegend jüngeres Publikum, nette, sonnige Straßenterrasse. Tgl. von 7.30–2 Uhr geöffnet. 78, boulevard de Ménilmontant, 75020, ✆ 014976160. Ⓜ Père Lachaise (Linie 2).

Hôtel du Nord (2), am nördlichen Rand von Belleville, an der sechsten Schleuse des Canal Saint Martin, liegt das Hôtel du Nord, das durch Marcel Carnés gleichnamigen Klassiker in die Filmgeschichte einging. Jean Gabin und die legendäre Arletty weilen zwar nicht mehr unter den Lebenden und auch vom Hotel steht nur noch die Fassade, doch erfreut sich das gleichnamige Restaurant nicht nur unter Nostalgikern einer gewissen Beliebtheit. Ansprechende Küche! Mittagsmenü 13 €. Tgl. bis 23 Uhr

Von Asien nach Afrika in fünf Sekunden ...

geöffnet. 102, quai de Jemmapes, 75010, ✆ 0140407878. Ⓜ République (Linie 5, 8, 9 und 11).

Le Café Charbon (7), das Café gilt seit Jahrzehnten als Fixpunkt in der Rue Oberkampf. In einem reich verzierten Ambiente mit viel Patina trifft sich tagsüber und abends das vorwiegend junge Szenepublikum. Serviert werden Salate, aber auch ansprechende vegetarische Gerichte. Kleine Straßenterrasse. ⌚ Tgl. 9–2 Uhr (die Küche schließt um 24 Uhr), am Wochenende bis 4 Uhr. 109, rue Oberkampf, 75011, ✆ 0143575513. Ⓜ Parmentier (Linie 3).

Le Nouveau Casino (5), direkt neben dem Charbon finden jeden Abend Konzerte statt, bei denen sich die Szene der Rue Oberkampf bei neuen elektronischen Klangwelten trifft. Tgl. ab 20 Uhr geöffnet. Eintritt ab 5 €. 109, rue Oberkampf, 75011, ✆ 0143575740. Ⓜ Parmentier (Linie 3).

Café Justine (8), eine weitere beliebte Adresse der „Oberkampf-Szene". Atmosphäre und Preise sind gleichermaßen gastfreundlich. ⌚ Tgl. 10–2 Uhr. 96, rue Oberkampf, 75011, ✆ 0143574403. Ⓜ Saint-Maur (Linie 3).

Le Cithéa (6), jede Nacht von 22 Uhr bis 5.30 Uhr morgens amüsiert sich ein buntes Publikum bei Trip-Hop, Dub und Reggae. So–Mi Eintritt frei! Do–Sa gelegentlich Konzerte um 22.30 Uhr, Eintritt ab 6 €. 112–114, rue Oberkampf, 75011, ✆ 0140217095, www.cithea.com. Ⓜ Parmentier (Linie 3).

La Flèche d'Or (9), das vor allem bei jüngeren Leuten beliebte Café wurde 1995 von zehn Kunststudenten in einem ehemaligen Bahnhofsgebäude eingerichtet. Multikulturelles Flair über den Gleisen. Für Pariser Verhältnisse erstaunlich günstig. ⌚ Tgl. außer Mo 18.30–2 Uhr, Sa und So ab 10 Uhr. 102 bis, rue de Bagnolet, 75020, ✆ 0143720423. Ⓜ Porte de Bagnolet (Linie 3), Bus Nr. 26 und 76.

Einkaufen

Marché Belleville (3), Dienstag- und Freitagvormittag verwandelt sich der Boulevard de Belleville in eine lang gestreckte, rund einen Kilometer lange Marktallee mit dem Flair eines orientalischen Basars. Angeboten werden unter anderem Unmengen billiger Schuhe sowie exotische Süßigkeiten aus dem Nahen Osten. Gemüse und Obst sind recht preiswert. 75011 und 75020. Ⓜ Belleville (Linie 2).

Belleville – Père Lachaise
Karten S. 200/201 u. S. 203

Fontainebleau – eines der schönsten Schlösser Frankreichs

Versailles und Ile de France

Im Umland von Paris bilden alte Schlösser und supermoderne Satellitenstädte einen spannungsreichen Gegensatz. Abgesehen von Versailles und Fontainebleau, wird die Ile de France, das französische Herzland, von den meisten Parisreisenden kaum wahrgenommen.

Die Provinzen, die das Krongut der mittelalterlichen Könige ausmachten, waren ein wichtiger Faktor in der Geschichte Frankreichs. Und dies nicht nur, weil die französischen Adeligen auf ihren Schlössern in der Ile de France zu residieren pflegten, um ihrem König nahe zu sein. Viel bedeutender war ihre Funktion als Kornkammer der Nation. Lohnenswert ist es, die touristischen Trampelpfade zu verlassen und auf eigene Faust zur Erkundung der *Banlieue* aufzubrechen. Während sich in Saint-Quentin-en-Yvelines und den anderen *Villes Nouvelles* die urbanen Vorstellungen von ihrer schönsten Seite zeigen, wird man in La Courneuve oder Sarcelles mit dem tristen Vorstadtalltag und den damit verbundenen sozialen Problemen konfrontiert. Der französische Zentralismus bringt jedoch einen großen Vorteil mit sich: Fast alle Ziele der Ile de France lassen sich von Paris aus schnell und unkompliziert mit öffentlichen Verkehrsmitteln erreichen.

Saint-Denis

Seit der Fußballweltmeisterschaft von 1998 wird der Pariser Vorort Saint-Denis zumeist nur noch mit dem von Aymeric Zublena errichteten „Stade de France“ gleichgesetzt. Schade, denn nur fünf Fußminuten von der Métrostation entfernt erhebt sich eine der prächtigsten Kirchen von ganz Frankreich, die Basilika von Saint-Denis. Mehr noch: Seit jeher wurden in Saint-Denis nicht nur die französischen Herrscher begraben, einige, wie Pippin der Kurze, empfingen hier ihre

Königsweihe. Auch für die Kunsthistoriker ist Saint-Denis von großer Bedeutung: Die als Abteikirche „konzipierte" Basilika gilt als die Geburtsstätte der Gotik. Der renommierte französische Historiker Georges Duby verwies auf die Kathedrale von Saint-Denis, als er schrieb: „Das Licht, das Wandeln auf den Spuren eines menschgewordenen Gottes, Einsicht und Logik: dies sind die Merkmale der gotischen Architektur."

Der Neubau im frühgotischen Stil geht auf den Abt Suger (1081–1151) zurück. Der seit 1122 als Abt wirkende Suger ließ den Chor der alten karolingischen Kirche abtragen und eine breitgelagerte Krypta errichten, auf deren soliden Grundmauern ein Chor mit doppeltem Umgang und Kapellen entstand. Durch die spätere Verkürzung des Querschiffes und die Verlängerung der Seitenschiffe rund um den Chor wurde der Raum von einem einzigen Richtungszug klar beherrscht. Mit sichtbarer Anmut streben die Säulen dem Himmel entgegen, die bunten Glasmalereien der bis zu zehn Meter hohen Fenster erfüllen den Raum mit sanftem Licht. An der westlich der romanischen Kirche errichteten Fassade wurde erstmals in

Umgebung von Paris

Saint-Denis – Grablege der französischen Könige

der abendländischen Architektur eine Fensterrose als Schmuckelement über dem Hauptportal eingefügt. Der Gesamteindruck der Fassade leidet allerdings unter den Folgen eines Blitzschlages, der den Nordturm im 19. Jahrhundert so schwer beschädigte, dass er abgetragen werden musste.

Im Chorumgang sowie in der Krypta fanden zahlreiche französische Könige ihre letzte Ruhestätte. Als Erster wurde der Merowinger Dagobert im Jahre 639 in Saint-Denis bestattet, mehrere Karolinger, darunter Karl Martell, Pippin der Kurze und Karl der Kahle, folgten nach. Seit Hugo Capet (997) wurden alle französischen Könige mit Ausnahme von Philipp I., Ludwig VII. und Ludwig XI. hier beerdigt. Die Grüfte sind allerdings leer. Der Nationalkonvent beschloss 1793 im revolutionären „Übereifer", die sterblichen Überreste von mehr als 100 Königen, Königinnen, Prinzen und Prinzessinnen in einem Massengrab verscharren zu lassen, mehrere Gräber wurden zerstört beziehungsweise stark beschädigt. Nichtsdestotrotz gehört die Nekropole von Saint-Denis mit ihren rund 70 Grabfiguren zu den eindrucksvollsten Zeugnissen der mittelalterlichen Grabbildhauerkunst in Frankreich. Prächtig erhalten sind die *Gisants,* liegende Grabfiguren aus zumeist weißem Marmor. Das aus der Mitte des 12. Jahrhunderts stammende Grabmal von Childebert I. zeigt die älteste erhaltene Grabfigur in Nordfrankreich. Reich dekoriert ist beispielsweise das Grabmal von Ludwig XII. und Anne de Bretagne, das der Florentiner Bildhauer Giovanni Gusti in Form eines Katafalks gestaltet hat. Die Liegefiguren besitzen zwar individuelle Gesichtszüge, doch kann nach Meinung der Kunsthistoriker von Realismus noch keine Rede sein; sie entspringen einer Ideologie des Königtums, nicht einer Suche nach persönlicher Ähnlichkeit.

Ein Tipp: Wer dienstags, freitags und sonntags nach Saint-Denis fährt, kann auf dem Marktplatz über einen lebhaften Wochenmarkt schlendern.

Anfahrt: Métro 13 bis Saint-Denis-Basilique. Adresse: 1, rue de la Légion d'Honneur. ⌚ 10–18.15 Uhr (im Sommer), 10–17.15 Uhr (im Winter), So erst ab 12 Uhr. Eintritt zur Nekropole: 6,50 €, erm. 4,50 €.

Asterix & Co.

Disneyland ist bei weitem nicht der einzige Freizeitpark im Pariser Umland. An zweiter Stelle der Beliebtheitsskala steht der Parc Astérix in Plailly (RER Linie B 3 bis Roissy und weiter mit dem Bus, ✆ 0344623131, www.parcasterix.fr, April bis Okt. 10–19 Uhr, Eintritt: 34 €, von 3–11 Jahren 24 €). Asterix, Obelix, Miraculix, Majestix und all die anderen Gallier beweisen ihre Tüchtigkeit im Kampf gegen die Römer in inszenierten Gladiatorenkämpfen und Wagenrennen. Wie Gulliver auf Reisen fühlt man sich im Lilliputland France Miniature (RER Linie C 7 bis Saint-Quentin-en-Yvelines, Adresse: 125, route du Mesnil, 78990 Elancort, ✆ 0130624079, www.franceminiature.com, tgl. 10–18 Uhr, im Sommer bis 19 Uhr, Eintritt: 15,50 €, erm. 10 €). Ein vier Kilometer langer Rundweg führt an über 200 Modellen – Maßstab 1:30 – berühmter französischer Bauwerke vorbei. Geeignet für alle, die schon immer einmal den Mont-Saint-Michel, den Eiffelturm und die Arena von Arles an einem Tag besichtigen wollten. Tierfreunden ist ein Besuch des im Westen von Paris gelegenen Safariparks von Thoiry zu empfehlen. Mit dem Auto geht es auf einem Rundkurs durch die französische „Steppenlandschaft", wobei man Nashörner, Löwen und andere exotische Tiere (tgl. 10–17 Uhr, im Sommer bis 18 Uhr, Eintritt: 21,50 €, erm. 14,80 €) ohne die üblichen Gitterstäbe beobachten kann. www.zoo-thoiry.com.

Disneyland

Zusammen mit sechs Hotels, einem Feriendorf, zahlreichen Restaurants, Frei- und Hallenbädern, künstlichen Seen sowie einem Golfplatz stellt das 1992 eröffnete Disneyland Paris einen imposanten Freizeitkomplex auf einer Fläche von fast 2000 Hektar dar. Auf dem einstigen Rübenacker im Osten der Hauptstadt entwickelte sich nach anfänglichen Schwierigkeiten eine der Top-Touristenattraktionen in Europa. Mehr als 18 Millionen Besucher strömen alljährlich zu Mickey Mouse und Co, wo sie von den 12.000 Angestellten des Freizeitparks umsorgt werden. Über die im Stil der Jahrhundertwende errichtete „Main Street USA" werden die Besucher auf die verschiedenen „Themenländer" verteilt: Man hat die Wahl zwischen Frontierland, Adventureland, Fantasyland und Discoveryland. Cinderella, Pinocchio und Alice im Wunderland wecken Kindheitserinnerungen, Abenteuerlustige kommen in einer scheinbar außer Kontrolle geratenen Goldgräberbahn, im Space Montain oder bei einer anderen der rund 50 Attraktionen auf ihre Kosten. Anlässlich seines 10-jährigen Jubiläums im Jahre 2002 wurde Disneyland Paris um einen zweiten Park auf demselben Gelände erweitert. Die neue, 600 Millionen Euro teure Anlage (Walt Disney Studios Park) ist den Themen Film und Fernsehen gewidmet. Gezeigt werden spektakuläre Stunt-Shows sowie eine Nachbildung der russischen Raumstation „Mir".

Anfahrt: RER Linie A (Richtung Marne-La-Vallée) oder Autobahn A 4 Richtung Metz. ⌚ April bis Sept. 9–23 Uhr, sonst 10–18 Uhr. Eintritt: Tageskarte für einen Themenpark je nach Saison und Alter 35–53 €. www.disneylandparis.com.

Karte S. 207

Vaux-le-Vicomte

Unter den zahlreichen Adelssitzen, die im 17. Jahrhundert entstanden sind, ragt Vaux-le-Vicomte heraus. Mehr noch als Versailles ist es das eigentliche Meisterwerk der klassischen Architektur, basierend auf den Grundpfeilern Klarheit und Rationalität. Beim Bau von Vaux-le-Vicomte wurden erstmals Architektur, Landschaftsgestaltung und Innendekoration zu einer vollkommenen Einheit verschmolzen. Bauherr war der französische Finanzminister Nicolas Fouquet, der sich das Schloss von dem Architekten Louis Le Vau errichten ließ, für die Innenausstattung war Charles Le Brun zuständig, während André Le Nôtre die Gartenanlagen gestaltete. Nach der Fertigstellung gab Fouquet am 17. August 1661 ein glanzvolles Einweihungsfest mit einem von Molière geschriebenen Ballett, zu dem auch Ludwig XIV. eingeladen war. Der junge Sonnenkönig erblasste angesichts der Pracht und seiner leeren Staatskasse vor Neid. Doch drei Wochen später hatte er sich wieder gefangen und einen Entschluss gefasst: Fouquet, der sich auf Staatskosten bereichert hatte, saß bis zu seinem Lebensende (1680) im Gefängnis, während Ludwig XIV. die Herren Le Vau, Le Brun und Le Nôtre für den Bau eines neuen königlichen Schlosses in Versailles engagierte.

Anfahrt: Autobahn A 6 oder A4 bis Ausfahrt Melun-Sénart. In Melun, Richtung Meaux fahren. Zug ab Gare de Lyon bis Melun, dann weiter mit dem Bus oder Taxi. ⌚ April–Sept. tgl. 10–18 Uhr, Okt.–März tgl. 11–17 Uhr. Eintritt: 12,50 € (Schloss, Musée des Equipage und Garten), erm. 9,90 €. www.vaux-le-vicomte.com.

Versailles

Statt den Pariser Louvre zu einer würdigen Barockresidenz auszubauen, entschied sich Ludwig XIV. für einen prunkvollen Neubau im klassizistischen Stil. Als geeigneter Platz erschien ihm eine Landdomäne im Westen von Paris, wo bereits ein Jagdschlösschen Ludwig XIII. stand. Die Entfernung zur Hauptstadt war geschickt gewählt, bot sich so doch die Möglichkeit, eine gewisse Distanz nach Paris zu halten und gleichzeitig die Verbindung nicht völlig abreißen zu lassen. Zug um Zug wurde in den folgenden Jahren das Schloss erweitert. Allein durch seine Kosten und den Arbeitsaufwand sprengte Versailles den zeitgenössischen Rahmen: Zeitweilig war eine regelrechte Armee von 36.000 Arbeitern und 6000 Pferden auf der Baustelle beschäftigt! Insgesamt beliefen sich die Baukosten auf 70 Millionen Pfund und entsprachen damit der durchschnittlichen Jahreseinnahme der französischen Krone.

Ludwig XIV. schwebte kein barockes Lustschloss vor; das disziplinierte, rationale Kunstverständnis des Königs verlangte nach einem schlichten und zugleich kraftvollen Bau, der vor allem durch seine ausgewogenen Proportionen begeistern sollte. Wenn Ludwig es für nötig hielt, änderte er die Baupläne einfach ab; so ließ er beispielsweise die von Le Vau errichtete, ungedeckte Terrasse in der Mitte des ersten Stockwerks zu einer 73 Meter langen und 10 Meter breiten Spiegelgalerie umbauen. Der Spiegelsaal gilt als die Krönung von Versailles. 17 Fenster lassen das Licht auf die gegenüberliegenden 17 Spiegel fallen, wodurch eine faszinierende Raumwirkung hervorgerufen wird. In seinen letzten Lebensjahren ließ Ludwig XIV. noch eine Schlosskapelle errichten, die die übrigen Bauten von Versailles um ein paar Meter überragt. Zusammen mit den Gärten, Statuen, Gemälden, Wasserspielen und Kapellen schufen der Sonnenkönig und seine Architekten aus Versailles ein Gesamtkunstwerk, das für den französischen Klassizismus richtungsweisend wurde.

André Le Nôtres Meisterwerk – Parc de Versailles

Seit dem Jahre 1682 residierte der Hof ständig in Versailles, das der Sonnenkönig zum Zentrum seines absolutistischen Herrschaftsanspruches machte, wobei er Architektur und Kunst geschickt zu nutzen wusste. Man denke nur an die Escalier des Ambassadeurs, die große Gesandtentreppe, mit welcher der König gleich beim Empfang ausländischer Botschafter seine Macht demonstrierte.

Seit der Revolution verwaist, rettete Napoléon das Schloss vor dem weiteren Verfall. Unter dem Bürgerkönig Louis-Philippe wurde das Schloss in ein „Museum über die Geschichte Frankreichs" verwandelt. Dennoch blieb Versailles ein symbolträchtiger Ort: So verwundert es kaum, dass sich der preußische König Wilhelm I. nach der französischen Kapitulation am 18. Januar 1871 im Spiegelsaal von Versailles zum Deutschen Kaiser ausrufen ließ und die Grande Nation dadurch zusätzlich demütigte. Gewissermaßen zur Wiedergutmachung des verletzten Stolzes wurde dann am 28. Juni 1919 an gleicher Stelle der Friedensvertrag von Versailles unterzeichnet. Da Versailles bis heute als Symbol des französischen Zentralismus gilt, verübten bretonische Separatisten im Juni 1978 einen Bombenanschlag auf das Schloss, der schwere Schäden anrichtete.

Es gibt zwei Möglichkeiten, das Schloss zu besichtigen. Die meisten Besucher drängen sich auf der Standardtour durch die königlichen Gemächer (*Grands Appartements*) hin zum Spiegelsaal. Letzteren erreicht man auch auf dem tonbandgeführten Rundgang (1 Stunde) zum königlichen Schlafzimmer (*Chambre du Roi*), der zudem durch die Gemächer des Thronfolgers und seiner Gemahlin führt. Das Schlafzimmer Ludwig XIV. sowie das Vorzimmer des Königs, in dem sich der Rat versammelte, blicken auf den „Marmorhof", während die Fenster der Empfangsräume, in denen sich der Hofstaat aufhielt, zur Parkseite zeigen. Beide Besichtigungstouren hinterlassen einen guten Ein-

Karte S. 207

Im Spiegelsaal wurde am 28. Juni 1919 der Versailler Vertrag unterzeichnet

druck von den kostbar ausgestatteten Prunkgemächern. Entspannter, da weniger besucht, ist die Führung durch das königliche Schlafzimmer.

Achtung: In den nächsten Jahren kann es zu Beeinträchtigungen bei der Besichtigung kommen, da das Schloss bis zum Jahre 2009 mit einem Aufwand von 428 Millionen Euro renoviert wird. Das Geld fließt in erster Linie in die Sicherheitssysteme, aber auch der Spiegelsaal wird restauriert. Eine notwendige Investition, denn bis dato ist Versailles nicht einmal mit Rauchmeldern ausgestattet gewesen.

Bezieht man den über 800 Hektar großen **Parc de Versailles** mit in die Besichtigung ein, so lässt sich spielend ein ganzer Tag in Versailles verbringen. Die von André Le Nôtre geschaffenen Parkanlagen gelten als die Krönung barocker Gartenbaukunst. Die architektonische Wirkung des Schlossbaus wurde durch das Zusammenspiel der Gärten, Terrassen, Wasserbassins und anderer Landschaftselemente noch erhöht. Geschickt weisen die Achsen ins Unendliche; kleine Details wie die venezianischen Gondeln auf dem Grand Canal, die Kaskaden oder die farblich abgestimmten Blumenbeete formten den Garten zu einem lebendigen Organismus. Auf dem weitläufigen Areal fand sich auch Platz für die Gartenschlösser **Grand Trianon** und **Petit Trianon**. Letzteres ließ Ludwig XV. für seine Mätresse Madame de Pompadour errichten. In unmittelbarer Nähe folgte auch Marie-Antoinette **Hameau**, ein malerisches Miniaturdorf mit strohgedeckten Häusern, einer Mühle und einer Molkerei, in dem sie mit ihren Hofdamen „Landleben" spielte.

Nicht nur Kleingärtnern, sondern allen, die noch Zeit und Muße haben, ist ein Besuch des königlichen Gemüsegartens (**Le Potager du Roi**) zu empfehlen. Von Ludwig XIV. in Auftrag gegeben, hatten die Gärtner die Aufgabe, erlesenes Obst und Gemüse für die königliche Tafel anzubauen. Der Sonnenkönig war bekanntlich kein Kostverächter und wollte bereits im März die ersten Erdbeeren genießen. Seit 1874 fungiert der Potager du Roi übrigens als Sitz der Nationalen Gartenbauschule, in der die Elite der französischen Landschaftsgestalter ausgebildet wird.

Anfahrt: RER C5 bis Versailles Rive Gauche. ⌚ Tgl. außer Mo 9–18 Uhr, im Winter bis 17 Uhr. Eintritt zu den Grands Appartements und dem Chambre du Roi (Schlafzimmer des Königs): 13,50 €, erm. 10 € (mit Audioguide). Marie-Antoinette-Ticket (Grand Trianon und Petit Trianon): 9 €, erm. 5 €. Kombiticket (Tagespass): Je nach Saison und Wochentag 25 €, 20 € oder 16 €. Der Potager du Roi ist von April bis Okt. tgl. von 10–18 Uhr geöffnet. www.chateauversailles.fr bzw. www.potager-du-roi.fr.

Ein königlicher „Hirschpark"

Bekanntlich war Ludwig XV. kein Kind von Traurigkeit und einem erotischen „Abenteuer" nie abgeneigt. Seine Mätresse, Madame de Pompadour, kannte die königlichen „Vorlieben" bis ins kleinste Detail. Als sie allmählich in die Jahre kam, führte sie Ludwig XV. blutjunge Geschöpfe zu, die dieser auf seine Weise in die Geheimnisse der Liebe einweihte. In einem abgelegen Waldstück, in dessen umzäunten Areal seit den Zeiten Franz I. Hirsche gehalten wurden, ließ die Pompadour ein Lustschlösschen, die „Eremitage", errichten, in dem mit der Zeit ein ganzer Harem versammelt war. Eine ehemalige Äbtissin erteilte den Mädchen Benimmunterricht und Tanzstunden. Als Chefin des „Hirschparks" kümmerte sich die Pompadour auch diskret um die Folgen des königlichen Triebes. Wenn der alte Lustmolch wieder einmal ein zwölfjähriges Mädchen geschwängert hatte, fand die Pompadour stets einen verarmten Adeligen, der sich nach einigen finanziellen Zuwendungen bereit erklärte, die Vaterschaft zu übernehmen und das Mädchen zu heiraten. Nachdem Ludwig XV. 1774 an den Folgen eines syphilitischen Leidens gestorben war, löste sein Nachfolger Ludwig XVI. den „Hirschpark" unverzüglich auf.

Fontainebleau

Der Name des Schlosses und der benachbarten Kleinstadt erinnert an die Quelle „fontaine de Bliaut", die einst in dem ausgedehnten Waldgebiet gesprudelt haben muss. Seit dem 12. Jahrhundert pflegten die französischen Könige in den Wäldern von Fontainebleau zu jagen. Als Unterkunft diente der Jagdgesellschaft ein kleines Schlösschen – zu klein befand König Franz I. und beauftragte 1528 den Architekten Gilles le Breton mit dem Bau eines repräsentativen Landsitzes im Stil der Renaissance. Von den Zeitgenossen als besonders beeindruckend empfunden wurde die Galerie Françoise Ier, die die beiden Schlossteile miteinander verbindet. Fast alle seine Nachfolger, angefangen von Heinrich II. über Heinrich IV. und Ludwig XIII. bis zu Ludwig XV., gestalteten das Schloss von Fontainebleau nach ihren Vorstellungen und fügten Gebäudetrakte oder Einrichtungsdetails hinzu. Le Nôtre zeichnete sich für die Gartenanlagen verantwortlich. Auch Napoléon Bonaparte weilte oft in Fontainebleau. Am 20. April 1814 schritt der selbsternannte Kaiser der Franzosen die Freitreppe hinab, verabschiedete sich von seiner angetretenen Garde und begab sich in die Verbannung nach Elba. Der Wald von Fontainebleau entwickelte sich im 19. Jahrhundert zu einem riesigen Freiluftatelier. Zu der sog. „Schule von

Karte S. 207

Barbizon“ gehörten rund sechzig Künstler, darunter Millet, Rosseau, d'Aubigny, Corot und Troyon. Heute ist der 20.000 Hektar große Wald von Fontainebleau mit seinen Grotten und Wanderwegen ein beliebtes Ziel von Ausflüglern aus Paris, die pittoresken Felsen ziehen Freeclimber aus ganz Europa an.

Anfahrt: Mit dem Zug ab Gare de Lyon, vom Bahnhof in Fontainebleau mit dem „Bus Château“. Autobahn A 6, Ausfahrt Fontainebleau. ⌚ tgl. außer Di 9.30–18 Uhr, Okt.–Mai tgl. außer Di 9.30–17 Uhr. Eintritt: 6,50 €, erm. 4,50 €. www.musee-chateau-fontainebleau.fr

Villes Nouvelles

Seit Ende der sechziger Jahre hat die Ile de France durch die Gründung der *Villes Nouvelles* wieder an Bedeutung gewonnen. Mit dem Bau der Trabantenstädte **Cergy-Pontoise** im Nordwesten von Paris, **Saint-Quentin-en-Yvelines** im Südwesten, **Marne-la-Vallée** im Osten, **Melun-Sénart** im Südosten und **Evry** im Süden ist der Versuch verbunden, den ungebrochenen Zuzug in den Pariser Großraum in den Griff zu bekommen und zugleich die Grundlagen für einen zukunftsweisenden Urbanismus zu schaffen. Die „Neuen Städte“ sollten gleichermaßen Wohnraum, Arbeitsplätze und attraktive Freizeitanlagen bieten, aber auch Verwaltungs- sowie Kulturzentren sein, Parks und Kaufhäuser durften ebenfalls nicht fehlen.

Da viele Familien, die durch die hohen Mieten aus dem Zentrum hinausgedrängt wurden, nur über ein bescheidenes Einkommen verfügen, war auch eine neue Dimension des sozialen Wohnungsbaus gefragt. Man wollte vermeiden, dass es zu ähnlichen sozialen Konflikten kommt wie in den monotonen Vorstädten der Pariser *Banlieue*, unter denen hauptsächlich die Jugendlichen zu leiden haben. Insbesondere die Kinder der nordafrikanischen Einwanderer haben es dort schwer, in Frankreich gelten sie als Menschen zweiter Klasse und das Herkunftsland ihrer Eltern kennen sie nur aus deren Erzählungen. Drogen, Gewalt, Vandalismus und Rassismus gehören daher zum Alltag der Häuserschluchten von Sarcelles und Garges-la-Gonesse. In Saint-Quentin-en-Yvelines, einer der Villes Nouvelles, wurden mit den in einen See hinausragenden „Arcades du Lac“ erfolgreich klassische Architekturtraditionen mit den Bedürfnissen des sozialen Wohnungsbaus in Einklang gebracht. Cergy-Pontoise diente Eric Rohmer als authentische Filmkulisse für „Der Freund meiner Freundin“ (1987). Das cineastische Gegenprogramm findet sich in Mehdi Charefs „Tee im Harem des Archimedes“, der die sozialen Konflikte in der von nordafrikanischen Einwanderern dominierten Banlieue aus einer ganz anderen Perspektive schildert.

Die Villes Nouvelles entwickelten sich von Anfang an zu einer Spielwiese für renommierte Städtebauer und Architekten wie Ricardo Bofill, Manolo Nuñez, Roland Castro und Mario Botta. Über das eine oder andere spektakuläre Bauwerk lässt sich vorzüglich streiten, so beispielsweise über die Arènes de Picasso in Marne-la-Vallée, ein scheibenförmiges Gebäude mit achteckigen Fensteröffnungen, die im Volksmund „Camemberts“ genannt werden. Auch die „weinenden“ Türme von Nanterre und Bofills Wohnkubus „Abraxas“ erregen noch heute die Gemüter. Doch eines wird eindrucksvoll unter Beweis gestellt: Keine andere europäische Metropole zeigt sich gegenüber zeitgenössischen Architekturströmungen so aufgeschlossen wie Paris.

Verbindungen: Cergy-Pontoise: RER, Linie A 3; Saint-Quentin-en-Yvelines: RER, Linie C 7; Marne-la-Vallée: RER, Linie A 4; Melun-Sénart: RER, Linie D 6.

Giverny

Giverny ist Monet. Diese einfache Gleichung spiegelt die Geschichte des klei-

Malerlandschaften

Nicht nur die Seinemetropole, auch die ländliche Umgebung, die so genannte Ile de France, übte stets eine besondere Anziehungskraft auf die Maler aus. Zur Zeit der Renaissance waren es die Angehörigen der Schule von Fontainebleau, die durch die Wälder streiften, in der Mitte des 19. Jahrhunderts lebten im nahen Barbizon die großen Landschaftsmaler Corot, d'Aubigny, Millet und Théodor Rousseau. Im nahen Moret-sur-Loing schwang Alfred Sisley den Pinsel und Claude Monet frönte in dem an der Grenze zur Normandie gelegenen Giverny seiner Seerosenleidenschaft. Selbst Vincent van Gogh verbrachte die letzten 70 Tage seines Lebens im Pariser Dunstkreis, genau genommen in Auvers-sur-Oise. Vor ihm hatten bereits Pissarro, Monet, Cézanne und Renoir dort gemalt und auch van Gogh war von dem Ort angetan: „Auvers ist sehr schön, viele alte Strohdächer unter anderem, das wird allmählich rar", schrieb er an seinen Bruder Theo. Innerhalb weniger Wochen hat van Gogh die Straßen und Häuser von Auvers mehrfach auf der Leinwand festgehalten, darunter auch das berühmte Bild der Dorfkirche, das im Pariser Musée d'Orsay zu bewundern ist.

nen Dorfes an dem Flüsschen Epte vortrefflich wider. Hätte Claude Monet 1883 nicht den Entschluss gefasst, sich in dem Ort niederzulassen, würde sicher kaum jemand hier Station machen. Dank Monet entwickelte sich Giverny zu einem Mekka des Impressionismus. Im Sommer ertrinkt das Dorf regelrecht im Ansturm der Kunstfreunde. Dennoch gehört ein Besuch von Claude Monets Garten und seines berühmten Seerosenteiches zum Pflichtprogramm eines jeden Liebhabers impressionistischer Malerei.

Anreise: Mit dem Zug von der Gare Saint-Lazare nach Vernon. Von dort entweder per Bus oder zu Fuß ins 6 km entfernte Giverny.

Fondation Claude Monet: Das farbenfrohe Haus, in dem Claude Monet von 1883 bis zu seinem Tod im Jahre 1926 gelebt hat, sowie der berühmte Garten und das Atelier können besichtigt werden. Das Kultobjekt schlechthin ist der von Monet künstlich angelegte Seerosenteich mit der japanischen Holzbrücke – das Motiv zahlreicher Gemälde; er ist durch eine Unterführung problemlos vom Garten aus zu erreichen.

🕐 Von April bis Okt. tgl. außer Mo 9.30–18 Uhr. Eintritt: 5,50 €, erm. 4 €. www.fondation-monet.com.

Musée d'Art Américain: Claude Monet und der Impressionismus übten auf zahlreiche amerikanische Künstler erheblichen Einfluss aus. Vor dem Ersten Weltkrieg entstand eine regelrechte amerikanische Künstlerkolonie in Giverny. Um diese interessante Epoche amerikanischer Kunst an ihrer Ursprungsstätte zu dokumentieren, entschloss sich der amerikanische Mäzen Daniel J. Terra, ein Museum zu finanzieren, in dessen ansprechenden Räumlichkeiten seit 1992 eine Dauerausstellung gezeigt wird. Im Untergeschoss läuft ergänzend mehrmals am Tag der Film „En plein air".

🕐 Von April bis Okt. tgl. außer Mo 10–18 Uhr. Eintritt: 5,50 €, erm. 4 €.

Musée Hôtel Baudy: Im Hôtel Baudy logierten einst Monets Künstlerfreunde. Zu besichtigen sind der Landschaftsgarten, ein verträumtes Atelier sowie der Speisesaal.

🕐 Von April bis Okt. tgl. außer Mo 10–18 Uhr. Eintritt: 5 €.

Karte S. 207

Speiselexikon

Kellner!	**Monsieur!**
Die Speisekarte, bitte	**La carte, s'il vous plaît**
Ich hätte gerne ...	**Je voudrais bien ...**
Haben Sie ...?	**Est-ce que vous avez ...?**
Die Rechnung, bitte!	**L'addition, s'il vous plaît!**

Allgemeines

l'assiette	*Teller*
l'addition	*Rechnung*
l'auberge	*Landgasthof*
boire	*trinken*
la brasserie	*eigentlich Brauhaus; heute v. a. Bezeichnung für Cafés mit Mittags- und Abendtisch*
la carte	*Speisekarte*
... des vins	*Weinkarte*
... du jour	*Tageskarte*
le cendrier	*Aschenbecher*
chaud	*heiß*
la commande	*Bestellung*
compris	*inbegriffen*
le couteau	*Messer*
la cuillère	*Löffel*
cuit	*gekocht*
le déjeuner	*Mittagessen*
dur	*hart, zäh*
l'entrée	*Vorspeise*
l'épice	*Gewürz*
faire revenir	*anbraten*
la fourchette	*Gabel*
froid, froide	*kalt*
fumé	*geräuchert*
le garçon	*Kellner, Ober*
en gelée	*gesülzt*
la glace	*Eis*
le glaçon	*Eiswürfel*
la goutte	*Tropfen*
le gratin	*Auflauf, Überbackenes*
les grillades	*Gegrilltes*
grillé	*gegrillt*
les herbes de Provence	*Kräuter der Provence*
l'hors-d'œuvre	*Vorspeise*
l'huile	*Öl*
libre-service	*Selbstbedienung*
maigre	*mager*
manger	*essen*
mijoté	*geschmort*
mousseux	*schäumend*
moulin á poivre	*Pfeffermühle*
la note	*Rechnung*
l'ouvre-bouteilles	*Flaschenöffner*
la peau	*Haut, Schale*
le petit déjeuner	*Frühstück*
le pichet	*Weinkaraffe*
la pincée	*Prise*
plat	*Gericht, Platte*
... du jour	*Tagesgericht*
poêlé	*in der Pfanne gebraten*
à point	*gebraten (außen knusprig, innen rosa)*
le pot	*Topf*
le pourboire	*Trinkgeld*
prêt	*bereit, angerichtet*
un quart	*ein Viertel*
quartier	*Viertel, Teilstück*
les quenelles	*Klößchen, Röllchen*
râpé	*geraspelt, gerieben*
réchauffer	*aufwärmen*
recommandé	*empfohlen, empfehlenswert*

le relais	*Landgasthof*
la rouille	*scharfe rote Soße*
saignant	*kurz angebraten*
salé	*gesalzen*
service (non) compris	*Bedienung (nicht) inbegriffen*
servir	*bedienen, auftragen*
le sel	*Salz*
la soupe	*Suppe*
tendre	*zart, mürbe*
la terrine maison	*Pastete nach Art des Hauses*
le thym	*Thymian*
tiède	*lauwarm*
la tranche	*Schnitte, Scheibe*

Fleisch, Wild und Geflügel

l'agneau	*Lamm*
l'assiette anglaise	*kalte Platte*
bien cuit	*durchgebraten*
le bifteck	*Beefsteak*
le bœuf	*Ochse oder Rind*
le boudin	*Blutwurst*
la brochette	*Spießchen*
la caille	*Wachtel*
le canard	*Ente*
le carré d'agneau	*Lammrückenstück*
le cerf	*Hirsch*
la charcuterie	*Wurstaufschnitt*
le châteaubriand	*Grillsteak*
le cheval	*Pferd*
la chèvre	*Ziege*
le chevreuil	*Reh*
le coq	*Hahn*
le coq au vin	*Hähnchen in Rotweinsauce*
le coquelet	*Brathähnchen*
la côte	*Rippenstück*
... d'agneau	*Lammkotelett*
... de veau	*Kalbskotelett*
la dinde	*Pute*
le dindon	*Truthahn, Puter*
l'entrecôte	*Zwischenrippenstück*
l'épaule d'agneau	*Lammschulter*
l'escalope	*Schnitzel*
les escargots	*Weinbergschnecken*
le faisan	*Fasan*
le faux-filet	*Lendenstück vom Rind*
le filet	*Lendenbraten*
le foie	*Leber*
le gibier	*Wild*
le gigot	*Keule*
la goulache	*Gulasch*
la grenouille	*Frosch*
le jambon	*Schinken*
le jambonneau	*Schweinshaxe*
le jarret	*Haxe*
la langue de bœuf	*Ochsenzunge*
le lièvre	*Hase*
le lapin	*Kaninchen*
le mouton	*Hammel, Schaf*
la noisette d'agneau	*Lammnüsschen*
l'oie	*Gans*
l'os	*Knochen*
la paupiette	*Roulade*
le perdreau	*junges Rebhuhn*
la perdrix	*Rebhuhn*
les pieds de cochon	*Schweinsfüße*
le pigeon	*Taube*
le pintadeau	*Perlhuhn*
la poitrine	*Brust*
le porc	*Schwein*
le porcelet	*Spanferkel*
la poularde	*Masthuhn*
le poulet	*Brathähnchen*
la queue	*Schwanz*
les rognons	*Nieren*
le rôti	*Braten, gebraten*
le sanglier	*Wildschwein*
le saucisson	*Schnitt- oder Brühwurst*
la selle d'agneau	*Lammrücken*
le steak au poivre	*Pfeffersteak*
le tournedos	*Lendenschnitte*
les tripes	*Kutteln, Innereien*
le veau	*Kalb, Kalbfleisch*
la viande	*Fleisch*
la volaille	*Geflügel*

Meeresfrüchte/Fische

l'anchois	*Sardelle (Anchovis)*
l'anguille	*Aal*
le bar	*Barsch*
le barbeau (barbillon)	*Barbe*
la bargue	*Meerbutt*
la baudroie	*Seeteufel*
la bouillabaisse	*kräftige Fischsuppe mit mehreren Fischarten*
le cabillaud	*Kabeljau*
la carpe	*Karpfen*
le congre	*Meer- bzw. Seeaal*
les coquillages	*Muscheln*
les crevettes	*Garnelen*
le denté	*Zahnbrasse*
les écrevisses	*Flusskrebse*
le flétan	*Heilbutt*
le gambas	*Garnelen, Krabben*
le grondin	*Knurrhahn*
le homard	*Hummer*
les huîtres	*Austern*
la lotte de mer	*Seeteufel*
le loup de mer	*Wolfsbarsch*
le maquereau	*Makrele*
la morue	*Stockfisch*
les moules	*Muscheln*
le perche	*Seebarsch*
la plie	*Scholle*
le poisson	*Fisch*
... de rivière	*Flussfisch*
le poulpe	*Tintenfisch*
la praire	*Venusmuschel*
la raie	*Rochen*
la rascasse	*Drachenkopf*
le sandre	*Zander*
les sardines à l'huile	*Ölsardinen*
le saumon	*Lachs*
la seiche	*Tintenfisch*
la sole	*Seezunge*
le st-pierre	*St.-Petersfisch*
la tanche	*Schleie*
le thon	*Thunfisch*
le tourteau	*Taschenkrebs*
la truite	*Forelle*
... fumée	*Räucherforelle*
le turbot	*Steinbutt*

Gemüse/Beilagen

les artichauts	*Artischocken*
les asperge	*Spargel*
le béchamel	*weiße Sahnesauce*
les cèpes	*Steinpilze*
les chanterelles	*Pfifferlinge*
le chou	*Kohl*
le chou-fleur	*Blumenkohl*
le chou vert	*Grünkohl*
la choucroute	*Sauerkraut*
le concombre	*Gurke*
les courgettes	*Zucchini*
les crudités	*Rohkost*
l'échalote	*Schalotte*
les épinards	*Spinat*
le fenouil	*Fenchel*
les fleurs de courge	*Zucchini-Blüten*
la garniture	*Beilage*
le gingembre	*Ingwer*
les girolles	*Pfifferlinge*
les haricots verts	*grüne Bohnen*
la laitue	*Kopfsalat*
les légumes	*Gemüse*
les lentilles	*Linsen*
la mâche	*Feldsalat*
le millet	*Hirse*
les nouilles	*Nudeln*
les oignons	*Zwiebeln*
la pâte	*Teig*
les pâtes	*Nudeln*
le pain	*Brot*
les petits pois	*Erbsen*
le poireau	*Lauch, Porree*
la poirée	*Mangold*
les pommes de terre	*Kartoffeln*
le radis	*Rettich*

la ratatouille	*geschmortes Gemüseallerlei zumeist aus Auberginen, Zucchini, Paprika und Tomaten*
le riz au beurre	*Butterreis*
les roses des prés	*Wiesenchampignons*
la salade	*Salat*
la sauge	*Salbei*
la semoule	*Grieß*

Obst, Dessert, Gebäck und Käse

l'abricot	*Aprikose*
les amandes	*Mandeln*
le beignet	*Krapfen*
la brioche	*Hefegebäck*
le calisson	*Mandelkuchen*
la confiserie	*Süßwaren*
doux, douce	*süß*
le flan	*Pudding*
la figue	*Feige*
le fromage	*Käse*
la framboise	*Himbeere*
les fruits	*Früchte, Obst*
le gâteau	*Kuchen*
la macédoine de fruits	*Obstsalat*
les myrtilles	*Heidelbeeren*
la noisette	*Haselnuss*
la noix	*Walnuss*
la pâtisserie	*Konditorei, Gebäck*
la pêche	*Pfirsich*
le petit gâteau	*Teegebäck*
le pignon	*Pinienkern*
la poire	*Birne*
la pomme	*Apfel*
les primeurs	*Obst und Gemüse*
le pruneau	*Back- oder Dörrpflaume*
la pulpe	*Mark, Fruchtfleisch*
les raisins	*Weintrauben*
le ramequin	*kleiner Käsekuchen*
le plateau de fromage	*Käseplatte*
le sablé	*Sandgebäck*
le sorbet aux fruits	*Früchtesorbet*
le soufflé	*Eierauflauf*
le sucre	*Zucker (sucré: gesüßt)*
le sirop	*Sirup*
la tarte	*Kuchen*
la tartelette	*Törtchen*

Diverses

l'aïoli	*Knoblauch-Mayonnaise*
le beurre	*Butter*
... d'ail	*Knoblauchbutter*
la ficelle	*sehr dünnes, langes Weißbrot*
la graisse d'oie	*Gänseschmalz*
le jaune d'œuf	*Eigelb*
la menthe	*Pfefferminz*
le miel	*Honig*
la moutarde	*Senf*
l'œuf (brouillé)	*(gekochtes) Ei*
le persil	*Petersilie*
la poivrade	*Pfeffersoße*
le potage	*Suppe*
la potée	*Eintopf*
les rillettes d'oie	*Gänsepastete*
la soupe au pistou	*Gemüsesuppe mit Basilikum, Knoblauch und Olivenöl verfeinert*
la tapenade	*ein mit Anchovis und Kapern verfeinertes Olivenpüree (Brotaufstrich)*
les truffes	*Trüffel*
le velouté	*Crèmesuppe*
les vermice	*sehr feine Nudeln*
le vinaigre	*Essig*
le yaourt	*Joghurt*

Getränke

l'alcool	*Alkohol*
la bière (brune) blonde	*helles (dunkles) Bier*
la biere à la pression	*Bier vom Fass*
la boisson	*Getränk*
la bouteille	*Flasche*
brut	*trocken, herb (Champagner)*
le café	*Kaffee*
... au lait	*Milchkaffee*
le digéstif	*Verdauungsschnaps*
demi	*halb*
-sec	*halbtrocken*
l'eau	*Wasser*
... gazeuse	*mit Kohlensäure*
... naturelle	*natürliches Mineralwasser*
... de vie	*Branntwein*
l'infusion	*Kräutertee*
le jus	*Saft*
le lait	*Milch*
... entier	*Vollmilch*
le pastis	*Anisschnaps, der mit Wasser zu einer gelblichen Flüssigkeit verdünnt wird*
les rafraîchissements	*Sammelbegriff für Erfrischungsgetränke*
le thé	*Tee*
le verre	*(Trink-)Glas*
le vermouth	*Wermut*
le vin	*Wein*
... blanc	*Weißwein*
.. de pays	*Landwein*
... de table	*Tischwein*
... du pays	*einheimischer Wein*
... rouge	*Rotwein*

Zahlen

1	un
2	deux
3	trois
4	quatre
5	cinq
6	six
7	sept
8	huit
9	neuf
10	dix
11	onze
12	douze
13	treize
14	quatorze
15	quinze
16	seize
17	dix-sept
18	dix-huit
19	dix-neuf
20	vingt
21	vingt et un
22	vingt-deux
30	trente
40	quarante
50	cinquante
60	soixante
70	soixante-dix
80	quatre-vingt
90	quatre-vingt-dix
100	cent
200	deux cents
1000	mille
2007	deux mille sept

einmal	une fois
zweimal	deux fois
der erste	le premier (la première)
der zweite	le deuxième
die Hälfte von ...	la moitié de ...
ein Drittel	un tiers
ein Viertel	un quart
ein Paar ...	une pair de ...

Register